KB150335

SPSS를 활용한

회귀분석과
일반선형모형

Regression Analysis & General Linear Model

통계분석에는 많은 수법이 있는데, 그 중에서도 회귀분석과 일반선형모형은 데이터를 통계적으로 처리하는 방법 중에서 가장 활용 빈도가 높고, 활용 분야도 넓은 수법이라고 생각된다. 또한 회귀분석과 일반선형모형의 이론은 다른 통계적 분석 수법과 밀접하게 관련되어 있다. 따라서 이것들을 이해하고 실제로 활용할 수 있게끔 되는 것은, 조사 데이터나 실험 데이터의 분석을 실천하지 않으면 안 될 사람들에게 있어서는 필수적이라고 생각해도 좋다.

이 책은 회귀분석과 일반선형모형을 사용해서 데이터의 분석을 실시하고 싶은 사람을 대상으로 한 서적이다. 회귀분석과 일반선형모형의 지식과 사용방법을 습득해 가는 것을 목적으로 하고 있다.

이 책의 특장은 회귀분석과 일반선형모형의 이해와 활용에 SPSS라고 하는 통계 소프트웨어를 활용하고 있다는 점이다.

이 책은 전체 2부로 구성되어 있다. 제1부는 회귀분석의 여덟 개 장으로, 제2부는 일반선형모형의 네 개 장으로 구성되어 있다.

제1장은 회귀분석의 개요와 기본적인 지식에 대해서 해설하고 있다.

제2장은 단회귀분석에 대해서 해설하고 있다. 단회귀분석은 설명변수가 하나일 때의 회귀분석으로, 제3장에서 등장할 중회귀분석의 기초가 되는 것이다.

제3장은 중회귀분석에 대해서 해설하고 있다. 중회귀분석은 설명변수가 두 개 이상일 때의 회귀분석으로, 여기에서는 중회귀분석의 기본적인 실천방법을 해설하고 있다.

제4장은 중회귀분석에 있어서 설명변수가 수치로는 표현할 수 없는 질적 변수일 때의 처리방법을 소개하고 있다. 또한 회귀분석을 확장해서 응용범위를 넓힌 일반선형모형에 대해서 해설하고 있다.

제5장은 설명변수를 선택하는 문제와 다중공선성을 문제 삼고 있다. 이들 문제를 어떻게 처리해 갈 것인지를 해설하고 있다.

제6장은 로지스틱 회귀분석이라고 불리는 수법을 다룬다. 중회귀분석은 목적변수가 수치인 경우에 쓰이는 수법인데 비해서, 로지스틱 회귀분석은 목적변

수가 범주형일 때 이용하는 수법이다.

제7장은 로지스틱 회귀분석의 응용을 다룬다. 로지스틱 회귀분석의 실제와 범주형 변수 및 더미 변수를 목적변수로 하는 예제 풀이를 통하여 로지스틱 회귀분석의 이해를 돕는다.

제8장은 생존분석과 Cox 회귀모형이라고 불리는 수법을 소개한다. 이들 수법은 사람이나 물건의 수명을 다루는 생존분석이라고 하는 수법의 핵심을 이루는 방법이다.

제9장은 일반선형모형의 개요를 소개한다. 일반선형모형은 중회귀분석이나 분산분석을 일반화한 수법으로 다원배치 분산분석, 공분산분석, 다변량 분산분석, 난괴법 등 많은 분석에 적용할 수 있다.

제10장은 일반선형모형과 실험계획법을 다룬다. 구체적으로는 난괴법, 라틴방격, 직교표의 활용방법을 소개한다.

제11장은 일반선형모형에 의한 분할법에 대해서 소개한다. 특히 반복측정에 의한 분할법, 일반선형모형에 의한 분할법의 분석에 대하여 해설하고 있다.

제12장은 다변량 분산분석의 개요, 실제 및 응용에 대하여 예제 풀이를 통하여 상세히 해설하고 있다.

이 책에서 이용한 SPSS의 버전은 21이다. 이 책에서는 SPSS의 초보적인 조작방법에 대해서 필요최소한의 것밖에 설명하고 있지 않다. SPSS에 아직 익숙하지 않은 독자는 매뉴얼이나 시판되고 있는 입문서를 참고하기 바란다. 그러나 이 책에 따라서 공부하다 보면 자기도 모르게 생소하던 SPSS라는 소프트웨어에 이미 익숙해져 있는 자신을 발견할 것이다.

마지막으로 이 책의 출판에 많은 도움을 주신 임순재 사장님 이하 관계자 여러분의 노고에 깊은 감사의 말씀을 드린다.

2014년 3월
저자 씀

PART

1

회귀분석

Chapter 1

회귀분석 입문__4

Chapter 2

단회귀분석__13

Chapter 4

질적 변수와 더미 변수__79

Chapter 5

설명변수의 선택__116

Chapter 6

로지스틱 회귀분석__146

Chapter 7 로지스틱 회귀분석의 응용__207

PART
2

일반선형모형

Chapter 9

다변량 분산분석__320

회귀분석

회귀분석 입문

1.1 회귀분석의 개요

회귀분석이란

 예제 **1-1**

다음의 데이터는 아파트 가격과 전용면적을 20채에 대해서 조사한 결과이다.

표 1-1 데이터표

번 호	전용면적(m²)	가격(10만원)
1	65.9	5717
2	48.2	3115
3	56.8	4682
4	64.6	5017
5	54.1	3968
6	68.4	6623
7	47.8	2900
8	51.6	3066
9	59.9	2745
10	46.8	1697
11	53.8	2988
12	62.0	2929
13	59.9	4425
14	44.5	3268
15	86.2	4845
16	54.4	3198
17	56.3	3456
18	70.8	3885
19	39.3	2014
20	36.0	1801

이 데이터를 이용해서 가격과 전용면적의 산점도를 작성해 보면, 전용면적이 넓어지면 가격도 높다고 하는 경향이 보인다.

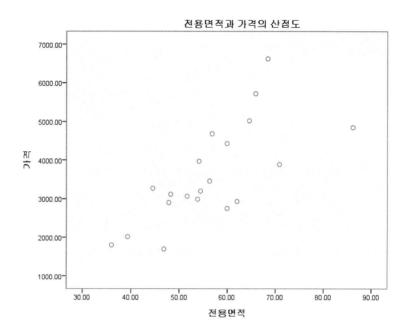

여기에서 전용면적과 가격의 산점도에 직선을 적용시켜 본다. 즉, 추세선을 그어본다.

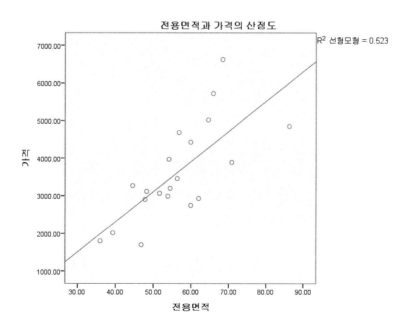

이 직선을 x(전용면적)에 대한 y(가격)의 회귀직선이라고 부른다. 식으로 표현하면 다음과 같이 된다.

$$y = -890.393 + 79.967 \times x$$

이와 같은 식을 회귀식이라고 부른다. 회귀직선(혹은 회귀곡선)이나 회귀식을 구하기 위한 분석을 회귀분석이라고 한다.

회귀라고 하는 말은 우생학자(優生學者) 갈톤(Francis Galton, 1822~1911)에 의해서 이름 붙여졌다. 그는 유전에 관한 논문 「Family Likeness in Stature(1886)」에서 처음 회귀에 대하여 정의하였다. 일반적으로 키가 큰 부모에게서 키 큰 자녀가, 키가 작은 부모에게서 키 작은 자녀가 태어난다. 그렇지만 자녀들의 평균 키는 전체 인구의 평균 키로 회귀하는 경향이 있다. 다시 설명하면 키가 큰 부모이든 작은 부모이든 그들에게서 태어난 자녀들의 평균 키는 전체 평균 키 수준에 접근하는 현상으로 나타난다는 것이다. 이러한 현상을 '보편적 회귀법칙(law of universal regression)'이라고 한다.

보편적 회귀법칙은 피어슨 (K. Pearson, 1857 ~ 1936)에 의해서 체계적인 회귀분석 이론으로 정립되었다. 피어슨은 1,078개 가족 구성원 자료를 수집하여 아버지 키와 아들 키 사이에 존재하는 회귀법칙을 규명하였다. 피어슨의 회귀법칙 결론은 다음과 같다.

아버지 키가 비교적 큰 집단에서 태어난 아들들의 평균 키는 그 아버지 평균 키보다는 작고, 아버지 키가 비교적 작은 집단에서 태어난 아들들의 평균 키는 그 아버지 평균 키보다 크다는 결론이다.

따라서 아들의 키는 전체 평균 키 수준을 향하여 회귀하는 현상을 나타낸다는 것이다. 그런데 회귀분석에서 분명하게 구분할 것이 있다. 아버지 키가 아들 키에 영향을 주는 것이지, 아들 키가 아버지 키에 영향을 주는 것이 아니다. 또한 아들 키는 아버지뿐만 아니라 어머니의 키, 성장 과정에서 환경 및 인종에 따라 영향을 받는다. 그러므로 회귀분석에서는 변수를 반드시 영향을 주는 변수와 영향을 받는 변수로 구분한다.

갈톤은 "키의 크기는 유전된다고 생각되므로, 부모의 키와 자식의 키는 같은 값이 된다"고 예상했다. 즉,

$$y(\text{자식의 키}) = x(\text{부모의 키})$$

라고 하는 직선이 얻어진다고 생각하고 있었다. 그러나 실제로는 그렇지 않고, 키가 큰 부모로부터 태어난 자식의 키는 부모보다 조금 작은 경향이 있고, 키가 작은 부모로부터 태어난 자식의 키는 부모보다 조금 큰 경향이 있었다. 결국, 어느 쪽도 자식 전체의 평균치 쪽으로 돌아 갔다. 그래서 이 현상을 회귀(回歸)라고 부르기로 했던 것이다.

회귀란 말을 처음 사용한 갈톤

프랜시스 갈톤 경(Sir Francis Galton, 1822년 ~ 1911년)은 영국의 인류학자, 우생학의 창시자이다. 이래스머스 다윈의 외손자이고, 찰스 다윈은 그의 배다른 외사촌 형이었다. 사실 그는 다윈보다도 더 '많은' 업적을 남긴 학자였다.

갈톤은 1822년 2월 16일 워위크셔 버밍엄 스파크브루크에서 새뮤얼 갈톤의 아들로 태어났다. 그의 외할아버지는 시인이자 자연철학자인 이래즈머스 다윈이며, 찰스 다윈은 그의 외사촌이다. 버밍엄에 위치한 에드워드 4세 그래머 스쿨을 다닌 후 갈톤은 버밍험 병원과 킹스 칼리지 런던에서 의학을 공부하였다. 그 후 케임브리지 대학교의 트리니지 칼리지에서 학위를 받았고 이때부터 방향을 전환하였다.

1845년에서 1846년까지는 수단을 여행하였고, 1850년에는 웰비스 만에서 시작하여 서남 아프리카를 탐방하였고 1853년에는 탐방 결과를 담은 「Narrative of an Explorer in Tropical South Africa」가 출판되었다. 같은 해 그는 왕립 지리학 협회의 회원이 되었으며 이와 함께 금메달을 수여하였다. 갈톤은 1860년에는 북부 스페인을 조사하였고, 지역과 사람들에 대한 탐문 결과를 「Vacation Tourists」로 출판하였다. 그 이후 갈톤은 기상학으로 관심을 돌렸고, 그의 조사 결과는 1863년에 출판된 「Meteorographica」에 포함되어 있다. 이 책은 광대한 수준에서의 기후를 관찰한 결과였으며 고기압의 존재와 그 이론에 대한 첫 번째 출판물이기도 하였다. 그는 1868년 기상학 위원회의 회원이 되었으며 이 직책을 30년 동안 유지하였다.

그는 과학수사에도 큰 기여를 했다. 그는 사람들마다 손가락의 지문이 다 다르다는 사실을 증명해서 런던 경찰청으로 하여금 세계 최초로 '지문 수사기법'을 도입하게 한 장본인이다. 지문 연구에서도 얼핏 알 수 있듯이 갈톤의 주된 관심사 중 하나는 사람들 간의 차이가 무엇인지, 그리고 그 차이가 어디서 시작되는 것인지였다. 즉 지문은 사람마다 불규칙적인 다른 패턴을 갖는다는 것을 발견하여 '갈톤자국'이라고도 한다.

갈톤은 1800년대 초에서 1900년대 초에 살았던 사람으로 1800년대 말 다윈의 '종의 기원'의 영향을 받아 다양한 자료를 연구하기도 했다. 갈톤은 아버지와 아들의 키를 이용하여 아버지의 키가 큰 경우 아들의 키는 평균키로 하향하고, 아버지의 키가 작은 경우 아들의 키는 역시 평균키로 상향한다는 사실을 발견하여 회귀(regression)라는 말을 처음 사용하였다. 갈톤이라는 이름은 회귀분석을 공부하면 어김없이 나오는 이름이다.

그리고 갈톤은 런던에 「생물통계연구소」(biometrical laboratory)를 설립하고 다양한 자료를 분석하기도 했다.

회귀분석의 용어

x에 대한 y의 회귀직선

$$y = b_0 + b_1 x$$

를 상정한 경우, 회귀분석에서는 x를 설명변수(혹은 독립변수), y를 목적변수(혹은 종속변수)라고 한다. 일반적으로 x 및 y에 해당하는 측정항목이나 관찰항목을 변수라고 부른다. 예제 1-1에서는 전용면적과 가격이 변수이다. 그리하여 전용면적이 설명변수, 가격이 목적변수가 된다.

회귀분석에서 설명변수의 수는 하나에 그치지 않고 두 개 이상의 경우도 있다. 설명변수가 하나인 경우를 단회귀분석 혹은 단순회귀분석이라 하고, 두 개 이상인 경우를 중회귀분석 혹은 다중회귀분석이라고 한다.

단회귀분석은 전술한 전용면적과 가격의 예와 같이 목적변수 y를 하나의 설명변수 x의 1차식으로 나타내는 것, 다시 말해서,

$$y = b_0 + b_1 x$$

라고 하는 x와 y사이의 관계식을 구하는 수법이다.

중회귀분석은 목적변수 y를 m개의 설명변수 $x_1, x_2, \cdots, x_m$의 1차식으로 나타내는 것, 즉

$$y = b_0 + b_1 x_1 + b_2 x_2 + \cdots + b_m x_m$$

이라고 하는 관계식을 구하는 수법이다.

b_0를 절편(혹은 상수항), $b_1, b_2, \cdots, b_m$을 (편)회귀계수라고 부른다.

 회귀분석의 용도

회귀분석은

(1) 예측
(2) 요인해석

이라고 하는 두 가지 용도로 활용되는 경우가 많은 수법이다.

예측에서의 활용이란 어떤 하나의 변수 값을, 다른 하나 또는 두 개 이상의 변수 값을 사용해서 예측하고 싶다고 하는 경우의 활용을 말한다. 예측하고 싶은 변수가 목적변수이고, 예측에 사용하는 변수가 설명변수이다.

예측하고 싶다고 하는 경우에는,

① 어떤 수치를 예측하고 싶다
② 어떤 수치를 역추정하고 싶다
③ 어떤 특성의 대용특성을 검토하고 싶다

라고 하는 세 가지의 경우가 포함된다. 예를 들면, 전용면적으로부터 아파트 가격을 예측하고 싶다고 하는 경우는 ①에 해당된다. 아파트 가격을 예측하는 식을 거꾸로 사용해서 소정의 아파트 가격으로 구입할 수 있는 전용면적을 검토한다고 하는 경우는 ②에 해당된다. 그리고 제품의 파괴강도(破壞强度)와 제품중량의 관계를 이용해서, 파괴강도의 검사를 제품중량의 검사로 대용하고 싶다고 하는 경우는 ③에 해당된다. 이때, 중요시하고 있는 측정항목을 '진짜 특성'이라 부르고, 그 대용으로서 측정할 항목을 '대용 특성'이라고 한다. 파괴강도의 검사를 제품중량의 검사로 대용한다면, 파괴강도가 '진짜 특성'이고, 제품중량이 '대용 특성'이 된다. 요인해석에서의 활용이란 어떤 하나의 변수가 변동하는 요인(같은 값이 되지 않는 원인)을, 다른 변수 중에서 찾아내고 싶다고 하는 경우의 활용이다. 관심의 대상으로 되어 있는 결과를 나타내는 변수가 목적변수이며, 그 요인이 되는 변수가 설명변수이다.

예측에서의 이용과 요인해석에서의 이용은, 회귀분석의 결과를 음미할 때의 관점이 다르다. 예측이라면 어느 정도 맞느냐가 문제로서 예측정밀도에 중점이 놓이고, 요인해석이라면 어느 요인이 어느 정도 결과에 영향을 미치고 있는지를 수치적으로 파악하는 것이 중요하게 된다.

1.2 회귀분석에 있어서의 데이터

 데이터의 종류

데이터는 크게 다음의 세 가지로 대별된다.
　① 계량치
　② 계수치
　③ 순위치

계량치는 면적, 시간, 중량, 길이 등과 같이 '측정해서' 얻어지는 데이터로 측정기의 정밀도가 허용하는 한 소수점 이하 몇 자리까지라도 구할 수 있다. 이 때문에 계량치는 연속적이라고 하는 성질을 가지고 있다.

계수치는 사고의 건수, 제품의 불량품수, 결함수 등과 같이 '헤아려서' 얻어지는 데이터로 0개의 다음은 1개라고 하는 것처럼 정수(整數)의 수치밖에 되지 않는다. 이 때문에 계수치는 이산적(離散的)이라고 하는 성질을 가지고 있다.

순위치는 1위, 2위, 3위라고 하는 것처럼 '비교해서' 얻어지는 데이터로 사람의 감각을 이용해서 제품을 평가하는 관능평가의 분야에서 자주 볼 수 있다. 계수치와 마찬가지로 이산적이라고 하는 성질을 가지고 있다.

데이터에 대한 위와 같은 분류는 어떠한 확률분포를 상정할 것인가라고 하는 관점에서 중요하다.

 측정의 척도

측정이란 일정한 규칙에 따라 대상의 특성이나 속성에 수치나 기호를 부여하는 것이다. 규칙은 사용될 측정의 수준과 척도의 종류를 규정한다. 위와 같은 분류 외에 측정의 척도에 의해 네 가지로 분류하는 방법이 있다.

심리학자 스티븐스는 오래 전에 오늘날 조사방법론에서 널리 채택되고 있는 네 가지의 측정수준을 분류하였다. 회귀분석을 적용할 때에는 이 네 가지의 분류방법 쪽이 중요하다. 네 가지 측정의 척도란 다음과 같다.

① 명목척도

② 순서척도

③ 간격척도

④ 비율척도

명목척도란 성별이나 혈액형과 같은 종류를 나타내는 데이터이다. 다음과 같은 예는 명목척도의 데이터이다.

예1 1. 남   2. 여

예2 1. A형   2. B형   3. O형   4. AB형

순서척도란 앙케트 조사 등에서 볼 수 있는 단계평정법으로 측정된 데이터이다 다음과 같은 예는 순서척도의 데이터이다.

예 1. 불만   2. 약간 불만   3. 어느 쪽도 아님   4. 약간 만족   5. 만족

간격척도란 측정하거나 혹은 헤아려서 얻어지는 데이터이다. 몸무게나 온도, 사람 수 등은 간격척도의 데이터로 등간격이 보증되고 있다고 하는 특징이 있다.

비율척도의 데이터란 간격척도의 데이터 중에서 나눈 결과에도 의미가 있는 데이터이다.

간격척도와 비율척도의 구별은 통계처리를 하는 데 있어서는 중요하지 않으므로, 이 두 가지를 합쳐 연속척도라고 부른다.

명목척도와 순서척도의 데이터를 범주형 데이터(categorical data) 혹은 질적 데이터, 간격척도와 비율척도의 데이터를 양적 데이터라고 부른다.

특히 범주형 데이터 중에는 분할표(contingency table)라고 하는 것도 있는데, 두 가지 혹은 그 이상의 속성에 따라 분류된 표본 관측치로부터 얻어지는 도수로 구성되는 데이터를 분할표라 부른다.

> 💡 **힌트**
> 분할표는 크로스 집계표라고도 한다. 앙케트 조사의 경우 필수품이라고 할 수 있다. 예를 들면, 학력별 임금수준을 각 범주별로 집계한 표를 $m \times n$ 분할표라고 할 수 있다.

척도를 네 가지로 분류한 스티븐스

심리학자 S. S. 스티븐스는 척도를 네 가지 유형으로 분류했다.

1. **명목척도** : 서로 대립되는 범주, 이를테면 농촌형과 도시형이라는 식의 분류표지로서, 표지 상호 간에는 수학적인 관계가 없다.
2. **순서척도** : 대상을 어떤 변수에 관해 순서적으로 배열할 경우(예컨대 물질을 무게의 순으로 배열하는 등)이다.
3. **간격척도** : 크기 등의 차이를 수량적으로 비교할 수 있도록 표지가 수량화된 경우이다. 등간척도라고도 한다.
4. **비율척도** : 간격척도에 절대 영점(기준점)을 고정시켜 비율을 알 수 있게 만든 척도이다. 법칙을 수식화하고 완전한 수학적 조작을 하기 위해서는 비율척도가 바람직하다.

척도는 동시에 신뢰도와 타당성을 필요로 한다. 신뢰도는 다시 안정도(반복측정 결과의 안정성)와 등가성(척도를 구성하는 여러 항목 속에 이질적인 것이 포함되어 있지 않다)을 요건으로 한다. 한편, 척도의 타당성이란 그 척도가 과연 목적으로 하는 것을 측정하고 있는지 어떤지를 정하는 기준이지만, 이것을 나타내는 직접적인 지표는 없다. 척도화의 방법은 여러 가지 수학적 가설에 입각하여 여러 방법이 고안되었는데, 이들은 모두 간격척도 단계에서의 정밀화라는 데 공통점이 있다.

변수의 종류

명목척도 또는 순서척도로 구성되는 변수를 질적 변수(혹은 범주형 변수), 간격척도 또는 비율척도로 구성되는 변수를 양적 변수(혹은 연속변수, 수치변수)라고 부르고 있다.

회귀분석에서는, 목적변수는 양적 변수가 아니면 안 된다. 설명변수는 반드시 양적 변수일 필요는 없고, 양적 변수와 질적 변수의 어느 쪽도 사용할 수 있다. 단, 질적 변수의 경우에는 더미 변수라고 불리는 변수의 교환이 필요하다.

더미 변수란, 예를 들면, 성별을 나타낼 때에 남자라면 1, 여자라면 0이라고 하는 것처럼 수치화하는 변수를 말한다.

Chapter
2

단회귀분석

SPSS!

2.1 단회귀분석의 기본

예제 **2-1**

다음의 데이터는 아파트 가격과 전용면적을 20채에 대해서 조사한 결과이다.
(예제 1-1과 동일)

▎표 2-1 ▎ 데이터표

번 호	전용면적(㎡)	가격(10만원)
1	65.9	5717
2	48.2	3115
3	56.8	4682
4	64.6	5017
5	54.1	3968
6	68.4	6623
7	47.8	2900
8	51.6	3066
9	59.9	2745
10	46.8	1697
11	53.8	2988
12	62.0	2929
13	59.9	4425
14	44.5	3268
15	86.2	4845
16	54.4	3198
17	56.3	3456
18	70.8	3885
19	39.3	2014
20	36.0	1801

이 데이터를 이용해서 전용면적 x로 아파트 가격 y를 예측하는 식(전용면적에 대한 아파트 가격의 회귀직선)

$$y = b_0 + b_1 x$$

를 구하라.

회귀식

계수[a]

모형		비표준화 계수		표준화 계수	t	유의확률	B에 대한 95.0% 신뢰구간	
		B	표준오차	베타			하한값	상한값
1	(상수)	-890.393	1034.311		-.861	.401	-3063.399	1282.614
	전용면적	79.967	17.989	.723	4.445	.000	42.173	117.761

a. 종속변수: 가격

회귀식은

$$y = -890.393 + 79.967x$$

로 구해진다.

회귀식의 유의성

얻어진 회귀식이 통계학적으로 의미가 있는지 어떤지를 검증할 필요가 있다. 이를 위해서는 회귀에 관한 분산분석을 실시한다.

분산분석[a]

모형		제곱합	자유도	평균 제곱	F	유의확률
1	회귀 모형	16469786.00	1	16469786.00	19.760	.000[b]
	잔차	15002558.95	18	833475.497		
	합계	31472344.95	19			

a. 종속변수: 가격
b. 예측값: (상수), 전용면적

n개의 표본 데이터에 의거해서 구해진 회귀식을

$$y = b_0 + b_1 x$$

라고 한다. 한편 이 표본이 추출된 모집단 전체의 데이터를 사용했을 때에 얻어질 회귀식을

$$y = \beta_0 + \beta_1 x$$

라고 하면, 이 회귀식을 모회귀식이라고 한다.

실제로 측정한 것은 n개의 표본이며 무한개의 표본 혹은 모집단 전체의 데이터를 모으는 것은 불가능하다. 그래서 n개의 표본 데이터에 의거해서 얻어진 회귀식의 b_0는 β_0의 추정치이고, b_1은 β_1의 추정치로 생각한다.

회귀식의 유의성(有意性)을 판단하기 위한 방법이 통계적 가설검정이다. 회귀식의 통계적 유의성은 분산분석표에 의해서 판정할 수 있다. 이를 위한 가설의 설정은 다음과 같이 한다.

귀무가설 H_0 : $\beta_1 = 0$ (회귀식에는 의미가 없다)

대립가설 H_1 : $\beta_1 \neq 0$ (회귀식에는 의미가 있다)

위의 분석결과 중 분산분석표의 유의확률에 의거하여 귀무가설의 기각 여부를 판정한다. 유의확률은 p값이라고 불리고 있다. 따라서

유의확률 $p \leq$ 유의수준 α → 귀무가설 H_0를 기각한다

(회귀식에는 의미가 있다)

유의확률 $p >$ 유의수준 α → 귀무가설 H_0를 채택한다

(회귀식에는 의미가 없다)

이 p값이 작은지 어떤지의 판정기준을 유의수준이라 부르고 α라고 하는 기호로 나타낸다. 일반적으로는 $\alpha = 0.05$로 한다. 본 예제에서는,

유의확률(p값) $= 0.000 <$ 유의수준 $\alpha = 0.05$

이므로, 회귀식은 유의하며 회귀식에는 의미가 있다고 하는 결론을 내린다.

회귀식의 유효성

회귀식이 어느 정도 도움이 되는지를 보기 위한 통계량으로서, 기여율과 잔차표준편차(殘差標準偏差)가 있다.

목적변수 y의 변동 중에서 회귀에 의해서(설명변수 x에 의해서) 설명되는 비율을 기여율(결정계수)이라고 한다. 통상 R^2라고 하는 기호로 나타낸다. 기여

율은 0 이상 1 이하의 값을 취하며, 1에 가까울수록 직선에 잘 들어맞는다는 것을 나타낸다. 이 수치는 회귀식의 적합도를 나타내는 통계량으로서 이용된다.

더욱이 회귀식이 도움이 되는지 어떤지를 판단하려면 기여율만으로는 불충분하여, 잔차의 크기도 검토할 필요가 있다. 잔차란 목적변수 y의 값과 회귀식에 의해서 예측한 y의 값과의 차이다.

$$\text{잔차} = (\text{실제의 } y \text{값}) - (\text{예측한 } y \text{의 값})$$

잔차가 작다고 하는 것은 y의 값을 잘 예측하고 있다고 하는 것이다. 잔차는 개개의 데이터에 대해서 계산되므로, 표본의 크기가 n이라면, 잔차는 n개 구해진다. 그래서 전체의 평균적인 잔차의 크기를 파악할 필요가 있다. 그것을 위해서 이용되는 것이 잔차표준편차이다. 회귀시에 의한 예측의 정밀도라고 생각하면 된다. 일반적으로 잔차표준편차는 $\sqrt{V_e}$ 로 표현된다.

모형 요약

모형	R	R 제곱	수정된 R 제곱	추정값의 표준오차
1	.723ª	.523	.497	912.94879

a. 예측값: (상수), 전용면적

이 예에서는

$$\text{기여율} \qquad R^2 = 0.523$$
$$\text{잔차표준편차} \quad \sqrt{V_e} = 912.949$$

가 된다.

이 사실로부터 목적변수 y의 변동 중에서 회귀에 의해서 52.3%를 설명할 수 있다는 것을 알 수 있다. 그리고 이 회귀식으로 가격을 예측했을 때에 ±912.949(10만원) 정도의 오차를 각오할 필요가 있다.

단회귀계수의 신뢰구간

예제에서 얻어진 79.967이라고 하는 회귀계수는 표본의 크기 $n = 20$ 의 데이터에 기초해서 얻어진 것이기 때문에, 표본이 바뀌면 회귀계수도 변하게 된다. 그래서 진짜의 회귀계수(모회귀계수라고 부르며, β로 표현한다)의 존재범위를 추정하는 것을 생각한다. 이것을 모회귀계수의 구간추정이라고 한다.

계수ᵃ

모형		비표준화 계수		표준화 계수	t	유의확률	B에 대한 95.0% 신뢰구간	
		B	표준오차	베타			하한값	상한값
1	(상수)	-890.393	1034.311		-.861	.401	-3063.399	1282.614
	전용면적	79.967	17.989	.723	4.445	.000	42.173	117.761

a. 종속변수: 가격

모회귀계수 β의 95% 신뢰구간은

$$42.173 \leq \beta \leq 117.761$$

로 되어 있다. 이 구간이 0을 포함하고 있을 때에는, 회귀계수는 유의하지 않다는 것을 의미하고 있다.

2.2 잔차의 검토

개개의 잔차

잔차의 일람표를 보이면 다음과 같다.

케이스별 진단ᵃ

케이스 번호	표준화 잔차	가격	예측값	잔차
1	1.465	5717.00	4379.4358	1337.56422
2	.165	3115.00	2964.0191	150.98093
3	1.129	4682.00	3651.7357	1030.26434
4	.812	5017.00	4275.4786	741.52138
5	.583	3968.00	3435.8246	532.17536
6	2.239	6623.00	4579.3534	2043.64661
7	-.035	2900.00	2932.0323	-32.03225
8	-.186	3066.00	3235.9070	-169.90703
9	-1.265	2745.00	3899.6335	-1154.63351
10	-1.265	1697.00	2852.0652	-1155.06521
11	-.464	2988.00	3411.8345	-423.83453
12	-1.247	2929.00	4067.5643	-1138.56430
13	.575	4425.00	3899.6335	525.36649
14	.657	3268.00	2668.1410	599.85900
15	-1.268	4845.00	6002.7668	-1157.76680
16	-.287	3198.00	3459.8148	-261.81476
17	-.171	3456.00	3611.7521	-155.75214
18	-.971	3885.00	4771.2743	-886.27430
19	-.261	2014.00	2252.3124	-238.31237
20	-.205	1801.00	1988.4211	-187.42112

a. 종속변수: 가격

개개의 잔차를 검토하는 것은 이상치(outlier)의 발견이나 구한 회귀식이 적당한 식인지 어떤지를 알기 위한 유효한 수단이 된다. 잔차를 구했다면, 다음과 같은 것을 검토하면 된다.

① 잔차가 정규분포에 따르고 있는지 어떤지
② 잔차와 설명변수는 무관계인지(독립인지) 어떤지
③ 잔차와 목적변수의 예측치는 무관계인지 어떤지
④ 잔차의 시간적 변화에 편향된 경향이나 성질이 있는지 어떤지
⑤ 잔차 중에 이상치가 없는지

위와 같은 사항을 검토하기 위한 구체적인 방법으로서, ①을 위해서는 잔차의 히스토그램이나 정규확률 도표가 유효하다. ②를 위해서는 잔차와 설명변수의 산점도, ③을 위해서는 잔차와 목적변수의 예측치에 대한 산점도가 유효하다. ④를 위해서는 시간순으로 잔차를 늘어놓은 시계열 도표(꺾은선 그래프)가 유효하다. 단, 시계열 도표를 위해서는 시간에 관한 정보(예를 들면, 제조순서, 측정순서, 실험순서 등)가 필요하다. ⑤를 위해서는 표준화 잔차를 계산할 필요가 있다. 잔차 그 자체의 값만 보아서는, 이상하게 큰지 어떤지는 판단할 수 없기 때문이다. 잔차를 잔차의 표준편차로 나누어서 얻어지는 표준화 잔차를 보고, 그 절대값이 2.5 이상이라면 이상치라고 생각해도 좋다.

잔차의 일람표를 보면, 표준화 잔차의 절대값이 2.5 이상인 것은 없으므로, 이상치는 없는 것 같다.

잔차의 히스토그램

표준화된 히스토그램은 다음과 같다. n이 20으로 작으므로, 이 히스토그램의 형태를 음미해서 정규분포인지 어떤지를 판단하는 것은 불가능하지만 이상치의 발견에는 유효하다.

 힌트
잔차(residual)란 목적변수의 관측치와 예측치의 차를 말한다. 오차(error)라고도 한다.
회귀식이나 중회귀식은 최소자승법을 사용해서 잔차를 최소로 한다.

히스토그램

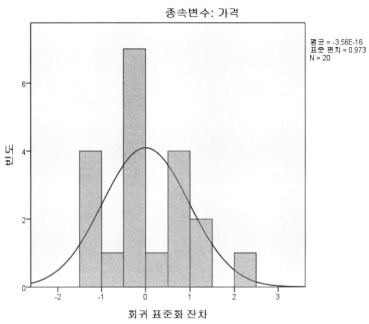

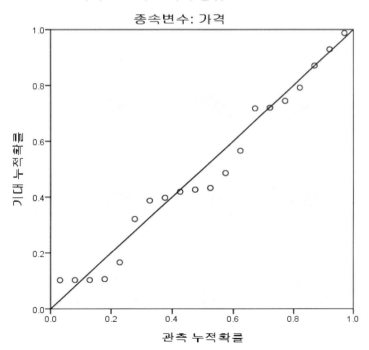

표준화 잔차의 정규확률 도표

정규확률 도표에서 점이 거의 직선 모양으로 늘어서 있으면, 잔차는 정규분포에 따르고 있다고 판단한다.

 2.3 구간추정

 모회귀식의 신뢰구간

예제에서 얻어진 회귀식

$$y = -890.393 + 79.967x$$

는 표본의 크기 $n = 20$의 데이터에 기초해서 구해진 것이기 때문에, 표본이 바뀌면 회귀식도 변하게 된다. 그래서 진짜 회귀식(모회귀식이라고 한다)의 존재 범위를 추정하는 것을 생각한다. 이것을 모회귀식의 구간추정이라고 한다.

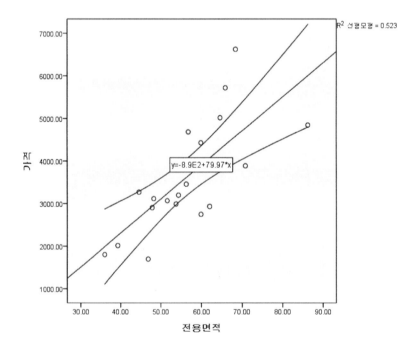

위의 그래프에서 회귀직선 위의 곡선은 모회귀식의 95% 신뢰구간에 대한 상한을 가리키고, 아래 곡선은 모회귀식의 95% 신뢰구간에 대한 하한을 가리킨다. 즉, 두 곡선 사이가 모회귀식의 95% 신뢰구간이 된다.

 개개 데이터의 예측구간

모회귀식의 신뢰구간과는 별개로 설명변수 x의 값을 어떤 수치로 지정했을 때에, 장래 실현할 목적변수 y값의 신뢰구간을 예측구간이라고 한다. 이것은 원하는 y값을 실현하기 위해서는, x의 값을 얼마로 하면 좋을까라고 하는 역추정의 문제(x의 값으로부터 y의 값을 예측하는)에서 자주 이용된다.

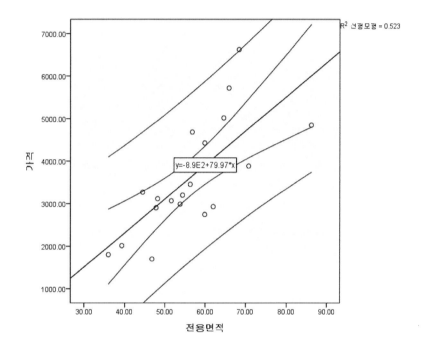

위의 그래프에서 맨 위의 곡선은 개개 데이터의 95% 신뢰구간에 대한 상한을 가리키고, 맨 아래 곡선은 개개 데이터의 95% 신뢰구간에 대한 하한을 가리킨다. 즉, 두 곡선 사이가 개개 데이터의 95% 예측구간이 된다.

2.4 SPSS의 처리절차

 단회귀분석

 순서 1 **데이터의 입력**

다음과 같이 SPSS [데이터 보기]에 데이터를 입력한다.

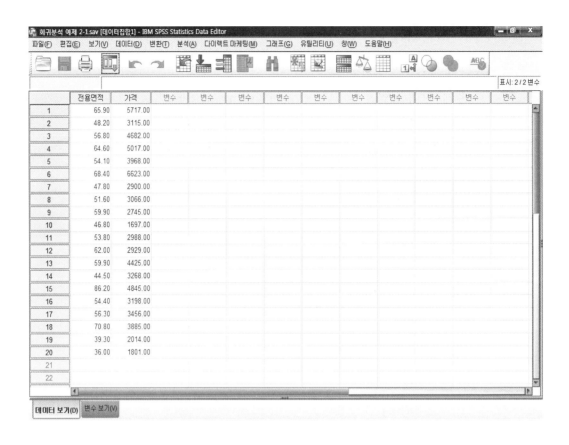

순서 2 분석 수법의 선택

메뉴로부터 [분석] - [회귀분석] - [선형]을 선택한다.

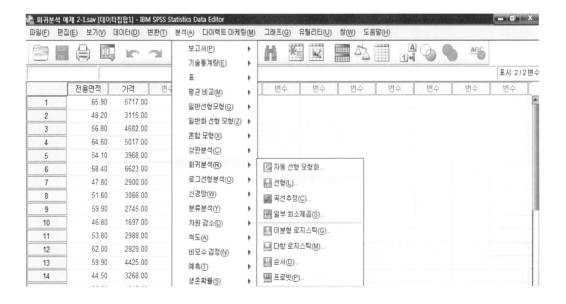

⏰순서 3 **변수의 설정**

　다음과 같은 대화상자가 나타나면, [종속변수]에 '가격', [독립변수]에 '전용면적'을 각각 설정한다.

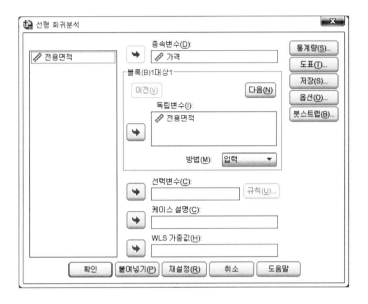

⏰순서 4 **출력내용의 설정**

(1) 통계량

　[통계량]을 클릭하면 다음과 같은 대화상자가 나타난다. [추정값], [신뢰구간], [모형 적합], [케이스별 진단]-[전체 케이스]에 체크하고 [계속]을 클릭하면, 앞의 화면으로 되돌아간다.

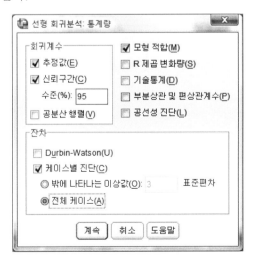

(2) 도표

[도표]를 클릭하면 다음과 같은 대화상자가 나타난다. [히스토그램], [정규확률도표]에 체크하고 [계속]을 클릭하면, 앞의 화면으로 되돌아간다.

여기에서 [확인]을 클릭하면, 회귀식, 회귀식의 유의성, 회귀식의 유효성, 모회귀계수의 신뢰구간, 개개의 잔차, 잔차의 히스토그램, 표준화 잔차의 정규확률도표가 출력된다.

산점도

순서 1 데이터의 입력

순서 2 그래프의 선택

메뉴로부터 [그래프] - [레거시 대화상자] - [산점도/점도표]를 선택한다.

●순서 3   **종류의 선택**

　다음과 같은 대화상자가 나타난다. [단순 산점도]를 선택하고, [정의]를 클릭
한다.

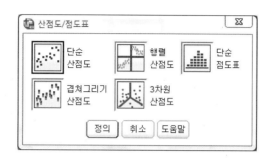

●순서 4   **정의의 설정**

　[Y-축]에 '가격', [X-축]에 '전용면적'을 설정하고, [확인]을 클릭한다.

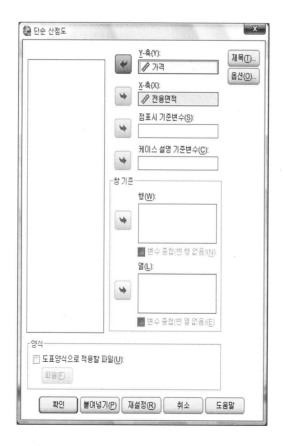

　다음과 같은 산점도가 작성된다.

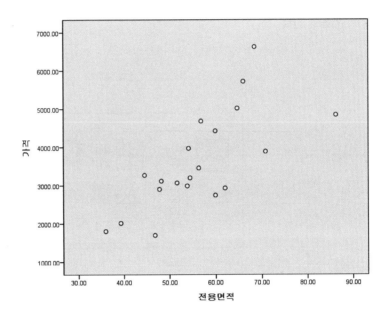

산점도를 더블클릭하면 [도표 편집기]로 바뀐다.

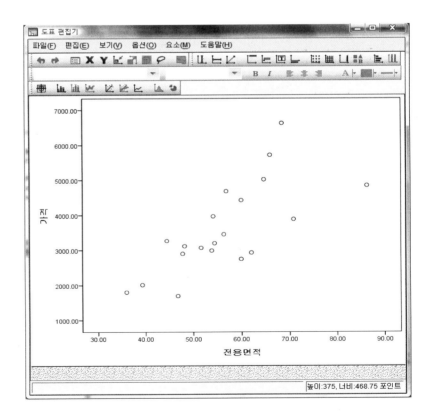

순서 5 회귀직선의 적용

메뉴에서 [요소] - [전체 적합선]을 선택하면, 산점도에 회귀직선이 적용된다.

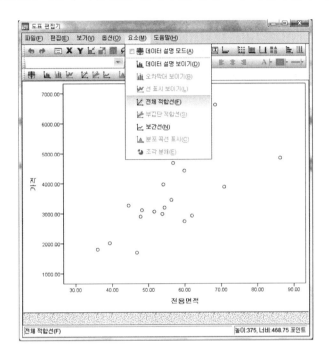

산점도에 적합한 회귀직선이 다음과 같이 그어진다.

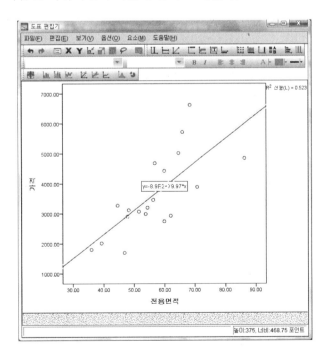

⏱순서 6 신뢰구간의 적용

(1) 모회귀식의 95% 신뢰구간

회귀직선을 더블클릭하면, 다음과 같은 [특성] 대화상자가 나타난다. [적합 방법]은 [선형], [신뢰구간]의 [평균]을 선택하고, [%]를 [95]로 설정하고, [적용]을 클릭한다.

산점도에 모회귀선의 95% 신뢰구간이 적용된다.

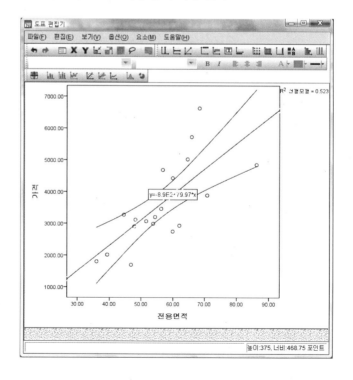

(2) 개개 데이터의 95% 신뢰구간의 적용

회귀직선을 더블클릭하면, 다음과 같은 [특성] 대화상자가 나타난다. [적합 방법]은 [선형], [신뢰구간]의 [개별]을 선택하고, [%]를 [95]로 설정하고, [적용]을 클릭한다.

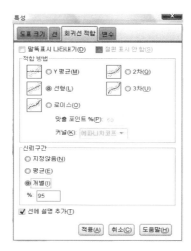

산점도에 개개 데이터의 95% 신뢰구간이 적용된다.

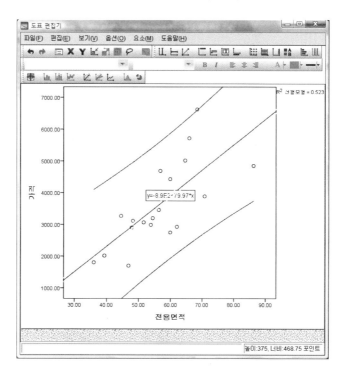

중회귀분석

3.1 중회귀분석에 대한 예비적 분석

 예제 **3-1**

다음의 데이터는 어떤 제품의 중량 y(단위 : mg)와 그 제품을 제조할 때의 조건 x_1(열처리 A 시간 : 초), x_2(건조시간 : 초), x_3(열처리 B 시간 : 초), x_4(폭 치수 : mm)를 30개의 제품을 무작위로 추출해서 조사한 결과이다.

║표 3-1║ **데이터표**

번호	x_1	x_2	x_3	x_4	y	번호	x_1	x_2	x_3	x_4	y
1	15	105	35	216	55	16	12	96	41	201	60
2	10	99	37	220	51	17	15	105	50	203	88
3	9	75	31	185	47	18	16	115	44	236	74
4	10	103	42	215	52	19	17	98	45	184	80
5	11	102	52	182	55	20	18	109	46	237	80
6	9	87	55	212	48	21	16	103	44	224	79
7	10	95	35	180	53	22	15	100	43	220	68
8	15	111	40	203	67	23	15	101	43	197	72
9	12	110	38	198	57	24	18	114	50	195	89
10	9	105	42	183	50	25	19	120	55	224	90
11	12	132	46	214	59	26	20	121	56	221	95
12	14	135	48	223	75	27	8	115	50	195	45
13	13	130	47	226	62	28	11	124	40	231	66
14	11	122	45	186	56	29	18	118	39	186	65
15	13	125	49	215	73	30	12	104	35	197	62

이 데이터를 사용해서 제조할 때의 조건 x_1, x_2, x_3, x_4에서 제품의 중량 y를 예측하는 식을 만들어 보자. 구체적으로는,

$$y = b_0 + b_1 x_1 + b_2 x_2 + b_3 x_3 + b_4 x_4$$

라고 하는 회귀식을 구하고 싶다.

이것은 설명변수가 두 개 이상 있는 경우이므로, 중회귀분석을 적용하는 문제가 된다.

먼저 중회귀분석을 실시하기 전에 1변수마다, 2변수마다의 예비적인 분석을 실시하기로 한다.

1. 1변수의 분석

 요약 통계량

SPSS의 처리 절차

순서 1 데이터의 입력

다음과 같이 데이터를 입력한다.

	x1	x2	x3	x4	y
1	15.00	105.00	35.00	216.00	55.00
2	10.00	99.00	37.00	220.00	51.00
3	9.00	75.00	31.00	185.00	47.00
4	10.00	103.00	42.00	215.00	52.00
5	11.00	102.00	52.00	182.00	55.00
6	9.00	87.00	55.00	212.00	48.00
7	10.00	95.00	35.00	180.00	53.00
8	15.00	111.00	40.00	203.00	67.00
9	12.00	110.00	38.00	198.00	57.00
10	9.00	105.00	42.00	183.00	50.00
11	12.00	132.00	46.00	214.00	59.00
12	14.00	135.00	48.00	223.00	75.00
13	13.00	130.00	47.00	226.00	62.00
14	11.00	122.00	45.00	186.00	56.00
15	13.00	125.00	49.00	215.00	73.00
16	12.00	96.00	41.00	201.00	60.00
17	15.00	105.00	50.00	203.00	88.00
18	16.00	115.00	44.00	236.00	74.00
19	17.00	98.00	45.00	184.00	80.00
20	18.00	109.00	46.00	237.00	80.00
21	16.00	103.00	44.00	224.00	79.00
22	15.00	100.00	43.00	220.00	68.00

순서 2 분석 수법의 선택

메뉴에서 [분석]-[기술통계량]-[기술통계]를 선택한다.

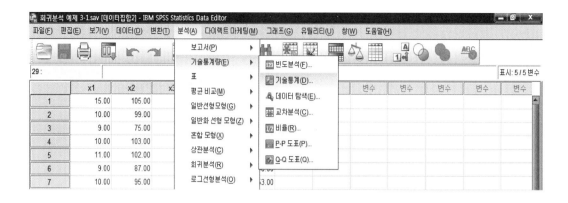

순서 3 **변수의 설정**

다음과 같은 대화상자가 나타나면, [변수] 난에 'x_1, x_2, x_3, x_4, y'를 설정한다.

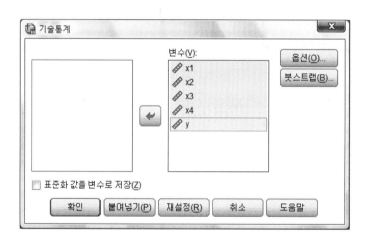

[확인]을 클릭하면 각 변수의 기술통계량이 출력된다.

기술통계량

	N	최소값	최대값	평균	표준편차
x1	30	8.00	20.00	13.4333	3.34956
x2	30	75.00	135.00	109.3000	13.52686
x3	30	31.00	56.00	44.1000	6.40770
x4	30	180.00	237.00	206.9667	17.41082
y	30	45.00	95.00	65.7667	14.06557
유효수 (목록별)	30				

각 설명변수와 목적변수의 기본적인 통계량을 구할 수 있다.

히스토그램 · 줄기와 잎 그림 · 상자도표

SPSS의 처리 절차

순서 1　데이터의 입력

순서 2　분석 수법의 선택

메뉴에서 [분석]-[기술통계량]-[데이터 탐색]을 선택한다.

순서 3　변수의 설정

[종속변수] 난에 'x_1, x_2, x_3, x_4, y'를 설정하고, [표시]의 [도표]에 체크한다.

[도표(T)]를 클릭한다.

순서 4　출력내용의 설정

다음 대화상자에서 [상자도표]의 [종속변수들과 함께], [기술통계]의 [줄기와 잎 그림], [히스토그램]에 체크하고 [계속]을 클릭하면, 앞의 화면으로 되돌아간다.

[확인]을 클릭하면 각 변수의 히스토그램, 상자도표, 잎 그림이 출력된다.

(1) 히스토그램

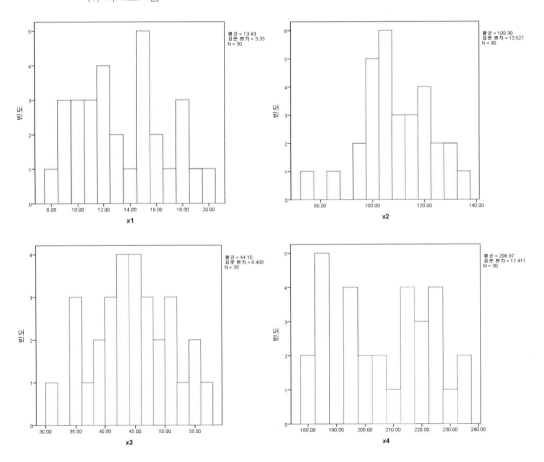

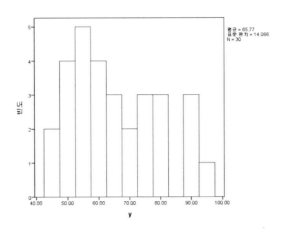

각 변수의 히스토그램이 출력된다.

(2) 줄기와 잎 그림

수치 데이터를 그래프화하는 방법으로서 줄기와 잎 그림이라고 불리는 수법이 있다. 히스토그램과 같은 정보가 얻어지는데, 데이터의 수가 많을 때에는 적합하지 않다.

```
            x1 Stem-and-Leaf Plot


    Frequency    Stem &  Leaf

         4.00    0 .  8999
        13.00    1 .  0001112222334
        12.00    1 .  555556678889
         1.00    2 .  0

    Stem width:     10.00
    Each leaf:       1 case(s)
```

변수 x_1에 대한 위에서 두 번째 잎(Leaf)에 해당하는 0001112222334은 10, 10, 10, 11, 11, 11, 12, 12, 12, 12, 13, 13, 14라고 하는 데이터가 있다는 것을 나타내고 있다. 마찬가지로 세 번째 잎에 해당하는 555556678889는 15, 15, 15, 15, 15, 16, 16, 17, 18, 18, 18, 19라고 하는 데이터가 있다는 것을 나타내고 있는 것이다.

x2 Stem-and-Leaf Plot

```
Frequency     Stem &  Leaf

     1.00       7 .  5
     1.00       8 .  7
     4.00       9 .  5689
    10.00      10 .  0123345559
     6.00      11 .  014558
     5.00      12 .  01245
     3.00      13 .  025

Stem width:      10.00
Each leaf:        1 case(s)
```

x3 Stem-and-Leaf Plot

```
Frequency     Stem &  Leaf

     1.00       3 .  1
     6.00       3 .  555789
     9.00       4 .  001223344
     7.00       4 .  5566789
     4.00       5 .  0002
     3.00       5 .  556

Stem width:      10.00
Each leaf:        1 case(s)
```

x4 Stem-and-Leaf Plot

```
Frequency     Stem &  Leaf

     7.00      18 .  0234566
     5.00      19 .  55778
     3.00      20 .  133
     5.00      21 .  24556
     7.00      22 .  0013446
     3.00      23 .  167

Stem width:      10.00
Each leaf:        1 case(s)
```

y Stem-and-Leaf Plot

```
Frequency     Stem &  Leaf

     3.00       4 .  578
     9.00       5 .  012355679
     7.00       6 .  0225678
     5.00       7 .  23459
     4.00       8 .  0089
     2.00       9 .  05

Stem width:      10.00
Each leaf:        1 case(s)
```

(3) 상자도표

상자도표를 관찰하려면 5수요약(五數要約)에 대해서 알아 둘 필요가 있다. 5수요약이란 다음의 다섯 가지 지표에 데이터의 집단을 요약하는 것을 말한다.

① 중앙값
② 최대값
③ 최소값
④ 제3사분위값
⑤ 제1사분위값

제3사분위값이란 전 데이터의 75%가 그 값보다도 작아지는 곳이며, 제1사분위값이란 전 데이터의 25%가 그 값보다도 작아지는 곳이다.

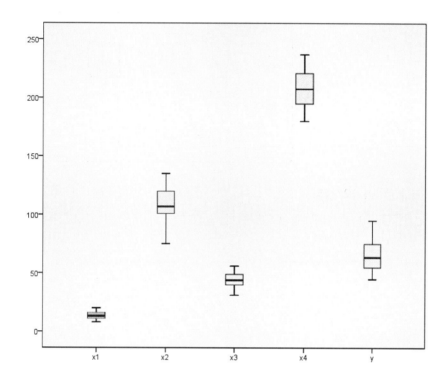

점도표 작성

SPSS의 처리 절차

순서 1 데이터의 입력

순서 2 분석 수법의 선택

메뉴에서 [그래프]-[레거시 대화상자]-[산점도/점도표]를 선택한다.

	x1	x2	x3	x4	y
1	15.00	105.00	35.00	216.00	55.00
2	10.00	99.00	37.00	220.00	51.00
3	9.00	75.00	31.00	185.00	47.00
4	10.00	103.00	42.00	215.00	52.00
5	11.00	102.00	52.00	182.00	55.00
6	9.00	87.00	55.00	212.00	48.00
7	10.00	95.00	35.00	180.00	53.00
8	15.00	111.00	40.00	203.00	67.00
9	12.00	110.00	38.00	198.00	57.00
10	9.00	105.00	42.00	183.00	50.00
11	12.00	132.00	46.00	214.00	59.00
12	14.00	135.00	48.00	223.00	75.00
13	13.00	130.00	47.00	226.00	62.00

⏱️순서 3 **종류의 선택**

다음과 같은 대화상자가 나타나면, [단순 점도표]를 선택하고 [정의]를 클릭한다.

⏱️순서 4 **정의의 설정**

[X축 변수] 난에 'x_1'을 설정한다.

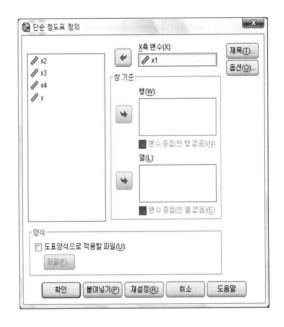

[확인]을 클릭하면, 변수 x_1의 점도표가 출력된다. 같은 방법으로 변수 x_2, x_3, x_4, y의 점도표를 작성할 수 있다.

📋 **점도표**

히스토그램이나 상자도표를 작성해서 음미하려면, 본래 적어도 50~100개 이상의 데이터가 필요하다. 데이터의 수가 적을 때에는 점도표가 좋다.

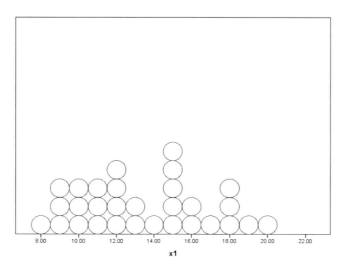

x1

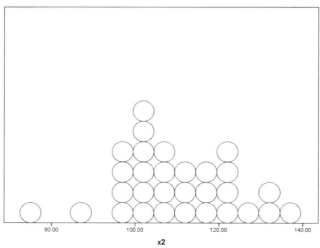

x2

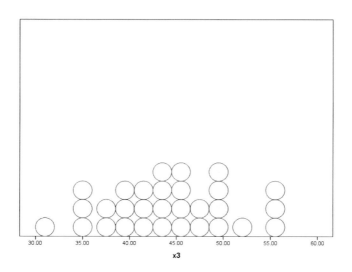

x3

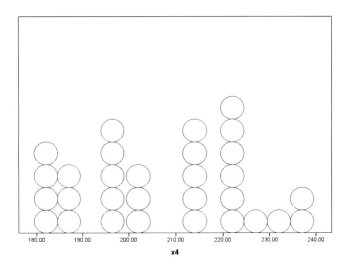

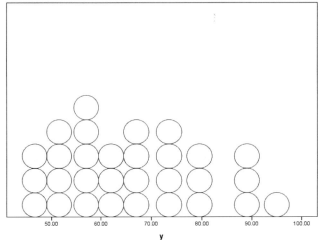

2. 2변수의 분석

 상관행렬 분석 절차

SPSS의 처리 절차

🕐 **순서 1** **데이터의 입력**

예제 3-1의 데이터를 SPSS [데이터 보기]에 입력한다.

🕐 **순서 2** **분석 수법의 선택**

메뉴에서 [분석]-[상관분석]-[이변량 상관계수]를 선택한다.

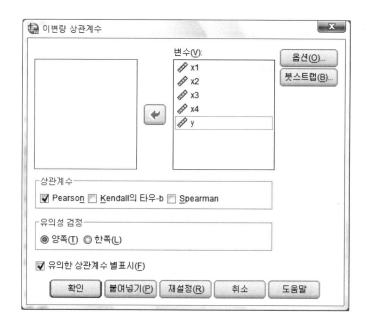

변수의 설정

다음과 같은 대화상자가 나타나면, [변수] 난에 'x_1, x_2, x_3, x_4, y'를 설정하고, [상관계수]의 [Pearson], [유의성 검정]의 [양쪽], [유의한 상관계수 별 표시]에 체크한다.

[확인]을 클릭하면 상관행렬이 출력된다.

상관행렬

두 개의 변수 사이의 관계를 수치적으로 파악하려면 상관계수를 계산하면 된다. 모든 조합에 대해서 상관계수를 계산하여 행렬의 형식으로 정리한 것을 상관행렬이라고 부른다.

상관계수

		x1	x2	x3	x4	y
x1	Pearson 상관계수	1	.308	.321	.331	.885**
	유의확률 (양쪽)		.098	.084	.074	.000
	N	30	30	30	30	30
x2	Pearson 상관계수	.308	1	.390*	.397*	.355
	유의확률 (양쪽)	.098		.033	.030	.054
	N	30	30	30	30	30
x3	Pearson 상관계수	.321	.390*	1	.249	.488**
	유의확률 (양쪽)	.084	.033		.184	.006
	N	30	30	30	30	30
x4	Pearson 상관계수	.331	.397*	.249	1	.367*
	유의확률 (양쪽)	.074	.030	.184		.046
	N	30	30	30	30	30
y	Pearson 상관계수	.885**	.355	.488**	.367*	1
	유의확률 (양쪽)	.000	.054	.006	.046	
	N	30	30	30	30	30

**. 상관계수는 0.01 수준(양쪽)에서 유의합니다.

*. 상관계수는 0.05 수준(양쪽)에서 유의합니다.

목적변수 y와 각 설명변수의 상관계수는 다음과 같이 얻어지고 있다는 것을 간파할 수 있다.

y와 x_1의 상관계수 = 0.885 (5%에서 유의하다 = 상관 있음)

y와 x_2의 상관계수 = 0.355 (유의하지 않다   = 상관 없음)

y와 x_3의 상관계수 = 0.488 (5%에서 유의하다 = 상관 있음)

y와 x_4의 상관계수 = 0.367 (1%에서 유의하다 = 상관 있음)

또한 설명변수끼리의 상관계수를 음미하는 것도 중요하다. 중회귀분석에서는 설명변수끼리는 서로 무관계로 되어 있다고 하는 데이터가 가장 바람직하다. 이 예제는 설명변수끼리 가장 상관이 강한 것은 x_2와 x_4의 상관계수로 0.397로 되어 있는데, 강한 관계에 있다고 할 정도는 아니다.

 행렬 산점도 작성

SPSS의 처리 절차

🕐 순서 1 **데이터의 입력**

⏱순서 2 **분석 수법의 선택**

메뉴에서 [그래프]-[레거시 대화상자]-[산점도/점도표]를 선택한다.

	x1	x2	x3	x4	y
1	15.00	105.00	35.00	216.00	55.00
2	10.00	99.00	37.00	220.00	51.00
3	9.00	75.00	31.00	185.00	47.00
4	10.00	103.00	42.00	215.00	52.00
5	11.00	102.00	52.00	182.00	55.00
6	9.00	87.00	55.00	212.00	48.00
7	10.00	95.00	35.00	180.00	53.00
8	15.00	111.00	40.00	203.00	67.00
9	12.00	110.00	38.00	198.00	57.00
10	9.00	105.00	42.00	183.00	50.00
11	12.00	132.00	46.00	214.00	59.00
12	14.00	135.00	48.00	223.00	75.00
13	13.00	130.00	47.00	226.00	62.00

⏱순서 3 **종류의 선택**

다음과 같은 대화상자가 나타나면, [행렬 산점도]를 선택하고 [정의]를 클릭한다.

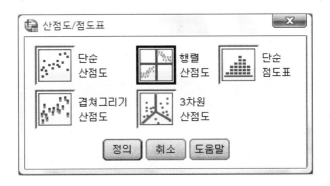

⏱순서 4 **정의의 설정**

[산점도 행렬] 대화상자가 나타나면, [행렬 변수] 난에 'x_1, x_2, x_3, x_4, y'를 설정한다. [확인]을 클릭하면, 행렬 산점도가 출력된다.

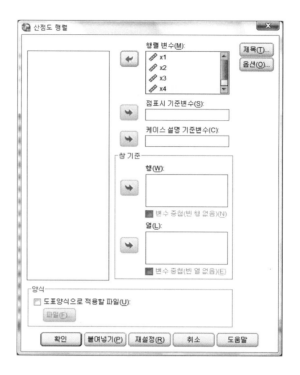

📄 **행렬 산점도**

목적변수와 설명변수의 관계나 설명변수끼리의 관계를 시각적으로 음미하려
면, 행렬 산점도를 작성하면 된다.

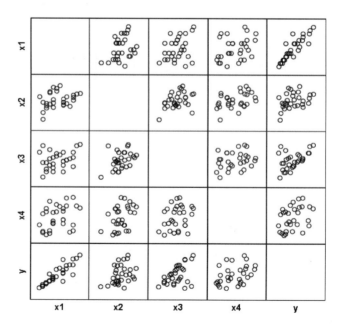

SPSS에서는 다음과 같은 케이스 번호를 표시한 산점도도 작성할 수 있다. 이 것은 이상치의 동정(同定)에 유효하다.

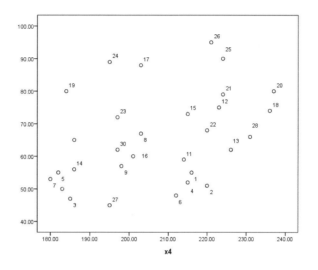

산점도의 케이스 번호 표시

작성한 산점도에 케이스 번호를 표시하려면, 출력된 산점도를 더블클릭해서 [도표 편집기]를 호출한다. 메뉴에서 [데이터 설명 모드]를 선택하여 임의의 점 을 클릭하면 된다.

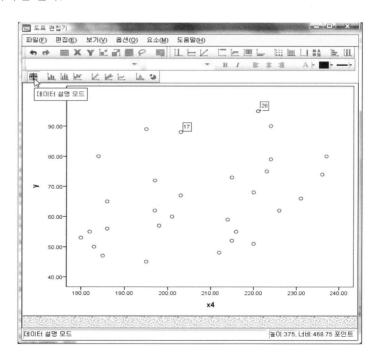

3차원 산점도 작성

SPSS의 처리 절차

순서 1 데이터의 입력

순서 2 분석 수법의 선택

메뉴에서 [그래프]-[레거시 대화상자]-[산점도/점도표]를 선택한다.

순서 3 종류의 선택

다음과 같은 대화상자가 나타나면, [3차원 산점도]를 선택하고 [정의]를 클릭한다.

순서 4 정의의 설정

[3차원 산점도] 대화상자가 나타나면, [Y-축] 난에 'y', [X-축] 난에 'x_1', [Z-축] 난에 'x_2'를 설정한다. [확인]을 클릭하면, 3차원 산점도가 출력된다.

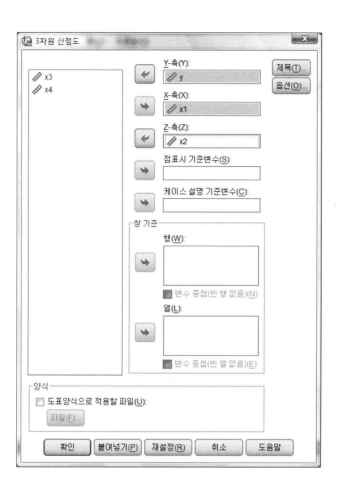

3차원 산점도

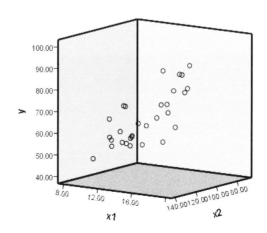

같은 방법으로 다른 조합에 대해서도 3차원 산점도를 작성할 수 있다.

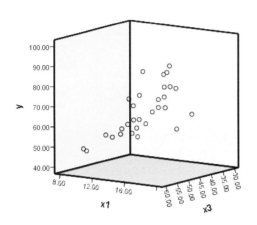

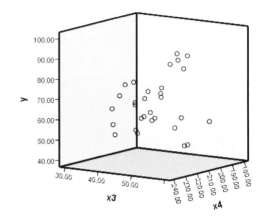

3.2 중회귀분석의 실제

1. 중회귀분석의 기본

앞의 예제 3-1의 데이터에 중회귀분석을 적용해 보자.

 중회귀분석의 실행

SPSS의 처리 절차

순서 1 데이터의 입력

예제 3-1의 데이터를 다음과 같이 입력한다.

	x1	x2	x3	x4	y	변수	변수	변수	변수	변수	변수	변수
1	15.00	105.00	35.00	216.00	55.00							
2	10.00	99.00	37.00	220.00	51.00							
3	9.00	75.00	31.00	185.00	47.00							
4	10.00	103.00	42.00	215.00	52.00							
5	11.00	102.00	52.00	182.00	55.00							
6	9.00	87.00	55.00	212.00	48.00							
7	10.00	95.00	35.00	180.00	53.00							
8	15.00	111.00	40.00	203.00	67.00							
9	12.00	110.00	38.00	198.00	57.00							
10	9.00	105.00	42.00	183.00	50.00							
11	12.00	132.00	46.00	214.00	59.00							
12	14.00	135.00	48.00	223.00	75.00							

순서 2 **분석 수법의 선택**

메뉴에서 [분석]-[회귀분석]-[선형]을 선택한다.

순서 3 **변수의 설정**

다음의 대화상자가 나타나면, [종속변수] 난에 'y', [독립변수] 난에 'x_1, x_2, x_3, x_4'를 설정한다.

순서 4 출력내용의 설정

(1) 통계량

위의 화면에서 [통계량]을 클릭하면, 다음과 같은 대화상자가 나타난다. 아래와 같이 선택·지정하고 [계속]을 클릭하면, 앞의 화면으로 되돌아온다.

(2) 도표

[도표]를 클릭하면 다음과 같은 대화상자가 나타난다. [표준화 잔차도표]에서 [히스토그램], [정규확률도표]에 체크하고, [계속]을 클릭하면 앞의 화면으로 되돌아온다.

[확인]을 클릭하면, 회귀식, 회귀식의 유의성, 회귀식의 유효성, 모회귀계수의

유의성, 표준편회귀계수, 개개의 잔차, 잔차의 히스토그램, 표준화 잔차의 정규
확률 도표가 출력된다.

중회귀분석의 결과

(1) 회귀식

계수[a]

모형		비표준화 계수		표준화 계수	t	유의확률	B에 대한 95.0% 신뢰구간	
		B	표준오차	베타			하한값	상한값
1	(상수)	-8.911	14.891		-.598	.555	-39.579	21.758
	x1	3.348	.381	.797	8.781	.000	2.563	4.134
	x2	.007	.099	.007	.069	.946	-.197	.211
	x3	.480	.201	.218	2.383	.025	.065	.894
	x4	.038	.075	.047	.506	.617	-.116	.191

a. 종속변수: y

회귀식은

$$y = -8.911 + 3.348 x_1 + 0.007 x_2 + 0.480 x_3 + 0.038 x_4$$

로 구해진다.

x_1, x_2, x_3, x_4의 회귀계수의 부호는 모두 플러스로 되어 있음을 확인할 수
있다. 사실은 중회귀분석을 실시하기 전에, 각 설명변수를 사용해서 단회귀분
석을 실시하여 회귀계수의 부호가 중회귀분석의 결과 각 설명변수의 부호와 일
치하는지 어떤지를 검토해 볼 필요가 있다. 실제로 검토해 보면, 단회귀분석에
서의 회귀계수의 부호와 일치한다. 만일 부호 역전 현상이 나타나면 다중공선
성을 의심해 볼 필요가 있게 된다. 이에 대해서는 뒤에서 상술하기로 한다.

(2) 회귀식의 유의성

얻어진 회귀식이 통계학적으로 의미가 있는지 어떤지를 검증할 필요가 있다.
이를 위해서 회귀에 관한 분산분석을 실시한다.

분산분석[a]

모형		제곱합	자유도	평균 제곱	F	유의확률
1	회귀 모형	4772.189	4	1193.047	30.902	.000[b]
	잔차	965.177	25	38.607		
	합계	5737.367	29			

a. 종속변수: y

b. 예측값: (상수), x4, x3, x1, x2

$$\text{유의확률}(p\,\text{값}) = 0.000 < \alpha = 0.05$$

이므로, 회귀식은 유의하며 회귀식에는 의미가 있다고 하는 결론을 내린다. 이 분산분석에 있어서의 가설은 다음과 같다.

$$H_0 : \beta_1 = \beta_2 = \beta_3 = \beta_4 = 0 \quad (\text{회귀식에는 의미가 없다})$$

$$H_1 : \text{적어도 하나의 } \beta_j \neq 0 \quad (\text{회귀식에는 의미가 있다})$$

(3) 회귀식의 유효성

모형 요약[b]

모형	R	R 제곱	수정된 R 제곱	추정값의 표준오차
1	.912[a]	.832	.805	6.21346

a. 예측값: (상수), x4, x3, x1, x2
b. 종속변수: y

이 예제에서는

$$\text{기여율} \qquad R^2 = 0.832$$
$$\text{잔차표준편차} \quad \sqrt{V_e} = 6.213$$

이 된다.

이 사실로부터 목적변수 y의 변동 중, x_1, x_2, x_3, x_4에 의해서 83.2%를 설명할 수 있다는 것을 알 수 있다. 또한 이 회귀식에서 중량을 예측했을 때에 ± 6.213(g) 정도의 오차를 각오할 필요가 있다.

그런데 기여율 R^2은 설명변수의 수를 늘릴수록 그 변수가 유용한 것이든 아니든, 그 값이 커진다고 하는 문제점을 안고 있다. 그래서 무의미한 변수를 설명변수로서 사용했을 때에는, 그 수치가 작아지도록 자유도로 수정한 기여율이 쓰인다. 이것을 수정된 기여율이라고 한다. 수정된 기여율을 R^{*2}으로 표기하면, R^2과 R^{*2} 사이에는 다음과 같은 관계가 성립한다.

$$R^{*2} = 1 - \frac{n-1}{n-p-1}(1-R^2)$$
$$(n\text{은 표본의 크기}, p\text{는 설명변수의 수})$$

이 예제에서는 $R^{*2} = 0.805$로 되어 있다.

(4) 회귀계수의 유의성

각 설명변수의 목적변수 y에 대한 영향력의 대소는 편회귀계수 값의 대소로 판단해서는 안 된다. 예를 들면,

$$y = 8 + 3x_1 + 7x_2$$

라고 하는 회귀식이 얻어졌다고 하자. 이때에 x_2쪽이 x_1보다도 y에 대한 영향력이 강하다고 생각해서는 안 된다. 왜냐하면 편회귀계수의 값은 x_1이나 x_2의 단위에 따라서 변화해 버리기 때문이다. 가령 x_2가 m 단위일 때에 이것을 cm 단위로 고치면, 편회귀계수의 값은 변해 버린다. 또한 x_1과 x_2의 단위가 다른 경우에는 비교할 수가 없다.

그래서 편회귀계수의 유효성을 판단하기 위한 t값과 p값(유의확률)으로 영향력을 판단하게 된다. t값은 +의 값과 −의 값을 취할 수 있으므로, t값의 절대값이 큰 변수일수록 목적변수 y를 예측(설명)하는 데 공헌도가 높다고 생각한다.

이 예제에서는 다음과 같은 t값과 p값이 얻어졌다.

계수^a

모형		비표준화 계수		표준화 계수	t	유의확률	B에 대한 95.0% 신뢰구간	
		B	표준오차	베타			하한값	상한값
1	(상수)	-8.911	14.891		-.598	.555	-39.579	21.758
	x1	3.348	.381	.797	8.781	.000	2.563	4.134
	x2	.007	.099	.007	.069	.946	-.197	.211
	x3	.480	.201	.218	2.383	.025	.065	.894
	x4	.038	.075	.047	.506	.617	-.116	.191

a. 종속변수: y

t값(의 절대값)은 x_1, x_3, x_4, x_2의 순으로 크므로, 이 순서로 y에 대한 영향력도 크다고 판단한다. 단, 이와 같은 판단은 x_1, x_2, x_3, x_4가 서로 독립일 때에 성립하는 것이지, 설명변수끼리 강한 상관관계가 있을 때에는 이와 같은 결론은 낼 수 없게 된다. 또한 x_1, x_2, x_3, x_4를 동시에 사용한 경우의 이야기라는 데에 주의할 필요가 있다.

p값에 의해서 편회귀계수의 유의성을 판정할 수 있다. 유의하지 않은 변수는 목적변수 y를 예측하는 데 불필요한 변수라고 결론지어진다. 그리고 유의하지 않은 변수는 y와 무관계하다고 하는 것을 말하고 있는 것은 아니라는 사실에 주의해야 한다. 이 예제에서는 x_2와 x_4가 유의수준을 0.05로 하면, 불필요한 변수라고 하는 셈이 된다. p값은 t값과는 역으로 수치가 작을수록 중요한 변수라고 생각할 수 있다.

그리고 t값 대신에 F값을 이용하는 경우도 있다.

$$F값 = (t값)^2$$

라고 하는 관계에 있고, 경험적으로는 F값이 2 이상이라면 유효한 변수, 2 미만이라면 불필요한 변수로서 간주하여, 유효한 변수만으로 회귀식을 작성하면 좋은 회귀식이 얻어진다고 일컬어지고 있다. 변수선택에 대해서는 뒤에서 언급하기로 한다.

(5) 표준편회귀계수

목적변수 y에 대한 영향력을 보는 것으로서 표준편회귀계수라고 불리는 것이 있다. 편회귀계수는 원래의 변수에 대한 단위에 의존하므로, 모든 변수를 표준화하고 나서 중회귀분석을 실시하는 것을 생각한다. 그렇게 하면 모든 변수는 무명수(無名數, 단위의 이름이 붙지 아니한 보통의 수)가 되어, 단위의 차이는 없어짐과 동시에 어느 변수도 평균이 0, 표준편차가 1로 일치하므로, 편회귀계수의 대소를 비교하는 것이 가능해진다. 이때의 편회귀계수를 표준편회귀계수라고 한다. 표준편회귀계수의 절대값이 큰 변수일수록 y에 대한 영향력도 크다고 판단한다.

계수^a

모형		비표준화 계수		표준화 계수	t	유의확률	B에 대한 95.0% 신뢰구간	
		B	표준오차	베타			하한값	상한값
1	(상수)	-8.911	14.891		-.598	.555	-39.579	21.758
	x1	3.348	.381	.797	8.781	.000	2.563	4.134
	x2	.007	.099	.007	.069	.946	-.197	.211
	x3	.480	.201	.218	2.383	.025	.065	.894
	x4	.038	.075	.047	.506	.617	-.116	.191

a. 종속변수: y

표준편회귀계수(표준화계수 베타)를 보면 x_1, x_3, x_4, x_2의 순으로 크므로, 이 순서로 y에 대한 영향력도 크다고 판단한다.

이 예제에서는 표준편회귀계수의 순위와 t값의 순위가 일치하고 있지만, 항상 일치하는 것은 아니다. 대개는 t값을 중시하고, 표준편회귀계수는 부차적으로 보고 있다.

2. 잔차의 검토

 개개의 잔차

잔차의 일람표를 보이면 다음과 같다.

케이스별 진단[a]

케이스 번호	표준화 잔차	y	예측값	잔차
1	-1.925	55.00	66.9600	-11.96002
2	-.046	51.00	51.2876	-.28762
3	.551	47.00	43.5783	3.42172
4	-.245	52.00	53.5239	-1.52394
5	-.872	55.00	60.4159	-5.41590
6	-1.318	48.00	56.1870	-8.18701
7	.677	53.00	48.7926	4.20740
8	-.307	67.00	68.9083	-1.90826
9	-.114	57.00	57.7090	-.70901
10	.164	50.00	48.9824	1.01761
11	-.531	59.00	62.2988	-3.29884
12	.754	75.00	70.3143	4.68565
13	-.735	62.00	66.5656	-4.56558
14	-.217	56.00	57.3467	-1.34670
15	.953	73.00	67.0756	5.92442
16	.134	60.00	59.1651	.83488
17	2.307	88.00	73.6625	14.33753
18	-.233	74.00	75.4466	-1.44657
19	.451	80.00	77.1970	2.80301
20	-.499	80.00	83.0989	-3.09888
21	.658	79.00	74.9120	4.08797
22	-.469	68.00	70.9129	-2.91289
23	.313	72.00	70.0522	1.94777
24	.890	89.00	83.4670	5.53302
25	-.056	90.00	90.3476	-.34760
26	.150	95.00	94.0691	.93094
27	-.803	45.00	49.9912	-4.99115
28	1.503	66.00	56.6600	9.33997
29	-2.073	65.00	77.8801	-12.88014
30	.935	62.00	56.1918	5.80823

잔차의 일람표를 보면 표준화 잔차의 절대값이 2.5 이상 되는 것은 없으므로, 이상치는 없는 것 같다.

 잔차의 히스토그램

표준화된 히스토그램은 다음과 같다. n이 30으로 작지 않으므로 이 히스토그램의 형태를 음미해서, 정규분포인지 어떤지를 어느 정도 판단할 수 있다.

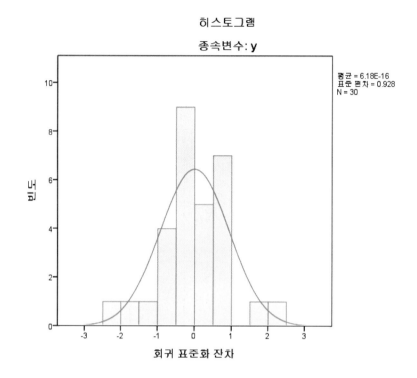

표준화 잔차의 정규확률 도표

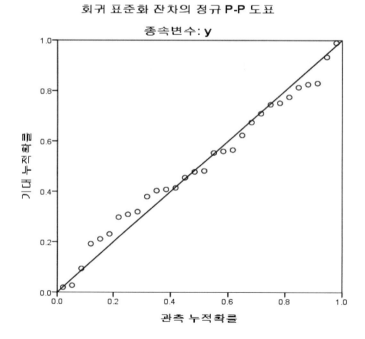

정규확률 도표에서 점이 거의 직선 모양으로 늘어서 있으면, 잔차는 정규분포에 따르고 있다고 판단한다.

3. 회귀진단

잔차의 분석과 영향력의 분석을 회귀진단이라고 한다. 영향력의 분석이란 개개의 데이터가 회귀분석의 결과에 어떠한 영향을 미치고 있는지를 조사하는 것이다. 잔차의 분석에 대해서는 앞에서 설명했으므로, 여기에서는 영향력의 분석에 대해서 설명하기로 한다.

영향력의 분석에는,

① 레버리지(leverage)

② Cook의 거리

③ DFBETA

등의 통계량이 제안되고 있다. 이들 통계량이 어떠한 값을 나타내는지를 앞의 예로 보이기로 한다.

 회귀진단

SPSS의 처리 절차

순서 1 데이터의 입력

예제 3-1의 데이터를 다음과 같이 입력한다.

회귀분석 예제 3-1.sav [데이터집합1] - IBM SPSS Statistics Data Editor

파일(F) 편집(E) 보기(V) 데이터(D) 변환(T) 분석(A) 다이렉트 마케팅(M) 그래프(G) 유틸리티(U) 창(W) 도움말(H)

표시: 5/5변수

	x1	x2	x3	x4	y	변수	변수	변수	변수	변수	변수
1	15.00	105.00	35.00	216.00	55.00						
2	10.00	99.00	37.00	220.00	51.00						
3	9.00	75.00	31.00	185.00	47.00						
4	10.00	103.00	42.00	215.00	52.00						
5	11.00	102.00	52.00	182.00	55.00						
6	9.00	87.00	55.00	212.00	48.00						
7	10.00	95.00	35.00	180.00	53.00						
8	15.00	111.00	40.00	203.00	67.00						
9	12.00	110.00	38.00	198.00	57.00						
10	9.00	105.00	42.00	183.00	50.00						
11	12.00	132.00	46.00	214.00	59.00						
12	14.00	135.00	48.00	223.00	75.00						

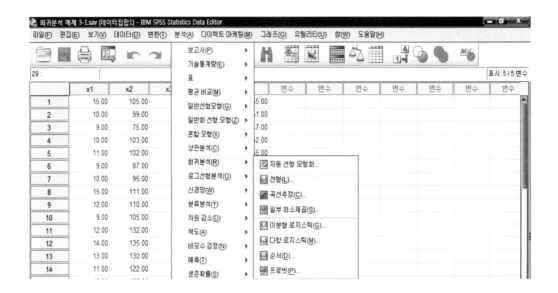

순서 2 분석 수법의 선택

메뉴에서 [분석]-[회귀분석]-[선형]을 선택한다.

순서 3 변수의 설정

다음의 대화상자가 나타나면, [종속변수] 난에 'y', [독립변수] 난에 'x_1, x_2, x_3, x_4'를 설정한다.

순서 4 **출력내용의 선택**

[저장]을 클릭하면 다음과 같은 대화상자가 나타난다. [거리]의 [Cook의 거리], [레버리지 값], [영향력 통계량]의 [DFBETA]에 체크하고 [계속]을 클릭하면, 앞의 화면으로 되돌아온다.

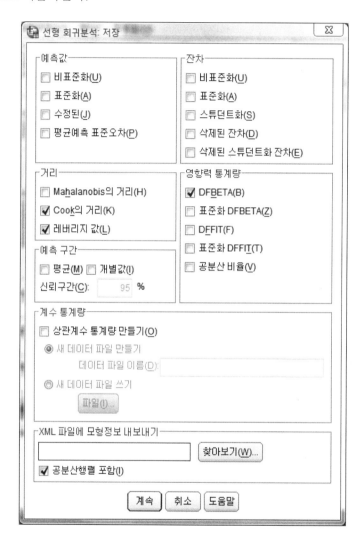

[확인]을 클릭하면 [데이터 보기]에 레버리지, Cook의 거리, DFBETA의 값이 출력된다.

순서 5 **그래프의 작성**

메뉴에서 [그래프]-[레거시 대화상자]-[선도표]를 선택한다.

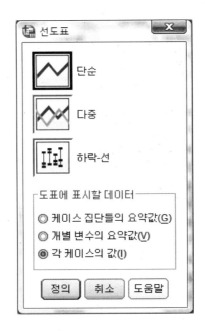

*회귀분석 예제 3-1.sav [데이터집합1] - IBM SPSS Statistics Data Editor

파일(F) 편집(E) 보기(V) 데이터(D) 변환(T) 분석(A) 다이렉트 마케팅(M) 그래프(G) 유틸리티(U) 창(W) 도움말(H)

29 : LEV_1   .25778098792803   표시: 12 / 12 변수

그래프 메뉴:
- 도표 작성기(C)...
- 그래프보드 양식 선택기(G)...
- 레거시 대화 상자(L) ►
  - 막대도표(B)...
  - 3차원 막대도표(3)...
  - 선도표(L)...
  - 영역도표(A)...
  - 원(P)...
  - 상한-하한 도표(H)...
  - 상자도표(X)...
  - 오차막대(O)...
  - 모집단 피라미드도표(Y)...
  - 산점도/점도표(S)...
  - 히스토그램(I)...

	x1	x2	x3	x4	y			DFB1_1
1	15.00	105.00	35.00	216.00	55.00	.15584		-.12374
2	10.00	99.00	37.00	220.00	51.00	.00010		.00371
3	9.00	75.00	31.00	185.00	47.00	.03809		-.01629
4	10.00	103.00	42.00	215.00	52.00	.00152		.02131
5	11.00	102.00	52.00	182.00	55.00	.05569		.05211
6	9.00	87.00	55.00	212.00	48.00	.57370		.29596
7	10.00	95.00	35.00	180.00	53.00	.02050		-.01471
8	15.00	111.00	40.00	203.00	67.00	.00158		-.01653
9	12.00	110.00	38.00	198.00	57.00	.00025		.00114
10	9.00	105.00	42.00	183.00	50.00	.00097		-.01340
11	12.00	132.00	46.00	214.00	59.00	.01338		.04036
12	14.00	135.00	48.00	223.00	75.00	.02748		-.03014
13	13.00	130.00	47.00	226.00	62.00	.02137	.11144	3.08359	.04568
14	11.00	122.00	45.00	186.00	56.00	.00255	.14829	-.50389	.01275
15	13.00	125.00	49.00	215.00	73.00	.02155	.06338	-2.32152	-.04573
16	12.00	96.00	41.00	201.00	60.00	.00028	.03445	.26551	-.00130
17	15.00	105.00	50.00	203.00	88.00	.11393	.05549	.89152	.07279
18	16.00	115.00	44.00	236.00	74.00	.00208	.10810	.94382	-.00720
19	17.00	98.00	45.00	184.00	80.00	.01263	.16576	2.18772	.06375
20	18.00	109.00	46.00	237.00	80.00	.01468	.15915	2.08070	-.04440
21	16.00	103.00	44.00	224.00	79.00	.01232	.07887	-1.02621	.03566
22	15.00	100.00	43.00	220.00	68.00	.00544	.06687	.36915	-.01756

🕐**순서 6** **종류의 선택**

다음의 대화상자가 나타나면, [단순]-[각 케이스의 값]을 선택하고 [정의]를 클릭한다.

선도표

단순

다중

하락-선

도표에 표시할 데이터
◎ 케이스 집단들의 요약값(G)
◎ 개별 변수의 요약값(V)
◉ 각 케이스의 값(I)

정의   취소   도움말

순서 7 정의의 설정

[선 표시]에 [LEV_1], [범주 설명]에 [케이스 번호]를 설정한다.

[확인]을 클릭하면 다음과 같은 꺾은선 그래프가 출력된다.

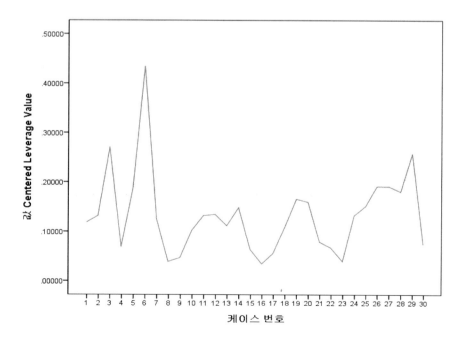

순서 8 레이아웃의 변경

출력된 꺾은선 그래프를 더블클릭하면 [도표 편집기]로 바뀐다. 꺾은선을 더블클릭해서 [특성] 대화상자로부터 [변수]를 선택하고, [요소 유형]에서 [마커]를 선택하고 [적용]을 클릭한다.

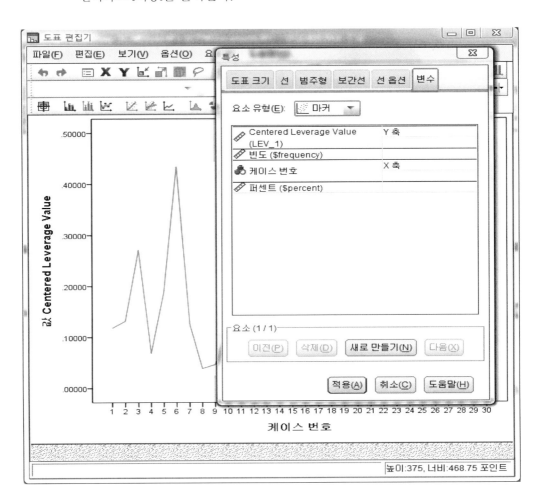

그러면 가로축을 케이스 번호로 하는 레버리지 값의 그래프가 완성된다.

 레버리지

레버리지란 설명변수의 이상치를 보는 것인데, 레버리지의 평균치는 (설명변수의 수+1)/(표본의 크기 n)이 된다. 이 예제에서는 설면변수의 수는 4, 표본의 크기(케이스의 수)는 30이므로, 레버리지의 평균치는 (4+1)/30=0.1666이 된다.

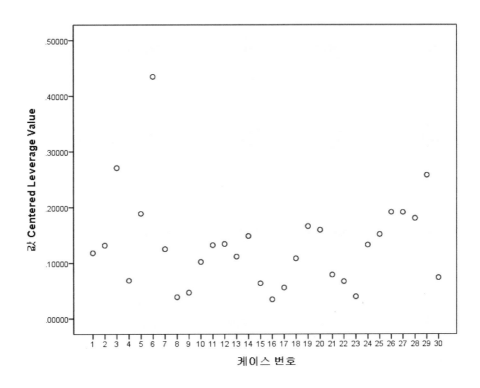

가로축은 케이스 번호, 세로축은 레버리지를 나타내고 있다. 6번과 29번이 큰 수치를 보이고 있다.

다시 위의 [순서 7]로 돌아가서 Cook의 거리를 선표시로 한다.

🕐 순서 7　정의의 설정

[선 표시]에 [Cook's Distance], [범주 설명]에 [케이스 번호]를 설정한다.

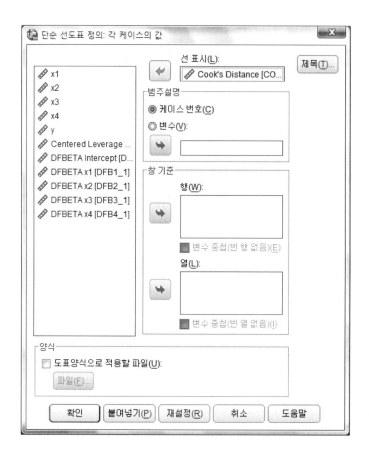

[확인]을 클릭하면 다음과 같은 꺾은선 그래프가 출력된다.

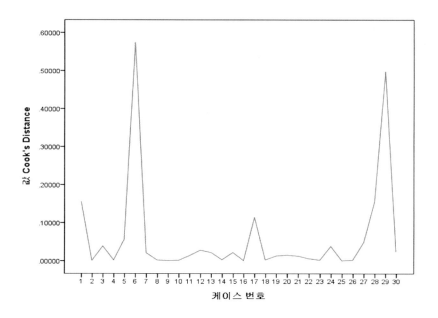

순서 8　레이아웃의 변경

　　출력된 꺾은선 그래프를 더블클릭하면 [도표 편집기]로 바뀐다. 꺾은선을 더블클릭해서 [특성] 대화상자로부터 [변수]를 선택하고, [요소 유형]에서 [마커]를 선택하고 [적용]을 클릭한다.

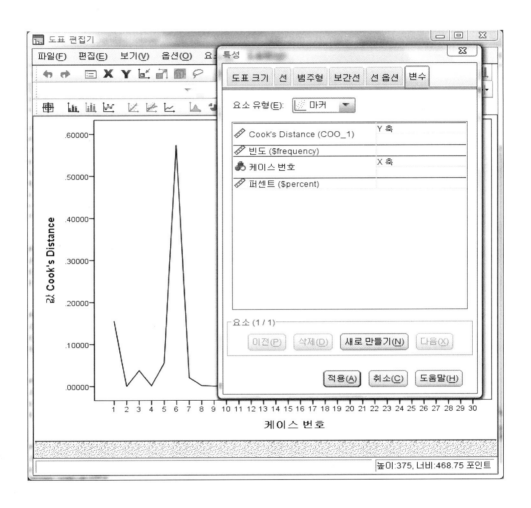

　　그러면 가로축을 케이스 번호로 하는 Cook의 거리 그래프가 완성된다.

📋 Cook의 거리

Cook의 거리는 표준화 잔차와 레버리지의 양쪽을 고려한 통계량으로, 다음과 같이 계산된다.

$$\text{Cook의 거리} = \frac{\{(\text{표준화 잔차})^2 \times (\text{레버리지})\}}{\{1 - (\text{레버리지})\}}$$

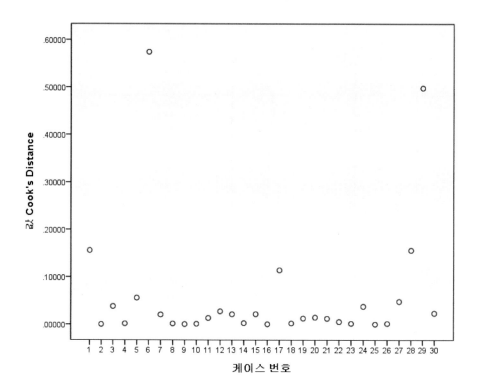

가로축은 케이스 번호, 세로축은 Cook의 거리를 나타내고 있다. 6번과 29번이 큰 수치를 보이고 있다.

다시 위의 [순서 기로 돌아가서 DFBETA를 선표시로 한다.

⏱️순서 7 **정의의 설정**

[선 표시]에 [DFBETA Intercept], [범주 설명]에 [케이스 번호]를 설정한다.

[확인]을 클릭하면 다음과 같은 꺾은선 그래프가 출력된다.

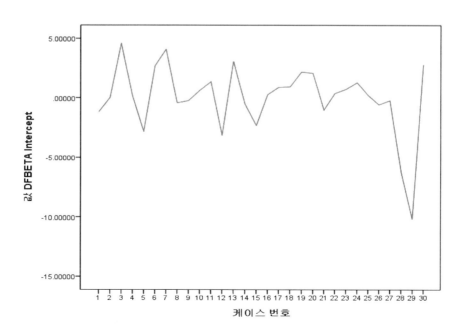

순서 8 레이아웃의 변경

출력된 꺾은선 그래프를 더블클릭하면 [도표 편집기]로 바뀐다. 꺾은선을 더블클릭해서 [특성] 대화상자로부터 [변수]를 선택하고, [요소 유형]에서 [마커]를 선택하고 [적용]을 클릭한다.

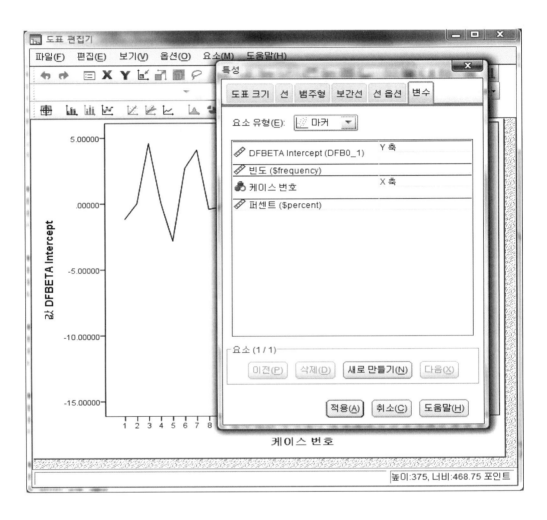

그러면 가로축을 케이스 번호로 하는 DFBETA Intercept 그래프가 완성된다.

DFBETA

DFBETA란 하나의 케이스를 제외하고 회귀분석을 실행했을 때의 회귀계수와, 제거하기 전(즉, 모든 케이스를 사용했을 때)의 회귀계수의 차(差)를 말한다. 이 차가 큰 케이스는 회귀식의 결정에 큰 영향을 미치게 된다. 데이터를 하나 제거하면 어떻게 될 것인가라고 하는 검증방법은 잭나이프법이라고 불리는 방법론과 비슷하다.

$$\text{DFBETA} = b(\text{모든 케이스를 사용해서 구한 회귀계수})$$
$$-b(i \text{ 번째의 케이스를 제거하고 구한 회귀계수})$$

DFBETA는 설명변수마다 계산되고, 상수항에 대해서도 계산된다.

그리고 SPSS에서 계산되는 값은 근사치이며, 진짜 값과는 약간의 차가 생긴다.

(1) DFBETA Intercept(b_0의 DFBETA)

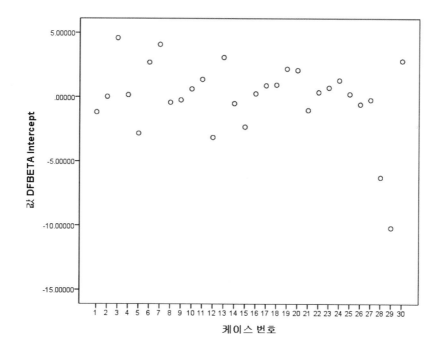

가로축은 케이스 번호, 세로축은 DFBETA를 나타내고 있다. 28번과 29번이 큰 차이가 나는 수치를 보이고 있다.

같은 방법으로 b_1, b_2, b_3, b_4의 DFBETA 그래프도 작성할 수 있다.

(2) b_1의 DFBETA

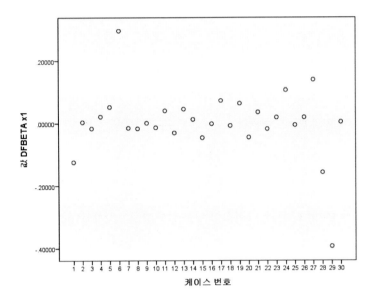

가로축은 케이스 번호, 세로축은 DFBETA를 나타내고 있다. 6번과 29번이 큰 차이가 나는 수치를 보이고 있다.

(3) b_2의 DFBETA

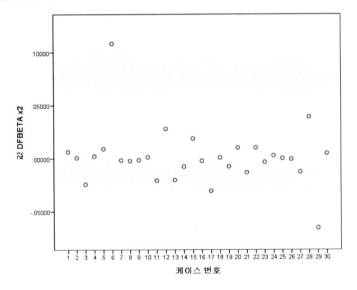

가로축은 케이스 번호, 세로축은 DFBETA를 나타내고 있다. 6번과 29번이 큰 차이가 나는 수치를 보이고 있다.

(4) b_3의 DFBETA

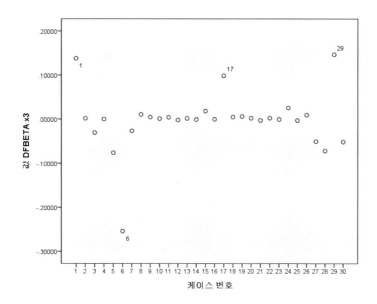

가로축은 케이스 번호, 세로축은 DFBETA를 나타내고 있다. 1번, 6번, 17번, 29번이 큰 차이가 나는 수치를 보이고 있다.

(5) b_4의 DFBETA

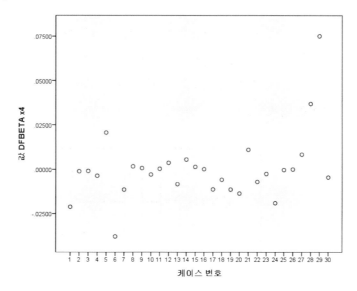

가로축은 케이스 번호, 세로축은 DFBETA를 나타내고 있다. 6번과 29번이 큰 차이가 나는 수치를 보이고 있다.

4. 상호검증법과 리샘플링법

회귀식을 검증한다고 하는 상황은 다음과 같은 두 가지이다.
① 예측정밀도를 검증한다
② 추정한 회귀계수의 안정성을 검증한다

(1) 예측정밀도의 검증

회귀분석에 의해서 얻어진 회귀식을 사용해서 개개의 케이스(표본)를 예측할 때에, 그 예측정밀도를 나타내는 데에 기여율 R^2이나 잔차표준편차가 자주 쓰인다. 그러나 여기에서 얻어지는 수치는 과잉평가(過剩評價)되고 있을 가능성이 높다. 왜냐하면 모든 케이스를 사용해서 회귀식을 작성하고 그 회귀식으로 각 케이스를 예측하게 되므로, 옳게 예측할 수 있는 게 당연한 것이다. 그래서 상호검증법이라고 불리는 평가방법이 제안되고 있다.

 Hold out 법

초기의 데이터(원 데이터)를 무작위로 2분할해서, 한쪽의 데이터를 사용하여 회귀식을 작성하고, 그 회귀식을 사용해서 남은 또 한쪽의 데이터를 예측하는 방법이다. 회귀식을 작성하기 위해서 선택한 데이터를 분석용 데이터라 부르고, 남은 또 한쪽의 판별되는 데이터를 검증용 데이터라고 부른다. 검증용 데이터를 어느 정도 옳게 예측했는지를 본다고 하는 방법이다. 이 방법의 이미지를 보이면 다음의 그림과 같다.

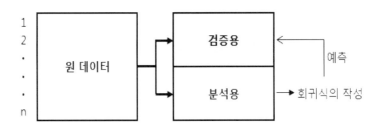

이 방법은 원 데이터에 대한 케이스의 수가 많지 않으면 사용할 수 없다.

K-fold법

초기의 데이터(원 데이터)를 무작위로 K개(K는 통상 3~10)로 분류한다. 가령 10분할했다고 하자. 10분할됨으로써 10개의 그룹이 생기게 된다. 이 중에서 9그룹의 데이터를 사용하여 회귀식을 작성하고, 남아 있는 1그룹 중의 각 케이스를 예측하는 것을 실행한다.

다음에 아까 남긴 1그룹을 회귀식 작성용의 데이터로 되돌리고, 그 대신에 앞의 9그룹 중에서 1그룹을 검증용으로 하여, 마찬가지로 9그룹을 사용해서 회귀식을 작성하고, 남아 있는 1그룹의 각 케이스를 예측한다. 이 작업을 전부해서 10회 반복한다. 그 때마다 기여율이나 잔차표준편차는 구해지므로, 마지막으로는 그 10회의 값을 검토한다고 하는 방법이다. 분할하는 그룹의 수 K는 10으로 하는 경우가 많은 것 같다.

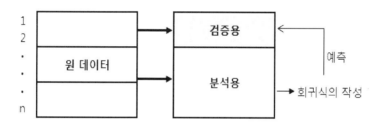

Leave-One-Out법

원 데이터로부터 하나의 케이스만을 뽑아서 검증용으로 하고, 나머지를 분석용으로 한다. 이것을 전 케이스가 1회씩 검증용이 되도록 반복한다. 이것은 fold법의 분할 수 K를 원 데이터의 케이스 수로 설정하는 것과 같다.

앞에서 소개한 DFBETA와 같은 사고방식이다.

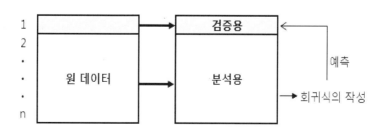

(2) 회귀계수의 검증

회귀계수는 하나의 데이터 세트로부터 추정되는 것이다. 데이터 세트가 다르면, 회귀계수도 다른 것이 된다 그래서 회귀계수의 산포 정도를 표준편차로 파악할 필요가 있다. 이 산포를 표준오차라고 한다. 표준오차는 이론적으로 유도된 공식으로부터 구할 수 있는데, 실제의 데이터가 이론대로의 이상적인 상황에 있다고는 할 수 없다. 그래서 주변에 있는 데이터를 사용해서 표준오차를 파악하는 방법이 고안되었다. 이 방법으로서 리샘플링법이라고 불리는 방법이 제안되고 있다. 회귀분석과 관련된 리샘플링법의 대표적인 수법으로서 Jackknife법과 Bootstrap법이 있다.

 ## Jackknife법

n개의 데이터를 사용해서 어떤 모수의 추정치 θ_n을 계산했다고 하자. 제i번째의 데이터를 제외한 $(n-1)$개의 데이터를 사용해서 계산되는 추정량을 θ_{n-1}로 하고, 다음과 같은 θ_i를 정의한다.

$$\theta_i = n \times \theta_n - (n-1) \times \theta_{n-1}$$

이 θ_i를 의사치(擬似値)라고 부르고 있다. Jackknife법의 목표는 추정치 θ_n의 표준오차를 의사치의 표준편차로 파악하는 데 있다. 그리고 의사치 θ_i의 평균치를 추정치 θ_n의 Jackknife 추정치라고 부르고 있다. Leave-One-Out법도 Jackknife법과 같은 사고방식인데, Jackknife법에서는 Leave-One-Out법과 같이, 제외한 하나를 예측하는 일은 실행하지 않는다. 또한 Leave-One-Out법이 예측 정밀도에 역점을 두고 있는 데 비해서, Jackknife법은 회귀계수의 추정치에 역점을 두고 있는 점도 다르다. 진단통계량의 하나로, 영향력을 보는 DFBETA법은 Jackknife법의 사고방식에 가깝다고 할 수 있다.

 힌트

Jackknife법은 모집단의 모수를 컴퓨터를 사용해서 추정하는 방법이다. 수치계산을 몇만 번이나 반복하여 실행함으로써 치우침을 감소시켜 가는 방법으로 컴퓨터가 필수품이다. 판별분석에서는 오판별률의 추정에 쓰이고 있다.

 ## Bootstrap법

모집단의 모수 θ(예를 들면 모평균)를 컴퓨터를 사용해서 추정하는 비모수적인 방법이다. 수치계산을 몇 회나 반복하면서 구간추정 등을 실시한다. Bootstrap법은 Jackknife법보다 유효하다고 일컬어지고 있다.

n개의 데이터가 있을 때에 이 데이터로부터 n를 무작위로 복원추출한다. 다음에 그 표본을 사용해서 주목하고 있는 모수의 추정치 θ를 계산한다. 그것을 K회 반복함으로써 추정치 θ가 K개 얻어지게 된다. 그래서 이 K개의 $\theta_i(i=1\sim\mathrm{K})$로부터 추정치 θ의 산포를 조사하고자 하는 것이다. 이 방법의 이미지를 보이면 다음 그림과 같다.

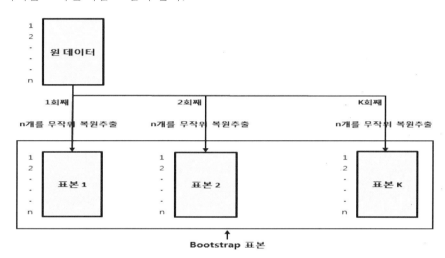

반복 횟수 K는 1,000~10,000이 쓰이는 경우가 많다.

SPSS에서도 Bootstrap법이 몇 가지의 수법으로 설치되어 있어, 각 수법의 대화상자에 [붓스트랩]이라고 하는 버튼이 준비되어 있다.

SPSS의 처리 절차

⏱순서 1 데이터의 입력

예제 3-1의 데이터를 다음과 같이 입력한다.

	x1	x2	x3	x4	y	COO_1	LEV_1	DFB0_1	DFB1_1
1	15.00	105.00	35.00	216.00	55.00	.15584	.11810	-1.18250	-.12374
2	10.00	99.00	37.00	220.00	51.00	.00010	.13160	.02271	.00371
3	9.00	75.00	31.00	185.00	47.00	.03809	.27080	4.59113	-.01629
4	10.00	103.00	42.00	215.00	52.00	.00152	.06843	.15706	.02131
5	11.00	102.00	52.00	182.00	55.00	.05569	.18856	-2.83313	.05211
6	9.00	87.00	55.00	212.00	48.00	.57370	.43453	2.69347	.29596
7	10.00	95.00	35.00	180.00	53.00	.02050	.12502	4.08574	-.01471

순서 2 분석 수법의 선택

메뉴에서 [분석]-[회귀분석]-[선형]을 선택한다.

순서 3 변수의 설정

다음의 대화상자가 나타나면, [종속변수] 난에 'y', [독립변수] 난에 'x_1, x_2, x_3, x_4'를 설정한다.

순서 4 **출력내용의 선택**

[붓스트랩]을 클릭하면 다음과 같은 대화상자가 나타난다.

[붓스트랩 수행]에 체크, [신뢰구간]의 [수준(%)]을 [95]라고 설정하고, [백분위수]에 체크하고 [계속]을 클릭하면 앞의 화면으로 되돌아온다.

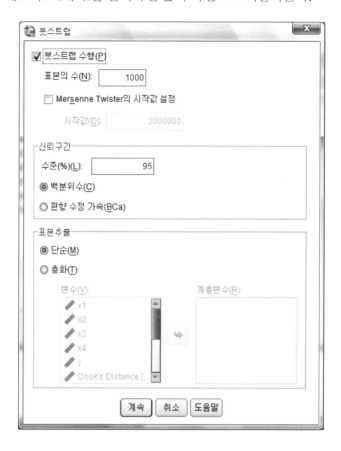

[확인]을 클릭하면 Bootstrap법이 실행되어 결과가 출력된다.

 Bootstrap법 실행 결과

붓스트랩 지정 사항

표본추출 방법	단순
표본의 수	1000
신뢰구간 수준	95.0%
신뢰구간 유형	백분위수

계수의 붓스트랩

모형		B	붓스트랩[a]				
			편향	표준오차	유의확률 (양쪽)	95% 신뢰구간	
						하한	상한
1	(상수)	-8.911	.083	13.028	.522	-37.772	13.628
	x1	3.348	-.048	.469	.001	2.213	4.111
	x2	.007	-.012	.117	.946	-.259	.201
	x3	.480	.062	.321	.149	.031	1.332
	x4	.038	-.003	.077	.653	-.120	.189

a. 알려진 것이 없는 한 붓스트랩 결과는 1000 붓스트랩 표본에 근거합니다.

일반적인 중회귀분석의 결과는 다음과 같다. B에 대한 95% 신뢰구간에 다소 차이가 있음을 알 수 있다.

계수[a]

모형		비표준화 계수		표준화 계수			B에 대한 95.0% 신뢰구간	
		B	표준오차	베타	t	유의확률	하한값	상한값
1	(상수)	-8.911	14.891		-.598	.555	-39.579	21.758
	x1	3.348	.381	.797	8.781	.000	2.563	4.134
	x2	.007	.099	.007	.069	.946	-.197	.211
	x3	.480	.201	.218	2.383	.025	.065	.894
	x4	.038	.075	.047	.506	.617	-.116	.191

a. 종속변수: y

Chapter
4

질적 변수와 더미 변수

 예제 **4-1**

다음의 데이터는 예제 3-1에 설명변수 x_5를 추가한 것이다. x_5는 성형(成型)에 이용하는 금형의 종류로 A, B의 두 가지 타입이 있다.

│표 4-1│ 데이터표

번호	x_1	x_2	x_3	x_4	x_5	y	번호	x_1	x_2	x_3	x_4	x_5	y
1	15	105	35	216	A	55	16	12	96	41	201	B	60
2	10	99	37	220	A	51	17	15	105	50	203	B	88
3	9	75	31	185	A	47	18	16	115	44	236	A	74
4	10	103	42	215	A	52	19	17	98	45	184	B	80
5	11	102	52	182	A	55	20	18	109	46	237	B	80
6	9	87	55	212	A	48	21	16	103	44	224	B	79
7	10	95	35	180	B	53	22	15	100	43	220	A	68
8	15	111	40	203	A	67	23	15	101	43	197	A	72
9	12	110	38	198	B	57	24	18	114	50	195	B	89
10	9	105	42	183	A	50	25	19	120	55	224	B	90
11	12	132	46	214	A	59	26	20	121	56	221	A	95
12	14	135	48	223	B	75	27	8	115	50	195	A	45
13	13	130	47	226	A	62	28	11	124	40	231	B	66
14	11	122	45	186	B	56	29	18	118	39	186	A	65
15	13	125	49	215	B	73	30	12	104	35	197	B	62

이 데이터를 사용해서 제품의 중량 y를 예측하는 식을 만들어 보자. 구체적으로는,

$$y = b_0 + b_1 x_1 + b_2 x_2 + b_3 x_3 + b_4 x_4 + b_5 x_5$$

라고 하는 회귀식을 구하고 싶다. 예제 3-1과 다른 것은 x_5가 금형의 종류를 나타내는 질적 변수로 되어 있다고 하는 점이다. 이러한 변수를 설명변수로서 이용하려면 더미 변수라고 불리는 방법을 도입한다.

데이터의 그래프화

중회귀분석을 실시하기 전에 x_5와 y의 관계를 시각화해 놓기로 한다. y가 양적 변수, x_5가 질적 변수일 때는 질적 변수의 범주로 층별한 히스토그램, 상자도표, 점도표를 작성하면 좋다.

이 예제에서는 데이터가 적으므로, 점도표로 시각화한다.

SPSS의 처리 절차

순서 1 데이터의 입력

예제 4-1의 데이터를 다음과 같이 입력한다.

	x1	x2	x3	x4	x5	y
1	15.00	105.00	35.00	216.00	A	55.00
2	10.00	99.00	37.00	220.00	A	51.00
3	9.00	75.00	31.00	185.00	A	47.00
4	10.00	103.00	42.00	215.00	A	52.00
5	11.00	102.00	52.00	182.00	A	55.00
6	9.00	87.00	55.00	212.00	A	48.00
7	10.00	95.00	35.00	180.00	B	53.00
8	15.00	111.00	40.00	203.00	A	67.00
9	12.00	110.00	38.00	198.00	B	57.00
10	9.00	105.00	42.00	183.00	A	50.00
11	12.00	132.00	46.00	214.00	A	59.00
12	14.00	135.00	48.00	223.00	B	75.00
13	13.00	130.00	47.00	226.00	A	62.00
14	11.00	122.00	45.00	186.00	B	56.00
15	13.00	125.00	49.00	215.00	B	73.00
16	12.00	96.00	41.00	201.00	B	60.00
17	15.00	105.00	50.00	203.00	B	88.00
18	16.00	115.00	44.00	236.00	A	74.00
19	17.00	98.00	45.00	184.00	B	80.00
20	18.00	109.00	46.00	237.00	B	80.00
21	16.00	103.00	44.00	224.00	B	79.00
22	15.00	100.00	43.00	220.00	A	68.00

이때 변수 x_5는 질적 변수이므로 A일 때는 $x_5 = 1$, B일 때는 $x_5 = 0$으로 입력한다. 이것을 [변수 보기]에서 다음과 같이 [변수값 설명]에서 지정할 수 있다.

순서 2 분석 수법의 선택

메뉴에서 [그래프]-[레거시 대화상자]-[산점도/점도표]를 선택한다.

⏰ 순서 3 종류의 선택

다음과 같은 대화상자가 나타나면, [단순 점도표]를 선택하고 [정의]를 클릭한다.

⏰ 순서 4 정의의 설정

[X축 변수] 난에 'y', [행] 난에 'x_5'를 각각 설정한다.

[확인]을 클릭하면 다음과 같은 점도표가 출력된다.

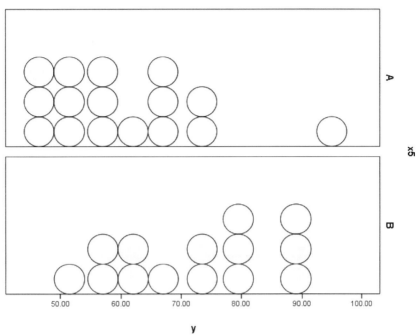

가령 데이터가 많을 때라면, 상자도표가 유효하다.

SPSS의 처리 절차

🕐순서 1 **데이터의 입력**

🕐순서 2 **분석 수법의 선택**

메뉴에서 [분석]-[기술통계량]-[데이터 탐색]을 선택한다.

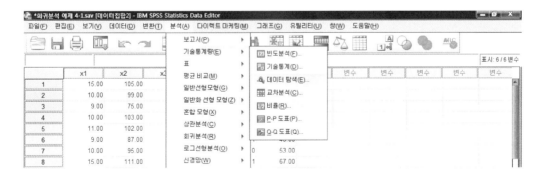

🕐순서 3 **변수의 설정**

[종속변수]에 'y', [요인]에 'x_5'를 설정하고, [표시]의 [도표]를 체크한다.

순서 4 출력내용의 설정

위에서 [도표(T)]를 클릭한다. [상자도표]의 [요인수준들과 함께]에 체크하고 [계속]을 클릭하면, 앞의 화면으로 되돌아온다.

[확인]을 클릭하면 상자도표가 출력된다.

상자도표에서 케이스 26번은 이상치임을 알 수 있다. 실제로 26번의 y값은 95로 A의 평균(60.31)과 크게 차이가 나고 있다.

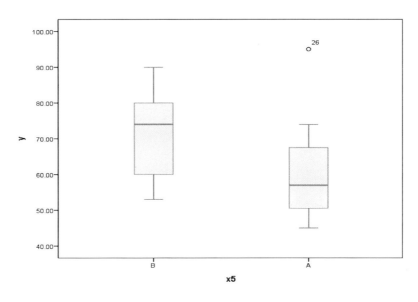

1. 질적 변수와 더미 변수

질적 변수를 설명변수로서 사용하는 경우에는, x_5의 문자형 데이터를 수치화할 필요가 있다. 이때에 사용하는 것이 더미 변수(dummy variable)라고 불리는 것이다. 더미 변수는 0이나 1 어느 쪽인가의 값밖에 취할 수 없는 변수이다. 예를 들면, 성별과 같은 데이터라면 남자를 1, 여자를 0(혹은 남자를 0, 여자를 1)로 수치화하면 된다.

예제 4-1에서의 x_5도 두 종류(A, B)이므로, 다음과 같이 수치화해서 중회귀분석을 실시하게 된다.

금형의 종류 A일 때, $x_5 = 1$
금형의 종류 B일 때, $x_5 = 0$

이와 같이 수치화하고 나서 중회귀분석을 적용하면, 다음과 같은 결과를 얻을 수 있다.

모형 요약

모형	R	R 제곱	수정된 R 제곱	추정값의 표준오차
1	.948[a]	.899	.878	4.90640

a. 예측값: (상수), x5, x4, x3, x1, x2

분산분석[a]

모형		제곱합	자유도	평균 제곱	F	유의확률
1	회귀 모형	5159.621	5	1031.924	42.867	.000[b]
	잔차	577.746	24	24.073		
	합계	5737.367	29			

a. 종속변수: y

b. 예측값: (상수), x5, x4, x3, x1, x2

계수[a]

모형		비표준화 계수		표준화 계수	t	유의확률
		B	표준오차	베타		
1	(상수)	-3.754	11.829		-.317	.754
	x1	3.110	.307	.741	10.132	.000
	x2	-.036	.079	-.035	-.457	.652
	x3	.516	.159	.235	3.240	.003
	x4	.062	.059	.077	1.056	.302
	x5	-7.442	1.855	-.268	-4.012	.001

a. 종속변수: y

$$y = -3.754 + 3.110x_1 - 0.036x_2 + 0.516x_3 + 0.062x_4 - 7.442x_5$$

라고 하는 회귀식이 얻어졌다.

x_5의 회귀계수로부터 A는 B에 비해서 y의 수치가 7.442 정도 작게 된다는 것을 알 수 있다. 이 회귀식은

A일 때

$$y = -3.754 - 7.442 + 3.110x_1 - 0.036x_2 + 0.516x_3 + 0.062x_4$$

B일 때

$$y = -3.754 \qquad + 3.110x_1 - 0.036x_2 + 0.516x_3 + 0.062x_4$$

라고 하는 두 개의 회귀식으로 나누어서 나타낼 수 있다. 더미 변수를 사용함으로써 A와 B의 두 가지의 중회귀식을 하나의 식으로 나타낼 수 있게 된다.

2. 더미 변수의 사용방법

 수치예 4-1

다음에 보이는 데이터를 질적 변수에 의한 층별을 실시해서 작성한 산점도의

결과가 거의 평행으로 된 직선이 되는 경우를 생각해 보기로 한다.

x_1	x_2	y
1.1	A	4.1
2.1	A	4.8
3.2	A	5.3
4.4	A	5.4
5.2	A	6.5
1.3	B	1.7
2.3	B	1.8
3.6	B	2.9
4.5	B	2.7
5.1	B	3.3

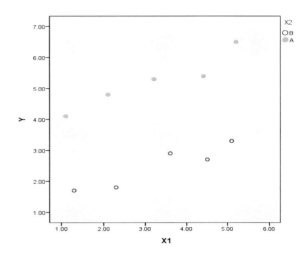

위와 같은 산점도를 작성하려면, [단순 산점도] 대화상자에서 다음과 같이 변수를 설정한 다음에 [확인]을 클릭하면 된다.

x_2에 대해서 A=1, B=0로 하여 회귀분석을 적용하면 다음과 같은 회귀식이 얻어진다.

모형 요약

모형	R	R 제곱	수정된 R 제곱	추정값의 표준오차
1	.988ª	.977	.970	.28253

a. 예측값: (상수), X2, X1

계수ª

모형		비표준화 계수		표준화 계수	t	유의확률
		B	표준오차	베타		
1	(상수)	.915	.243		3.757	.007
	X1	.466	.062	.436	7.523	.000
	X2	2.815	.179	.911	15.727	.000

a. 종속변수: Y

회귀식은

$$y = 0.915 + 0.466x_1 + 2.815x_2$$

이것에 비해서 x_2를 무시하고 회귀분석을 적용하면 다음과 같은 회귀식이 얻어진다.

모형 요약

모형	R	R 제곱	수정된 R 제곱	추정값의 표준오차
1	.385ª	.149	.042	1.59304

a. 예측값: (상수), X1

계수ª

모형		비표준화 계수		표준화 계수	t	유의확률
		B	표준오차	베타		
1	(상수)	2.499	1.250		2.000	.081
	X1	.412	.349	.385	1.182	.271

a. 종속변수: Y

회귀식은

$$y = 2.499 + 0.412x_1$$

x_2를 무시하면 R^2의 값이 0.977에서 0.149로 대폭 줄어드는 것을 알 수 있다. 한편, x_1의 회귀계수에 큰 변화는 없다. 실은 이와 같은 더미 변수의 도입은 A

와 B에서 x_1과 y의 직선에 대한 기울기가 같다(평행으로 되어 있다)라는 것을
전제로 하고 있는 것이다.

 수치예 4-2

다음에 보이는 데이터와 산점도의 예를 생각해 보자.

x_1	x_2	y
1.1	A	4.8
2.1	A	4.9
3.2	A	5.4
4.4	A	5.5
5.2	A	6.3
5.3	B	1.8
6.1	B	1.9
7.4	B	2.6
8.2	B	2.8
9.1	B	3.3

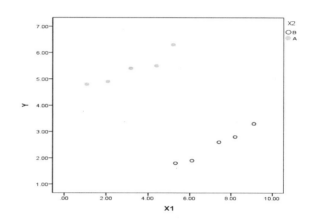

x_2에 대해서 A=1, B=0로 해서 회귀분석을 적용하면 다음과 같은 회귀식이 얻
어진다.

모형 요약

모형	R	R 제곱	수정된 R 제곱	추정값의 표준오차
1	.995[a]	.990	.988	.18140

a. 예측값: (상수), X2, X1

계수[a]

모형		비표준화 계수		표준화 계수	t	유의확률
		B	표준오차	베타		
1	(상수)	-.180	.300		-.598	.568
	X1	.368	.040	.586	9.201	.000
	X2	4.381	.198	1.413	22.164	.000

a. 종속변수: Y

회귀식은

$$y = -0.180 + 0.368x_1 + 4.381x_2$$

한편, x_2를 무시하고 회귀분석을 적용하면, 다음과 같은 회귀식이 얻어진다.

모형 요약

모형	R	R 제곱	수정된 R 제곱	추정값의 표준오차
1	.564[a]	.318	.233	1.43159

a. 예측값: (상수), X1

계수[a]

모형		비표준화 계수		표준화 계수	t	유의확률
		B	표준오차	베타		
1	(상수)	5.776	1.057		5.462	.001
	X1	-.354	.183	-.564	-1.931	.090

a. 종속변수: Y

$$y = 5.776 - 0.354x_1$$

x_2를 무시하면 R^2의 값이 작아질 뿐만 아니라 x_1의 회귀계수 부호도 변화하고 있는 데 주목할 필요가 있다.

 수치예 4-3

다음에 보이는 데이터를 질적 변수에 의한 층별을 실시해서 작성한 산점도의 결과가 평행이 되지 않는 경우를 생각해 보기로 한다.

x_1	x_2	y
1.1	A	4.2
2.1	A	4.9
3.2	A	5.4
4.4	A	5.5
5.2	A	6.3
3.2	B	3.1
4.1	B	2.4
5.2	B	1.9
6.3	B	2.2
7.1	B	1.1

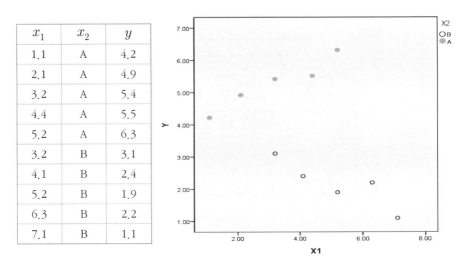

위와 같은 산점도를 작성하려면, [단순 산점도] 대화상자에서 다음과 같이 변수를 설정한 다음에 [확인]을 클릭하면 된다.

x_2에 대해서 A=1, B=0로 하여 회귀분석을 적용하면 다음과 같은 회귀식이 얻어진다.

모형 요약

모형	R	R 제곱	수정된 R 제곱	추정값의 표준오차
1	.919[a]	.844	.799	.80248

a. 예측값: (상수), X2, X1

계수[a]

모형		비표준화 계수 B	비표준화 계수 표준오차	표준화 계수 베타	t	유의확률
1	(상수)	1.925	.974		1.977	.089
	X1	.041	.175	.043	.237	.819
	X2	3.202	.614	.942	5.213	.001

a. 종속변수: Y

91

그러나 이 수치예에서는 A와 B는 평행이 되어 있지 않다. 이와 같은 경우에는 지금까지 기술해 온 더미 변수의 도입만으로는 불충분하고, x_1과 x_2의 곱 $x_1 x_2$를 회귀식에 추가할 필요가 있다. $x_1 x_2$는 교호작용항이라고 불리고 있다.

 힌트

2원배치나 3원배치에 있어서 두 개의 인자 A, B가 서로 영향을 미치고 있을 때, A와 B 사이에 교호작용(interaction)이 있다고 한다. A×B로 나타낸다. 즉, 인자가 두 개 있는 경우에는 인자 간에 어떠한 관련이 있는지 어떤지를 조사해 놓지 않으면 안 된다.
'교호작용 없음 = A와 B는 평행'이므로, A와 B의 교호작용에 대한 검정을 이용하면, A와 B의 평행성의 검정(test of parallelism)을 할 수 있다.

수치예 4-4

구체적으로는 다음과 같은 데이터표를 작성해서, 회귀분석을 적용하게 된다.

x_1	x_2	$x_1 x_2$	y
1.1	A	1.1	4.2
2.1	A	2.1	4.9
3.2	A	3.2	5.4
4.4	A	4.4	5.5
5.2	A	5.2	6.3
3.2	B	0	3.1
4.1	B	0	2.4
5.2	B	0	1.9
6.3	B	0	2.2
7.1	B	0	1.1

회귀분석의 결과는 다음과 같다.

모형 요약

모형	R	R 제곱	수정된 R 제곱	추정값의 표준오차
1	.990[a]	.979	.969	.31708

a. 예측값: (상수), X1X2, X1, X2

계수^a

모형		비표준화 계수		표준화 계수	t	유의확률
		B	표준오차	베타		
1	(상수)	4.266	.538		7.934	.000
	X1	-.410	.100	-.424	-4.099	.006
	X2	-.450	.634	-.132	-.709	.505
	X1X2	.862	.138	.971	6.232	.001

a. 종속변수: Y

$$y = 4.266 - 0.410x_1 - 0.450x_2 + 0.862x_1x_2$$

이 회귀식은,

A일 때에는(x_2=1이 대입된다)

$$y = 4.266 - 0.410x_1 - 0.450 + 0.862x_1$$

$$= (4.266 - 0.450) + (-0.410 + 0.862)x_1$$

$$= 3.816 + 0.452x_1$$

B일 때에는(x_2=0이 대입된다)

$$y = 4.266 - 0.410x_1$$

상수항이나 x_1의 회귀계수나 A와 B에서 다르다는 것을 알 수 있다.

3. 범주의 수가 3 이상인 경우의 더미 변수

질적 변수에 대한 범주의 수가 3 이상일 때, 예를 들면, 혈액형과 같이 범주의 수가 네 개(A, B, O, AB) 있을 때에는 어떻게 하면 좋을까? 범주의 수가 두 개일 때의 방법을 확장해서, 다음과 같이 수치화해서는 안 된다.

A	$x_{11} = 0$
B	$x_{12} = 1$
O	$x_{13} = 2$
AB	$x_{14} = 3$

이와 같은 때에는 세 개의 더미 변수(x_{11}, x_{12}, x_{13})를 사용해서 다음과 같이 표현한다.

	x_{11}	x_{12}	x_{13}
A	1	0	0
B	0	1	0
O	0	0	1
AB	0	0	0

처음에 어느 것인가 기준이 되는 혈액형을 정해서(위의 에에서는 AB), 그것을 (0, 0, 0)로 하고, 그 밖의 혈액형은 어딘가 하나의 변수 값을 1, 나머지 변수 값을 0으로 한다. 일반적으로 m개의 범주가 있을 때에는 $(m-1)$개의 더미 변수를 이용해서 수치화한다. 기준이 되는 범주는 임의로 정하면 된다. 어느 범주를 기준으로 해도 전체로서의 결론은 변하지 않는다. 그리고 개개 더미 변수의 t값과 p값의 해석에는 주의가 필요하다. 이들 값은 어느 범주를 기준으로 하느냐로 달라지기 때문이다. 위의 예로 말하자면, 세 개의 변수를 사용해서 혈액형을 표현했으므로, 개개 더미 변수의 유의성이 아니라 혈액형으로서 유의성을 생각하는 것이 원칙이다. 한편, 개개 더미 변수의 t값이나 p값은 기준으로 하는 범주와의 차(差)가 유의한지 어떤지를 판정하는 데 사용할 수 있다.

그런데 SPSS에서는 다음에 보이는 바와 같이 기준이 되는 혈액형을 정하지 않고, 네 개의 더미 변수를 작성해서 입력해도 상관이 없다. SPSS 측이 자동적으로 네 개의 더미 변수($x_{11}, x_{12}, x_{13}, x_{14}$) 중 하나의 변수를 삭제하기 때문이다.

 수치예 4-5

수치예로서 위와 같은 데이터에 회귀분석을 적용해 보자.

x	y		x_{11}	x_{12}	x_{13}	x_{14}	y
A	7		1	0	0	0	7
A	8		1	0	0	0	8
A	9		1	0	0	0	9
B	8		0	1	0	0	8
B	8		0	1	0	0	8
B	9		0	1	0	0	9
O	10		0	0	1	0	10
O	11		0	0	1	0	11
O	13		0	0	1	0	13
AB	13		0	0	0	1	13
AB	14		0	0	0	1	14
AB	16		0	0	0	1	16

다음과 같은 결과가 얻어진다.

계수ª

모형		비표준화 계수		표준화 계수	t	유의확률
		B	표준오차	베타		
1	(상수)	8.000	.707		11.314	.000
	X12	.333	1.000	.052	.333	.747
	X13	3.333	1.000	.524	3.333	.010
	X14	6.333	1.000	.996	6.333	.000

a. 종속변수: Y

제외된 변수ª

모형		베타 입력	t	유의확률	편상관계수	공선성 통계량
						공차
1	X11	.b	.	.	.	.000

a. 종속변수: Y

b. 모형내의 예측값: (상수), X14, X13, X12

x_{11}이 자동적으로 제외되고 있음을 알 수 있다. 이것은 A를 기준으로 한 더미 변수를 작성한 것에 상당한다.

수치예 4-6

수치예 4-5의 분석결과는 처음부터 다음과 같은 데이터를 분석한 결과와 동일하다.

x_{12}	x_{13}	x_{14}	y
0	0	0	7
0	0	0	8
0	0	0	9
1	0	0	8
1	0	0	8
1	0	0	9
0	1	0	10
0	1	0	11
0	1	0	13
0	0	1	13
0	0	1	14
0	0	1	16

즉, 혈액형 A를 (0, 0, 0)로 한 셈이다.

계수ª

모형		비표준화 계수		표준화 계수	t	유의확률
		B	표준오차	베타		
1	(상수)	8.000	.707		11.314	.000
	X12	.333	1.000	.052	.333	.747
	X13	3.333	1.000	.524	3.333	.010
	X14	6.333	1.000	.996	6.333	.000

a. 종속변수: Y

4. 더미 변수의 작성

질적 변수를 더미 변수로 변환할 때, 케이스의 수가 많을 때나 범주의 수가 많을 때에는 수동으로 입력하는 것은 시간이 걸리고 번거롭다. 이와 같은 경우에는 SPSS의 [변수 계산] 기능을 활용하면 좋다.

수치예 4-7

(1) 지금 다음과 같이 질적 변수 x가 입력되어 있다고 하자. AB를 기준으로 하는 더미 변수 x_{11}, x_{12}, x_{13}를 작성해 보자.

	X	변수	변수	변수	변수	변수	변수	변수	변수	변수	변수	변수
1	A											
2	B											
3	A											
4	A											
5	AB											
6	AB											
7	O											
8	O											
9	O											
10	O											
11	A											
12	A											
13	B											
14	B											
15	B											
16	AB											
17	O											
18	O											

(2) 메뉴에서 [변환]-[변수 계산]을 선택한다.

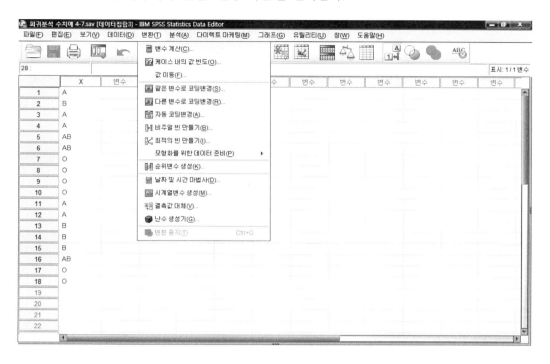

(3) 다음과 같은 대화상자가 나타나면, [대상변수]에 'X11', [숫자표현식]에 'X="A"'라고 입력한다.

(4) [확인]을 클릭하면 데이터 시트에 A를 1로 하는 더미 변수 x_{11}이 작성된다.

	X	X11
1	A	1.00
2	B	.00
3	A	1.00
4	A	1.00
5	AB	.00
6	AB	.00
7	O	.00
8	O	.00
9	O	.00
10	O	.00
11	A	1.00
12	A	1.00
13	B	.00
14	B	.00
15	B	.00
16	AB	.00
17	O	.00
18	O	.00

(5) 마찬가지로 [대상변수]에 'X12', [숫자표현식]에 'X="B"'라고 입력하고, [대상변수]에 'X13', [숫자표현식]에 'X="O"'라고 입력하면, 데이터 시트에 B를 1로 하는 더미 변수 x_{12}, O를 1로 하는 더미 변수 x_{13}이 작성된다.

	X	X11	X12	X13
1	A	1.00	.00	.00
2	B	.00	1.00	.00
3	A	1.00	.00	.00
4	A	1.00	.00	.00
5	AB	.00	.00	.00
6	AB	.00	.00	.00
7	O	.00	.00	1.00
8	O	.00	.00	1.00
9	O	.00	.00	1.00
10	O	.00	.00	1.00
11	A	1.00	.00	.00
12	A	1.00	.00	.00
13	B	.00	1.00	.00
14	B	.00	1.00	.00
15	B	.00	1.00	.00
16	AB	.00	.00	.00
17	O	.00	.00	1.00
18	O	.00	.00	1.00

이 결과 $x_{11} = x_{12} = x_{13} = 0$일 때에는 AB가 되어, AB를 기준으로 하는 더미 변수가 완성된다.

4.2 수량화이론 I 류와 공분산분석

1. 수량화이론 I 류

설명변수 모두가 질적 변수일 때의 회귀분석을 수량화이론 I 류라고 한다. 수량화이론은 명목척도나 순서척도로 측정되는 질적 데이터를 다루기 위한 수법의 집합으로, 일본의 하야시 치키오(林知己夫) 박사가 중심으로 발전시켜온 이론이다. 유명한 것으로서는 수량화이론 I 류, II 류, III 류, IV 류가 있다.

 힌트

수량화이론은 질적 데이터에 대한 다변량분석법으로, I 류부터 IV류까지 네 가지로 분류되고 있다. 이러한 분류에 대한 명명은 하야시 치키오의 후학들에 의해서 이루어졌다.

수량화이론 I 류 ↔ 중회귀분석
수량화이론 II 류 ↔ 판별분석
수량화이론 III 류 ↔ 주성분분석
수량화이론 IV 류 ↔ 다차원척도법

예제 **4-2**

영어 실력에 관한 요인을 찾기 위해서, 다음과 같은 조사를 실시하여 데이터를 수집했다고 하자.

문1 성별
남자 · 여자

문2 자택에서 가장 오래 걸리는 취미 시간
TV
음악
독서
영화

문 3 자신 있는 분야

　　　　문법

　　　　독해

　　　　단어

문 4 영어시험 점수

이 조사를 학생 24명에 대하여 실시해서 얻은 데이터를 정리한 것이 다음의 〈표 4-2〉와 같다.

표 4-2 **데이터표**

학생번호	성별	취미	분야	점수
1	남	TV	문법	56
2	여	독서	독해	66
3	여	TV	단어	59
4	여	TV	독해	57
5	남	TV	독해	55
6	여	독서	단어	69
7	남	음악	문법	62
8	여	음악	단어	63
9	남	영화	독해	59
10	여	영화	독해	77
11	남	음악	독해	54
12	남	음악	문법	60
13	남	영화	단어	71
14	남	독서	문법	79
15	여	영화	단어	83
16	여	독서	문법	90
17	여	영화	단어	80
18	여	독서	독해	61
19	남	음악	문법	69
20	남	TV	단어	50
21	남	TV	문법	42
22	여	음악	독해	50
23	남	독서	단어	80
24	여	영화	문법	60

여기에서 성별을 x_1, 취미를 x_2, 분야를 x_3, 점수를 y라고 한다. x_1, x_2, x_3를 설명변수, y를 목적변수로 해서 회귀분석을 적용하고자 한다. 그래서 각 설명변수에 대해서 다음과 같은 더미 변수를 도입하여 수치화한다.

	x_1
남	1
여	0

	x_{21}	x_{22}	x_{23}
TV	1	0	0
음악	0	1	0
독서	0	0	1
영화	0	0	0

	x_{31}	x_{32}
문법	1	0
독해	0	1
단어	0	0

이와 같은 더미 변수를 도입해서 원래의 데이터표를 변환한 것이 다음에 보이는 〈표 4-3〉이다.

[표 4-3] 더미 변수로 표현한 데이터표

학생번호	x_1	x_{21}	x_{22}	x_{23}	x_{31}	x_{32}	y
1	1	1	0	0	1	0	56
2	0	0	0	1	0	1	66
3	0	1	0	0	0	0	59
4	0	1	0	0	0	1	57
5	1	1	0	0	0	1	55
6	0	0	0	1	0	0	69
7	1	0	1	0	1	0	62
8	0	0	1	0	0	0	63
9	1	0	0	0	0	1	59
10	0	0	0	0	0	1	77
11	1	0	1	0	0	1	54
12	1	0	1	0	1	0	60
13	1	0	0	0	0	0	71
14	1	0	0	1	1	0	79
15	0	0	0	0	0	0	83
16	0	0	0	1	1	0	90
17	0	0	0	0	0	0	80
18	0	0	0	1	0	1	61
19	1	0	1	0	1	0	69
20	1	1	0	0	0	0	50
21	1	1	0	0	1	0	42
22	0	0	1	0	0	1	50
23	1	0	0	1	0	0	80
24	0	0	0	0	1	0	60

이 데이터표를 다음과 같이 입력한다.

회귀분석을 적용하면, 다음과 같은 분석결과를 얻게 된다.

모형 요약

모형	R	R 제곱	수정된 R 제곱	추정값의 표준오차
1	.796[a]	.634	.504	8.43450

a. 예측값: (상수), X32, X23, X1, X22, X31, X21

분산분석[a]

모형		제곱합	자유도	평균 제곱	F	유의확률
1	회귀 모형	2091.939	6	348.656	4.901	.004[b]
	잔차	1209.395	17	71.141		
	합계	3301.333	23			

a. 종속변수: Y

b. 예측값: (상수), X32, X23, X1, X22, X31, X21

계수ᵃ

모형		비표준화 계수		표준화 계수	t	유의확률	B에 대한 95.0% 신뢰구간	
		B	표준오차	베타			하한값	상한값
1	(상수)	75.328	4.092		18.408	.000	66.695	83.962
	X1	-2.329	3.860	-.099	-.603	.554	-10.473	5.815
	X21	-17.552	5.042	-.648	-3.481	.003	-28.190	-6.914
	X22	-10.880	5.161	-.402	-2.108	.050	-21.769	.010
	X23	2.672	4.929	.099	.542	.595	-7.727	13.071
	X31	-1.032	4.573	-.041	-.226	.824	-10.679	8.616
	X32	-8.140	4.266	-.327	-1.908	.073	-17.141	.861

a. 종속변수: Y

$$y = 75.328 - 2.329x_1 - 17.552x_{21} - 10.880x_{22} + 2.672x_{23} - 1.032x_{31} - 8.140x_{32}$$

라고 하는 회귀식이 얻어진다. 기여율 R^2은 0.634, 잔차표준편차는 8.4345로 되어 있다.

x_1의 계수가 −2.329라고 하는 사실로부터 남자는 여자에 비해서 영어 점수 가 2.329점 낮다는 것을 간파할 수 있다.

x_{21}의 계수가 −17.552, x_{22}의 계수가 −10.880이라고 하는 사실로부터 취미가 TV인 학생은 영화에 비해서 영어 점수가 17.552점 낮고, 음악인 학생은 영화에 비해서 10.880점 낮다는 것을 간파할 수 있다. 한편, x_{23}의 계수가 2.672라고 하 는 사실로부터 취미가 독서인 학생은 영화에 비해서 2.672점 높다고 하는 것을 간파할 수 있다.

x_{31}의 계수가 −1.032, x_{32}의 계수가 −8.140이라고 하는 사실로부터 문법에 자 신이 있는 학생은 단어에 비해서 영어 점수가 1.032점 낮고, 독해에 자신이 있는 학생은 단어에 자신이 있는 학생에 비해서 8.140점 낮다는 것을 간파할 수 있다.

이상으로부터 성별에 의해서 2.329점의 차, 취미에 의해서 20.224(=2.672− (−17.552))점의 차, 자신이 있는 분야에 의해서 8.140점의 차가 생긴다는 사실을 알 수 있다. 이러한 사실로부터 영어 점수에는 취미가 가장 영향을 많이 미친다 고 하는 견해를 가질 수 있어서, 이러한 회귀계수의 차를 레인지(range) 분포폭 이라고 한다.

그런데 얻어진 회귀식을 이용해서, 영어 점수를 다음의 예에서 보이는 바와 같이 해서 예측할 수 있다.

예 성별이 여자이고, 독서가 취미이며, 문법에 자신이 있는 학생의 영어 점수

$$y = 75.328 - 2.329 \times 0$$
$$-17.552 \times 0 - 10.880 \times 0 + 2.672 \times 1$$
$$-1.032 \times 1 - 8.140 \times 0$$
$$= 76.968$$

2. 일반선형모형

예제 4-2의 데이터를 회귀분석할 때에, 더미 변수를 이용하는 방법을 소개했는데, 일반선형모형을 이용하면, 더미 변수를 작성하지 않고 회귀분석을 실행할 수 있다.

일반선형모형은 회귀분석과 분산분석을 통일적으로 다루는 수법이라고 생각해도 좋다. 일반선형모형을 적용할 때에는, 질적 변수를 더미 변수로 표현하지 않고 다음과 같이 범주 번호로 입력한다.

(주) 범주 번호(수치)가 아니라 범주 이름(문자)인 채 입력해도 좋다. 여기에서는 범주 번호로 입력하여 다음과 같은 변수값 설명을 붙이고 있다.

		변수값 설명
성별	1	남
	2	여
취미	1	TV
	2	음악
	3	독서
	4	영화
분야	1	문법
	2	독해
	3	단어

SPSS의 처리 절차

순서 1 데이터의 입력

예제 4-2의 데이터를 다음과 같이 입력한다.

	성별	취미	분야	점수
1	1	1	1	56.00
2	2	3	2	66.00
3	2	1	3	59.00
4	2	1	2	57.00
5	1	1	2	55.00
6	2	3	3	69.00
7	1	2	1	62.00
8	2	2	3	63.00
9	1	4	2	59.00
10	2	4	2	77.00
11	1	2	2	54.00
12	2	1	2	60.00
13	1	4	3	71.00
14	1	3	1	79.00
15	2	4	3	83.00
16	2	3	1	90.00
17	2	4	3	80.00
18	2	3	2	61.00
19	1	2	1	69.00
20	1	1	3	50.00
21	1	1	2	42.00
22	2	2	2	50.00

순서 2 분석 수법의 선택

메뉴에서 [분석]-[일반선형모형]-[일변량]을 선택한다.

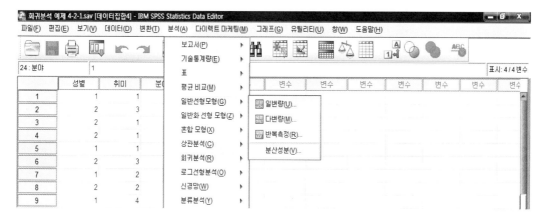

🕐**순서 3** **변수의 설정**

[종속변수]에 '점수', [모수요인]에 '성별', '취미', '분야'를 설정한다.

🕐**순서 4** **출력내용의 설정**

(1) 모형

[모형]을 클릭하면 다음과 같은 대화상자가 나타난다. [모형설정]의 [사용자 정의]에 체크하고, [요인 및 공변량]의 모든 변수를 오른쪽 [모형] 난에 이동하고 [주효과]를 설정한다.

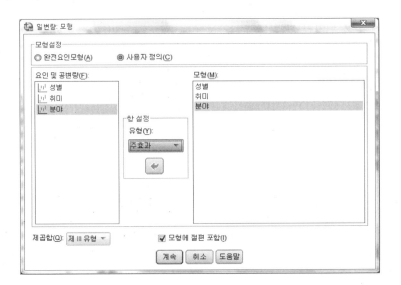

[계속]을 클릭하면, 앞의 화면으로 되돌아온다.

(2) 옵션

[옵션]을 클릭하면 다음과 같은 대화상자가 나타난다. [표시]의 [모수 추정값]
을 체크하고 [계속]을 클릭하면 앞의 화면으로 되돌아온다.

[확인]을 클릭하면 분산분석표의 검정결과와 모수 추정값이 출력된다.

 ## 일반선형모형 분석결과

개체-간 효과 검정

종속 변수: 점수

소스	제 III 유형 제곱합	자유도	평균 제곱	F	유의확률
수정 모형	2091.939[a]	6	348.656	4.901	.004
절편	100362.667	1	100362.667	1410.760	.000
성별	25.895	1	25.895	.364	.554
취미	1437.415	3	479.138	6.735	.003
분야	306.189	2	153.094	2.152	.147
오차	1209.395	17	71.141		
합계	103664.000	24			
수정 합계	3301.333	23			

a. R 제곱 = .634 (수정된 R 제곱 = .504)

모수 추정값

종속 변수: 점수

모수	B	표준오차	t	유의확률	95% 신뢰구간 하한값	상한값
절편	75.328	4.092	18.408	.000	66.695	83.962
[성별=1]	-2.329	3.860	-.603	.554	-10.473	5.815
[성별=2]	0[a]	.	.	.	.	.
[취미=1]	-17.552	5.042	-3.481	.003	-28.190	-6.914
[취미=2]	-10.880	5.161	-2.108	.050	-21.769	.010
[취미=3]	2.672	4.929	.542	.595	-7.727	13.071
[취미=4]	0[a]	.	.	.	.	.
[분야=1]	-1.032	4.573	-.226	.824	-10.679	8.616
[분야=2]	-8.140	4.266	-1.908	.073	-17.141	.861
[분야=3]	0[a]	.	.	.	.	.

a. 이 모수는 중복되었으므로 0으로 설정됩니다.

분산분석표의 검정결과를 보면, 취미가 유의하다(유의확률 = 0.003 < 0.05)는 것을 알 수 있다. 또한 모수 추정값을 보면, 더미 변수에 의한 회귀분석의 결과와 일치하고 있는 것을 알 수 있다.

참고로 더미 변수에 의한 회귀분석의 결과는 다음과 같다.

계수[a]

모형	비표준화 계수 B	표준오차	표준화 계수 베타	t	유의확률	B에 대한 95.0% 신뢰구간 하한값	상한값
1 (상수)	75.328	4.092		18.408	.000	66.695	83.962
X1	-2.329	3.860	-.099	-.603	.554	-10.473	5.815
X21	-17.552	5.042	-.648	-3.481	.003	-28.190	-6.914
X22	-10.880	5.161	-.402	-2.108	.050	-21.769	.010
X23	2.672	4.929	.099	.542	.595	-7.727	13.071
X31	-1.032	4.573	-.041	-.226	.824	-10.679	8.616
X32	-8.140	4.266	-.327	-1.908	.073	-17.141	.861

a. 종속변수: Y

3. 공분산분석

🏛 예제 **4-3**

목재의 종류에 따라 휘어짐이 어느 정도 다른지를 조사하기 위하여 실험을 실시했다. 목재의 종류는 A, B, C의 세 종류 있고, 측정한 휘어짐의 정도를 y

(mm)라 한다. 휘어짐은 목재의 함수율의 영향을 받으므로 사전에 측정하고 있다. 함수율을 z(%)라고 한다. 실험결과를 정리한 것이 다음의 〈표 4-4〉이다.

| 표 4-4 | **데이터표**

목재의 종류 x	함수율 z	휘어짐 y
A	33	49
A	26	38
A	31	51
A	24	38
A	28	41
B	29	51
B	36	58
B	28	48
B	33	53
B	26	40
C	30	54
C	29	52
C	28	50
C	29	51
C	31	54

함수율 z를 고려해서 목재의 종류 x와 휘어짐 y의 관계를 조사하고자 한다.

 질적 변수를 포함한 중회귀분석

먼저 질적 변수인 목재의 종류를 다음과 같이 더미 변수로 표현한다.

목재의 종류	x_{11}	x_{12}
A	1	0
B	0	1
C	0	0

이와 같은 더미 변수를 도입한 다음에,

$$y = b_0 + b_1 x_{11} + b_2 x_{12} + b_3 z$$

라고 하는 회귀식을 상정한 중회귀분석을 실시하면 된다.

본 예제와 같이 설명변수가 질적 변수(더미 변수)와 양적 변수로 구성되어 있는 회귀분석을, 질적 변수를 포함한 회귀분석이라고 부른다. 설명변수에 질적 변수를 포함한 회귀분석은 공분산분석이라고도 불리고 있다. 단, 공분산분석은 질적 변수 쪽에 중점이 놓이고, 양적 변수는 보조 인자라고 부르고 있다.

📑 데이터의 그룹화

중회귀분석을 실시하기 전에 세 변수 간의 관계를 파악하기 위해서, 질적 변수에 의한 산점도를 작성해 보기로 한다.

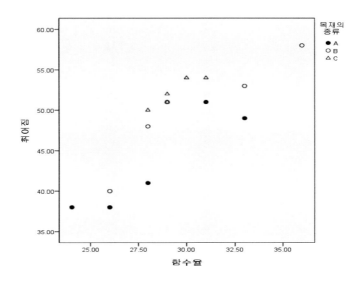

위와 같은 산점도를 작성하려면, [단순 산점도] 대화상자에서 다음과 같이 변수를 설정한 다음에 [확인]을 클릭하면 된다.

목재의 종류별로 각각 적합선을 추가하면 다음과 같다.

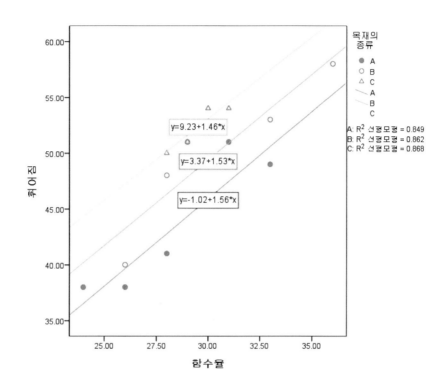

더미 변수에 의한 중회귀분석의 결과

더미 변수를 도입해서 다음과 같이 데이터를 입력한다.

	X	Z	Y	X11	X12	변수	변수	변수	변수	변수	변수
1	A	33.00	49.00	1.00	.00						
2	A	26.00	38.00	1.00	.00						
3	A	31.00	51.00	1.00	.00						
4	A	24.00	38.00	1.00	.00						
5	A	28.00	41.00	1.00	.00						
6	B	29.00	51.00	.00	1.00						
7	B	36.00	58.00	.00	1.00						
8	B	28.00	48.00	.00	1.00						
9	B	33.00	53.00	.00	1.00						
10	B	26.00	40.00	.00	1.00						
11	C	30.00	54.00	.00	.00						
12	C	29.00	52.00	.00	.00						
13	C	28.00	50.00	.00	.00						
14	C	29.00	51.00	.00	.00						
15	C	31.00	54.00	.00	.00						

더미 변수를 도입해서 회귀분석을 실시하면, 다음과 같은 결과가 얻어진다.

모형 요약

모형	R	R 제곱	수정된 R 제곱	추정값의 표준오차
1	.954[a]	.911	.886	2.12055

a. 예측값: (상수), X12, Z, X11

분산분석[a]

모형		제곱합	자유도	평균 제곱	F	유의확률
1	회귀 모형	504.269	3	168.090	37.380	.000[b]
	잔차	49.464	11	4.497		
	합계	553.733	14			

a. 종속변수: Y
b. 예측값: (상수), X12, Z, X11

계수[a]

모형		비표준화 계수		표준화 계수		
		B	표준오차	베타	t	유의확률
1	(상수)	6.816	5.687		1.198	.256
	X11	-7.256	1.355	-.563	-5.357	.000
	X12	-3.744	1.355	-.290	-2.764	.018
	Z	1.544	.191	.758	8.093	.000

a. 종속변수: Y

$$y = 6.816 - 7.256x_{11} - 3.744x_{12} + 1.544z$$

라고 하는 회귀식이 얻어지고 있다.

x_{11}의 회귀계수가 -7.256이 되어 있는 사실로부터 목재 A가 가장 휘어짐이 작다는 것을 알 수 있다. 더욱이 함수율 z의 회귀계수가 1.544로 되어 있어, 함수율이 높을수록 휘어짐이 크다는 것을 알 수 있다.

공분산분석

공분산분석은 일반선형모형으로 실시할 수 있다. 구체적인 절차는 다음과 같다.

SPSS의 처리 절차

순서 1 데이터의 입력

예제 4-3의 데이터를 다음과 같이 입력한다.

	X	Z	Y	변수	변수	변수	변수	변수	변수	변수	변수	변수
1	A	33.00	49.00									
2	A	26.00	38.00									
3	A	31.00	51.00									
4	A	24.00	38.00									
5	A	28.00	41.00									
6	B	29.00	51.00									
7	B	36.00	58.00									
8	B	28.00	48.00									
9	B	33.00	53.00									
10	B	26.00	40.00									
11	C	30.00	54.00									
12	C	29.00	52.00									
13	C	28.00	50.00									
14	C	29.00	51.00									
15	C	31.00	54.00									

⏱ 순서 2 분석 수법 및 변수의 선택

메뉴에서 [분석]-[일반선형모형]-[일변량]을 선택한다. 다음과 같은 대화상자
가 나타난다. [종속변수]에 '휘어짐(y)', [모수요인]에 '목재의 종류(x)', [공변량]
에 '함수율(z)'을 각각 투입한다.

⏱순서 3 출력내용의 설정

(1) 모형

　[모형]을 클릭하면 다음과 같은 대화상자가 나타난다. [사용자 정의]를 선택하고, [요인 및 공변량]에 있는 모든 변수를 [모형] 난에 이동한다. [항 설정]에 [주효과]를 선택하고 [계속]을 클릭한다. [옵션]을 클릭한다.

(2) 옵션

　[옵션] 대화상자가 나타나면, [모수 추정값]을 선택하고 [계속]을 클릭한다.

앞의 화면으로 되돌아오면 [확인]을 클릭한다.

 ## 공분산분석의 결과

개체-간 효과 검정

종속 변수: 휘어짐

소스	제 III 유형 제곱합	자유도	평균 제곱	F	유의확률
수정 모형	504.269[a]	3	168.090	37.380	.000
절편	1.404	1	1.404	.312	.587
X	129.371	2	64.685	14.385	.001
Z	294.536	1	294.536	65.500	.000
오차	49.464	11	4.497		
합계	35886.000	15			
수정 합계	553.733	14			

a. R 제곱 = .911 (수정된 R 제곱 = .886)

모수 추정값

종속 변수: 휘어짐

모수	B	표준오차	t	유의확률	95% 신뢰구간 하한값	95% 신뢰구간 상한값
절편	6.816	5.687	1.198	.256	-5.702	19.333
[X=1]	-7.256	1.355	-5.357	.000	-10.238	-4.275
[X=2]	-3.744	1.355	-2.764	.018	-6.725	-.762
[X=3]	0[a]	.	.	.	.	.
Z	1.544	.191	8.093	.000	1.124	1.964

a. 이 모수는 중복되었으므로 0으로 설정됩니다.

위의 결과는 앞에서 실시한 더미 변수를 이용한 중회귀분석의 결과와 일치하고 있다.

참고로 더미 변수를 이용한 중회귀분석의 결과는 다음과 같다.

계수[a]

모형		비표준화 계수 B	비표준화 계수 표준오차	표준화 계수 베타	t	유의확률
1	(상수)	6.816	5.687		1.198	.256
	X11	-7.256	1.355	-.563	-5.357	.000
	X12	-3.744	1.355	-.290	-2.764	.018
	Z	1.544	.191	.758	8.093	.000

a. 종속변수: Y

설명변수의 선택

1. 변수선택의 필요성

 중요한 변수와 불필요한 변수

목적변수 y를 예측하기 위해서 중회귀분석의 적용을 생각했을 때에, 설명변수로 쓰고자 하고 있는 변수가 세 개(x_1, x_2, x_3) 있다고 한다. 이때 세 개의 변수를 모두 쓰지 않더라도 x_1과 x_2의 두 설명변수로 y를 예측할 수 있어, x_3는 불필요한 것은 아닌가 하는 것을 검토하는 것이 변수선택의 문제이다.

불필요한 변수를 포함한 회귀식, 그것과는 역(逆)으로 유효한 변수를 포함하고 있지 않은 회귀식은 어느 쪽이라 하더라도 예측정밀도가 나빠진다. 따라서, 유효한 변수와 불필요한 변수를 선별하여, 최적의 회귀식을 탐색하는 것은 중회귀분석을 적용하는 데 있어서의 과제이다.

 좋은 회귀식

회귀식의 유효성을 나타내는 지표에 기여율이 있다. 그러나 기여율이 높은 회귀식일수록 좋은 회귀식이라고 말할 수는 없다. 그 이유는 세 개의 설명변수(x_1, x_2, x_3)를 사용한 회귀식의 기여율은 그 중 두 개의 설명변수(x_1, x_2)를 사용한 회귀식의 기여율보다도, x_3가 목적변수와는 본질적으로 무관하더라도 높아진다고 하는 성질을 갖고 있기 때문이다. 기여율을 높게 하고 싶으면 어떠한 변수라도 좋으니 설명변수의 수를 늘리면 되는 것이다. 도움이 되지 않는 변수의 수를 늘리면, 회귀식의 기여율은 외견상 높아지지만 예측정밀도가 나빠진다거나 회귀계수가 불안정(데이터를 바꾸어서 다시 중회귀분석을 실시하면 편회귀계수의 값이 크게 바뀐다)하게 된다거나 한다.

이와 같은 사정으로부터 기여율이 높아지는 회귀식을 찾는다고 하는 사고방식은 채택할 수 없다. 그래서 기여율이 아니라 자유도조정필(自由度調整畢) 기여율을 이용한다. 자유도조정필 기여율은, 도움이 되지 않는 변수를 설명변수로 사용하면, 그 값이 저하한다고 하는 성질을 갖고 있기 때문이다. 자유도조정필 기여율이 높아지는 회귀식을 찾도록 하면 된다.

그리고 또한 자유도조정필 기여율을 한번 더 조정한 자유도이중조정필(自由度二重調整畢) 기여율이 높아지는 회귀식이 좋은 회귀식이라고 하는 사고방식이 있다.

유효한 변수를 가능한 한 간과하지 않도록 하면 불필요한 변수를 채택할 위험성이 증가하고, 한편 불필요한 변수를 가능한 한 채택하지 않도록 하면 유효한 변수를 간과할 위험성이 증가한다. 자유도이중조정필 기여율 쪽이 자유도조정필 기여율보다도 불필요한 변수로 간주할 기준이 엄해지고 있다.

설명변수의 선택방법

중회귀분석에 있어서 설명변수의 선택방법으로서 다음과 같은 것이 제창되고 있다.

① 모든 가능한 회귀
② 축차변수선택법
③ 대화형변수선택법

모든 가능한 회귀(all possible regression)라고 하는 것은 모든 설명변수의 편성에 대해서 회귀식을 작성하여 어느 회귀식이 좋은지를 검토하는 방법이다. 설명변수의 수를 m이라고 하면 2^{m-1}가지의 회귀식을 산출해서 검토한다.

이 방법은 설명변수의 수가 적을 때에 가장 좋은 방법이다. 그런데 설명변수의 수가 커지면 계산양은 방대해져 검토할 회귀식의 수도 많아져 버린다. 예를 들면, 설명변수의 수가 4일 때에는 회귀식은 15가지 산출된다. 5일 때에는 31가지나 된다. 설명변수의 수가 4에서 5까지가 한도일 것이다.

축차변수선택법(step-wise regression)은 각 편회귀계수의 유의성에 의거해서 유효한 변수와 불필요한 변수를 양분하는 방법이다.

이 방법에는 변수증가법, 변수감소법, 변수증감법, 변수감증법이라고 불리는 네 가지의 방법이 있다. 변수증가법과 변수감소법은 각각 결점을 갖고 있어 그 결점을 수정한 것이 변수증감법과 변수감증법이다.

변수증감법은 먼저 목적변수와 가장 관계가 강한 설명변수를 하나 선택한다. 다음에 그 변수와 짝을 지었을 때에 가장 기여율이 높아지는 변수를 선택한다. 이것을 순차 반복한다. 이 과정에서 일단 선택한 변수 중에 불필요한 변수가 나왔을 때에는 그 변수를 제거한다고 하는 방법이다.

변수감증법은 먼저 모든 설명변수를 이용한 회귀식을 작성한다. 다음에 목적변수와 가장 관계가 약한 설명변수를 하나 제거한다. 이것을 순차 반복한다. 이 과정에서 일단 제거한 변수 중에 유효한 변수가 나왔을 때에는 그 변수를 다시 선택한다고 하는 방법이다.

대화형변수선택법은 컴퓨터와 대화하면서 변수증감법(변수감증법)을 실시하는 방법이다.

이상의 어느 방법도 각각 장점과 단점이 있어 현재로서는, 분석자가 통계적인 변수선택의 기준에 기술적·이론적 지식을 더해서 컴퓨터와 대화하면서 변수선택을 실시하는 대화형변수선택법이 가장 좋은 방법이라고 할 수 있을 것이다.

변수선택의 기준

설명변수가 목적변수 y의 예측(설명)에 도움이 되는지 어떤지는 F값이라고 불리는 통계량을 이용한다. F값은 다음과 같이 구해진다.

$$F값 = \left(\frac{편회귀계수}{편회귀계수의\ 표준오차} \right)^2$$
$$= (t값)^2$$

이 F값(t값)에 대해서 유의성을 판정하여 유의하면 유효한 변수로 판정하고 유의하지 않으면 불필요한 변수로 판정한다. 유의한지 유의하지 않은지의 판정에는 p값이 자주 이용되지만 실무적으로는 일일이 검정을 실시하는 것이 아니라,

$$F값이\ 2\ 이상이면\ 유효한\ 변수,\ 2\ 미만이면\ 불필요한\ 변수$$

로서 변수의 선택을 실시하면 좋은 회귀식이 얻어진다고 일컬어지고 있다.

다만 이 기준은 어디까지나 경험적인 것이므로 유효한 변수를 간과할 위험성을 적게 하고 싶다면 F값이 1 이상의 것은 선택한다고 하는 태도라도 상관없다. 그리고 유효한 변수를 간과할 위험성을 적게 하고자 하면, 불필요한 변수를 선택할 위험성이 높아진다고 하는 것에 유의해 둘 필요가 있다.

2. 단계선택법

🏛 예제 **5-1**

제3장의 예제 3-1을 다시 문제 삼아서 단계선택법에 의한 성명변수의 선택을 실시한다.

표 5-1 데이터표

번호	x_1	x_2	x_3	x_4	y	번호	x_1	x_2	x_3	x_4	y
1	15	105	35	216	55	16	12	96	41	201	60
2	10	99	37	220	51	17	15	105	50	203	88
3	9	75	31	185	47	18	16	115	44	236	74
4	10	103	42	215	52	19	17	98	45	184	80
5	11	102	52	182	55	20	18	109	46	237	80
6	9	87	55	212	48	21	16	103	44	224	79
7	10	95	35	180	53	22	15	100	43	220	68
8	15	111	40	203	67	23	15	101	43	197	72
9	12	110	38	198	57	24	18	114	50	195	89
10	9	105	42	183	50	25	19	120	55	224	90
11	12	132	46	214	59	26	20	121	56	221	95
12	14	135	48	223	75	27	8	115	50	195	45
13	13	130	47	226	62	28	11	124	40	231	66
14	11	122	45	186	56	29	18	118	39	186	65
15	13	125	49	215	73	30	12	104	35	197	62

이 데이터를 사용해서 단계선택법에 의하여 x_1, x_2, x_3, x_4 중 어느 변수를 사용하는 회귀식이 좋은지를 검토해 보기로 한다.

변수선택 기준의 설정

설명변수를 선택하느냐 제거하느냐의 기준으로서, F값을 사용하는 경우와 p값을 사용하는 경우가 있다.

p값을 사용하는 경우, 가설검정에 있어서는 p값이 0.05보다 작을 때는 유의하다고 판정하는데, 회귀분석에 있어서의 설명변수 선택을 이 기준으로 실시하

면, 너무 엄격해서 중요한 변수를 간과할 가능성이 높다고 일컬어지고 있다. 그래서 p값이라면 0.1에서 0.3 정도를 선택의 기준으로하면 좋을 것이다.[1]

p값을 얼마로 할 것인지는 변수선택의 사고방식에 따른다. 중요하다고 생각되는 변수를 가능한 한 많이 모으고 싶다고 하는 입장에서 분석할 것이냐, 확실히 중요하다고 생각되는 변수만을 선택하고 싶다고 하는 입장에서 분석할 것이냐 라고 하는 것이다.

가능한 한 많이 모으고 싶다고 하는 것이라면, 기준으로 할 p값은 0.3 정도가 좋을 것이다. 한편, 확실히 중요하다고 생각되는 변수만을 선택하고 싶다고 하는 입장이라면 0.05로 좋을 것이다.

F값은 일반적으로 2라고 하는 수치가 자주 쓰인다. 단, 반드시 2로 하지 않으면 안 된다 라고 하는 것은 아니다. 전술한 바와 같이 많이 모으고 싶다고 하는 것이라면, 1로 하는 것도 괜찮다. 또한 확실히 중요하다고 생각되는 변수로 좁히는 것이 목적인 경우에는 4라고 하는 수치를 사용하는 것도 좋다고 생각된다.[2]

단계선택법

SPSS의 처리 절차

순서 1 데이터의 입력

예제 5-1의 데이터를 다음과 같이 입력한다.

	x1	x2	x3	x4	y	변수	변수	변수	변수	변수	변수
1	15.00	105.00	35.00	216.00	55.00						
2	10.00	99.00	37.00	220.00	51.00						
3	9.00	75.00	31.00	185.00	47.00						
4	10.00	103.00	42.00	215.00	52.00						
5	11.00	102.00	52.00	182.00	55.00						
6	9.00	87.00	55.00	212.00	48.00						
7	10.00	95.00	35.00	180.00	53.00						
8	15.00	111.00	40.00	203.00	67.00						
9	12.00	110.00	38.00	198.00	57.00						
10	9.00	105.00	42.00	183.00	50.00						
11	12.00	132.00	46.00	214.00	59.00						
12	14.00	135.00	48.00	223.00	75.00						
13	13.00	130.00	47.00	226.00	62.00						
14	11.00	122.00	45.00	186.00	56.00						
15	13.00	125.00	49.00	215.00	73.00						
16	12.00	96.00	41.00	201.00	60.00						
17	15.00	105.00	50.00	203.00	88.00						

1) 內田治, SPSSによる回歸分析, Ohmsha, 2013, p.111.
2) 內田治, 전게서, p.111.

순서 2　**분석 수법의 선택**

메뉴에서 [분석]-[회귀분석]-[선형]을 선택한다.

순서 3　**변수의 설정**

다음과 같은 대화상자에서 [종속변수]에 'y', [독립변수]에 'x_1, x_2, x_3, x_4'를 투입하고, [방법]에 [단계선택]을 설정한다.

순서 4　**출력내용의 설정**

(1) 통계량

[통계량]을 클릭하면 다음과 같은 대화상자가 나타난다. [회귀계수]의 [추정

값], [모형 적합]에 체크하고 [계속]을 클릭하면 앞의 화면으로 되돌아온다.

(2) 옵션

[옵션]을 클릭하면 다음과 같은 대화상자가 나타난다.

[F값 사용]을 선택하고, [진입]에 '2', [제거]에 '1.99'을 입력한다. [방정식에 상수항 포함]에 체크하고 [계속]을 클릭하면 앞의 화면으로 되돌아온다.

[확인]을 클릭하면 단계선택법으로 구해진 중회귀분석의 결과가 출력된다.

 단계선택법의 분석 결과

변수선택의 기준을 F값=2로 해서 단계선택을 실시하면, 다음과 같은 결과가 얻어진다.

모형 요약

모형	R	R 제곱	수정된 R 제곱	추정값의 표준오차
1	.885[a]	.783	.775	6.66737
2	.911[b]	.830	.817	6.01574

a. 예측값: (상수), x1

b. 예측값: (상수), x1, x3

분산분석[a]

모형		제곱합	자유도	평균 제곱	F	유의확률
1	회귀 모형	4492.659	1	4492.659	101.063	.000[b]
	잔차	1244.707	28	44.454		
	합계	5737.367	29			
2	회귀 모형	4760.260	2	2380.130	65.769	.000[c]
	잔차	977.107	27	36.189		
	합계	5737.367	29			

a. 종속변수: y

b. 예측값: (상수), x1

c. 예측값: (상수), x1, x3

계수[a]

모형		비표준화 계수		표준화 계수	t	유의확률
		B	표준오차	베타		
1	(상수)	15.850	5.112		3.100	.004
	x1	3.716	.370	.885	10.053	.000
2	(상수)	-2.097	8.052		-.260	.797
	x1	3.409	.352	.812	9.680	.000
	x3	.501	.184	.228	2.719	.011

a. 종속변수: y

변수선택을 했을 때에는 모형 번호의 숫자가 가장 큰 것이 최종 결론이다. x_1과 x_3가 선택되고, x_2와 x_4는 선택되지 않는다는 것을 알 수 있다.

기여율 R^2을 모든 변수를 사용한 경우와 비교해 본다. 위에서 모형 2의 기여율은 0.830이고, 모든 변수를 사용한 경우의 기여율은 0.832이다.

그런데 수정된 R^2은 변수선택을 했을 때(0.817)가 모든 변수를 사용했을 때 (0.805)보다 커진 것을 알 수 있다.

참고로 모든 변수를 사용한 경우의 분석결과는 다음과 같다.

모형 요약

모형	R	R 제곱	수정된 R 제곱	추정값의 표준오차
1	.912[a]	.832	.805	6.21346

a. 예측값: (상수), x4, x3, x1, x2

3. 최량 부분집합 선택법

SPSS의 메뉴에서 [자동 선형 모형화]를 선택하여 최량 부분집합 선택법을 실행하는 절차는 다음과 같다.

SPSS의 처리 절차

🕐순서 1 데이터의 입력

예제 5-1의 데이터를 다음과 같이 입력한다.

	x1	x2	x3	x4	y
1	15.00	105.00	35.00	216.00	55.00
2	10.00	99.00	37.00	220.00	51.00
3	9.00	75.00	31.00	185.00	47.00
4	10.00	103.00	42.00	215.00	52.00
5	11.00	102.00	52.00	182.00	55.00
6	9.00	87.00	55.00	212.00	48.00
7	10.00	95.00	35.00	180.00	53.00
8	15.00	111.00	40.00	203.00	67.00
9	12.00	110.00	38.00	198.00	57.00
10	9.00	105.00	42.00	183.00	50.00
11	12.00	132.00	46.00	214.00	59.00
12	14.00	135.00	48.00	223.00	75.00
13	13.00	130.00	47.00	226.00	62.00
14	11.00	122.00	45.00	186.00	56.00
15	13.00	125.00	49.00	215.00	73.00
16	12.00	96.00	41.00	201.00	60.00
17	15.00	105.00	50.00	203.00	88.00

🕐순서 2 분석 수법의 선택

메뉴에서 [분석]-[회귀분석]-[자동 선형 모형화]를 선택한다.

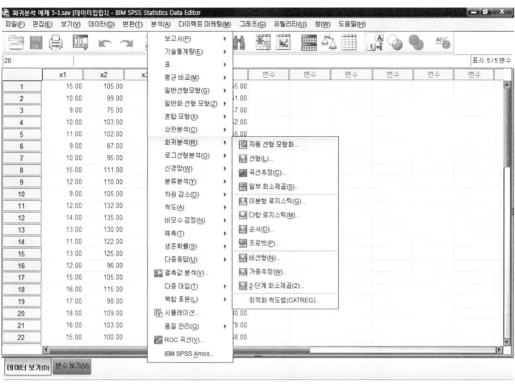

다음과 같은 대화상자가 나타난다.

순서 3 **변수의 설정**

(1) 필드 탭의 설정

　[필드] 탭을 클릭한다. [대상]에 'y', [예측변수]에 'x_1, x_2, x_3, x_4'를 설정한다.

(2) 작성 옵션의 설정

　[작성 옵션]을 클릭한다. [모형선택]을 클릭한다. [모형선택 방법]으로 [최량 부분집합]을 선택한다.

[실행]을 클릭하면 최량 부분집합 선택법의 분석결과가 출력된다.

 최량 부분집합 선택법의 분석결과

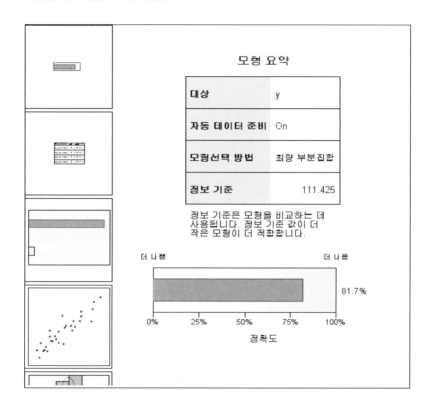

이 화면을 더블클릭하면 몇 개의 결과와 마지막으로 다음과 같은 최량 부분
집합 선택법의 결과가 표시된다.

모형 작성 요약
목표값

		모형									
		1	2	3	4	5	6	7	8	9	10
정보 기준		111.425	113.739	114.039	116.208	116.633	117.608	117.806	119.874	153.701	153.873
효과	x1_transformed	✓	✓	✓	✓	✓	✓	✓	✓		
	x3_transformed	✓	✓	✓		✓				✓	✓
	x4_transformed		✓			✓		✓	✓	✓	
	x2_transformed		✓			✓	✓		✓		

모형 작성 방법은 정보 기준을 사용하는 최량 부분집합입니다.
체크 표시는 효과가 모형에 있음을 의미합니다.

정보량기준(AIC)의 값이 가장 작은 모형이 최량(最良)의 모형이라고 생각하면, x_1과 x_3가 쓰이고 있는 모형이 가장 좋다는 것을 알 수 있다.

5.2 설명변수의 편성으로 생기는 문제

1. 다중공선성

다중공선성이란

중회귀분석에서는 설명변수끼리는 서로 독립일 것이 요구되고 있다. 서로 독립이란 서로 무관하다고 하는 것이다. 그러나 계획적으로 수집한 데이터라면 모를까 과거의 기록 등을 데이터로서 활용할 경우에는 설명변수끼리 무관하다고 하는 상태로는 되지 않는 쪽이 압도적으로 많다.

그래서 설명변수끼리의 상관관계를 잘 검토해 놓는 것이 중요하다. 이를 위해서는 다음과 같은 것을 실시하면 된다.

① 설명변수끼리의 산점도 작성과 관찰
② 설명변수끼리의 상관행렬 산출과 관찰
③ 설명변수끼리의 상관행렬에 대한 행렬식의 산출

중회귀분석의 계산은 상관행렬의 역행렬을 구한다고 하는 행렬연산이 된다. 설명변수끼리의 상관계수가 ±1이 되면, 상관행렬의 역행렬이 구해지지 않아 회귀계수가 구해지지 않는다고 하는 사태가 생기고 만다. 또, 상관계수가 ±1은 아니더라도 극히 ±1에 가까우면, 신용할 수 없는 불가해한 회귀계수가 산출된다. 이와 같은 사실로부터 설명변수끼리는 독립이 바람직하다고 되어 있는 것이다.

그런데 상관행렬의 역행렬이 구해지지 않거나 혹은 해가 불안정하다고 하는 것은, 상관행렬의 행렬식 값이 0 또는 극히 0에 가까워진다는 것을 의미한다. 그래서 상관행렬이 산출되었다고 하면 상관행렬의 행렬식을 계산해 놓으면 좋다.

설명변수끼리에 다음과 같은 관계가 존재하는 상태를 다중공선성(multicollinearity)이 존재한다고 한다.

① 어떤 두 개의 설명변수끼리의 상관계수가 1 또는 −1이다.

② 어떤 두 개의 설명변수끼리의 상관계수가 1 또는 −1에 가깝다.

③ 어떤 세 개 이상의 설명변수끼리의 관계를 1차식으로 나타낼 수 있다.

$$c_1 x_1 + c_2 x_2 + \cdots + c_p x_p = \text{상수 (일정)}$$

④ 어떤 세 개 이상의 설명변수끼리의 관계를 1차식의 근사식으로 나타낼 수 있다.

$$c_1 x_1 + c_2 x_2 + \cdots + c_p x_p \fallingdotseq \text{상수 (일정)}$$

상기 ① 또는 ③의 상태에 있는 데이터에 중회귀분석을 적용하면,

"편회귀계수가 구해지지 않는다."

고 하는 현상을 일으킨다.

상기 ② 또는 ④의 상태에 있는 데이터에 중회귀분석을 적용하면,

"편회귀계수의 부호가 단상관계수의 부호나 단회귀분석에 있어서의

회귀계수의 부호와 일치하지 않는다." (부호역전)

"데이터의 추가나 제거에 의해 회귀계수의 값이 크게 변화한다."

"기여율은 높은데 개개의 회귀계수는 통계적으로 유의하지 않다."

라고 하는 불가해(不可解)한 현상을 일으킨다.

중회귀분석에 있어서는 ①에서 ④까지의 상태가 일어나지 않도록 설명변수의 편성을 생각해서 적용하지 않으면 안 된다.

다중공선성이 일어나고 있는지 어떤지의 기준으로서 전술한 상관행렬의 행렬식 값이 이용된다. 이 값이 0에 가까울 때는 다중공선성의 상태에 있다.

다중공선성의 문제에 대처하려면,

(A) 서로 관계를 가진 설명변수의 일부를 제거한다.

(B) 다중공선성을 약하게 하는 데이터를 추가한다.

라고 하는 조치를 취하는 것을 생각할 수 있다.

그리고 중회귀분석용의 통계 패키지를 평가할 때에는 이 다중공선성에 대한 배려가 어떻게 되어 있는지를 평가 요점의 하나로서 받아들일 필요가 있다. 단지, 에러 메시지를 출력하는 것이 아니라(조작 미스인지, 다중공선성에 의한 것인지는 초심자에게는 이해할 수 없다.), 다중공선성을 의심해 보는 주의(主意) 메시지가 나오는 소프트웨어가 바람직하다.

다중공선성이 일어나고 있는지 어떤지를 검토하기 위한 유효한 통계량으로서 허용도와 VIF가 있다.

 공차

설명변수 x_j와 그 밖의 설명변수와의 관계를 보기 위해서, x_j를 목적변수, 다른 나머지의 설명변수를 설명변수로 해서 회귀분석을 실시했을 때의 기여율 R_j^2를 생각한다. R_j^2가 1에 가깝다고 하는 것은 설명변수 간에 선형상관이 성립하고 있다는 것이 되므로, 이 기여율이 1에 가까운지 어떤지는 다중공선성의 기준이 된다.

그리고 실제로는 R_j^2가 1에 가까운지 어떤지를 보는 것이 아니라, 1에서 뺀 수치, 즉 $1-R_j^2$가 0에 가까운지 어떤지를 본다. 이 $1-R_j^2$를 공차 또는 허용도(許容度)라고 부르고 있다.

 VIF

공차의 역수를 VIF(Variance Inflation Factor ; 분산확대요인)라고 한다. 다중공선성이 있을 때에는 VIF의 값이 커지는데, 기준으로서는 VIF의 값이 5~10 이상이라면 주의를 요한다. 설명변수 x_j의 VIF가 5~10 이상일 때, 편회귀계수 b_j의 표준오차는 커진다.

예제 5-1의 데이터에 대한 공차와 VIF의 값을 구해 보자. SPSS에 의해서 다중공선성을 검정하려면, 메뉴에서 [분석] - [회귀분석] - [선형]을 선택하고 [종속변수]와 [독립변수]를 선택한 다음에 필요한 통계량을 지정하면 된다.

위의 [회귀분석] 대화상자에서 [통계량] 버튼을 클릭하면 다음과 같은 대화상자가 나타난다.

[선형 회귀분석 : 통계량] 대화상자에서 위와 같은 항목을 지정한 다음에 [계속] 버튼을 클릭한다. 앞의 화면으로 되돌아가서 [확인] 버튼을 클릭하면, 다음과 같은 분석결과를 얻게 된다.

계수[a]

모형		비표준화 계수		표준화 계수	t	유의확률	공선성 통계량	
		B	표준오차	베타			공차	VIF
1	(상수)	-8.911	14.891		-.598	.555		
	x1	3.348	.381	.797	8.781	.000	.816	1.225
	x2	.007	.099	.007	.069	.946	.740	1.352
	x3	.480	.201	.218	2.383	.025	.801	1.249
	x4	.038	.075	.047	.506	.617	.791	1.264

a. 종속변수: y

공선성의 통계량을 보면 VIF에서 5 이상인 것은 없으므로, 이 데이터에 관해서는 다중공선성의 문제는 없다고 생각된다.[3]

 힌트

x_j의 공차 $1-R_j^2$가 작을 때는, 중상관계수 R_j가 1에 가까우므로 x_j는 다른 설명변수의 선형결합으로 표현할 수 있다. 즉, 다중공선성이 있다고 하는 셈이 된다.

---

3) 内田治, 전게서, p.115.

🏛 예제 **예제 5-2**

다음의 데이터에 대해서 설명변수 x_1, x_2, x_3, x_4 목적변수 y로 하는 회귀분석을 적용해 보자.

| 표 5-2 | **데이터표**

번호	x_1	x_2	x_3	x_4	y
1	15	105	45	212	55
2	10	99	41	203	51
3	9	75	41	201	47
4	15	105	45	216	55
5	10	99	41	220	51
6	9	75	41	185	47
7	10	103	41	215	52
8	11	102	42	182	55
9	9	87	41	212	48
10	10	95	42	180	53
11	15	111	46	203	67
12	12	110	43	198	57
13	9	105	42	183	50
14	12	132	44	214	59
15	14	135	44	223	75
16	13	130	44	226	62
17	11	122	43	186	56
18	13	125	44	215	73
19	12	96	43	201	60
20	15	105	45	203	88
21	16	115	45	236	74
22	17	98	45	184	80
23	18	109	46	237	80
24	16	103	45	224	79
25	15	100	45	220	68
26	15	101	44	197	72
27	18	114	46	195	89
28	19	120	46	224	90
29	20	121	48	221	95
30	8	115	40	195	45
31	11	124	42	231	66
32	18	118	46	186	65
33	12	104	43	197	62

회귀분석에서 공선성 진단을 위하여 통계량의 항목 선택은 다음과 같이 한다.

회귀분석의 결과는 다음과 같이 된다.

모형 요약

모형	R	R 제곱	수정된 R 제곱	추정값의 표준오차
1	.882[a]	.778	.746	7.10926

a. 예측값: (상수), X4, X3, X2, X1

분산분석[a]

모형		제곱합	자유도	평균 제곱	F	유의확률
1	회귀 모형	4948.896	4	1237.224	24.479	.000[b]
	잔차	1415.164	28	50.542		
	합계	6364.061	32			

a. 종속변수: Y

b. 예측값: (상수), X4, X3, X2, X1

계수[a]

모형		비표준화 계수		표준화 계수			공선성 통계량	
		B	표준오차	베타	t	유의확률	공차	VIF
1	(상수)	54.837	85.239		.643	.525		
	X1	4.312	1.373	1.023	3.141	.004	.075	13.352
	X2	.120	.105	.122	1.140	.264	.698	1.432
	X3	-1.529	2.344	-.217	-.652	.520	.072	13.908
	X4	.030	.085	.035	.354	.726	.791	1.265

a. 종속변수: Y

공선성 진단[a]

모형	차원	고유값	상태지수	분산비율 (상수)	X1	X2	X3	X4
1	1	4.947	1.000	.00	.00	.00	.00	.00
	2	.039	11.326	.00	.09	.01	.00	.01
	3	.010	21.992	.00	.00	.87	.00	.02
	4	.004	36.551	.01	.00	.02	.01	.93
	5	8.543E-005	240.649	.99	.91	.10	.99	.04

a. 종속변수: Y

VIF를 보면 x_1과 x_3의 VIF가 10 이상의 값으로 되어 있다. 이 사실로부터 다중공선성의 존재가 의심스럽다. 또한 [공선성 진단]에서 고유값이 작은 곳(차원 5)의 분산비율을 보면, x_1과 x_3의 값이 커져 있다.

다중공선성의 존재에 의해 어떠한 것이 일어나고 있는지를 조사하기 위해서, 설명변수끼리의 상관계수를 보이는 동시에 설명변수마다의 단회귀분석을 실시해 보기로 한다.

 ## 설명변수끼리의 상관계수

상관계수

		X1	X2	X3	X4
X1	Pearson 상관계수	1	.376*	.959**	.340
	유의확률 (양쪽)		.031	.000	.053
	N	33	33	33	33
X2	Pearson 상관계수	.376*	1	.440*	.385*
	유의확률 (양쪽)	.031		.010	.027
	N	33	33	33	33
X3	Pearson 상관계수	.959**	.440*	1	.315
	유의확률 (양쪽)	.000	.010		.074
	N	33	33	33	33
X4	Pearson 상관계수	.340	.385*	.315	1
	유의확률 (양쪽)	.053	.027	.074	
	N	33	33	33	33

*. 상관계수는 0.05 수준(양쪽)에서 유의합니다.

**. 상관계수는 0.01 수준(양쪽)에서 유의합니다.

역시 x_1과 x_3의 상관계수가 0.959로 높은 값이 되어 있음을 알 수 있다.

 설명변수마다의 단회귀분석

(1) x_1에 대해서

계수ª

모형		비표준화 계수		표준화 계수	t	유의확률
		B	표준오차	베타		
1	(상수)	15.694	5.042		3.113	.004
	X1	3.680	.370	.873	9.959	.000

a. 종속변수: Y

(2) x_2에 대해서

계수ª

모형		비표준화 계수		표준화 계수	t	유의확률
		B	표준오차	베타		
1	(상수)	19.258	17.449		1.104	.278
	X2	.419	.160	.424	2.610	.014

a. 종속변수: Y

(3) x_3에 대해서

계수ª

모형		비표준화 계수		표준화 계수	t	유의확률
		B	표준오차	베타		
1	(상수)	-190.475	30.961		-6.152	.000
	X3	5.845	.709	.829	8.241	.000

a. 종속변수: Y

(4) x_4에 대해서

계수ª

모형		비표준화 계수		표준화 계수	t	유의확률
		B	표준오차	베타		
1	(상수)	.992	29.427		.034	.973
	X4	.307	.142	.362	2.162	.038

a. 종속변수: Y

중회귀분석과 단회귀분석의 결과 설명변수의 부호를 비교해 보면, x_3에 부호역전(符號逆轉)이 일어나고 있다는 것을 알 수 있다. 이것은 x_1과 x_3 사이에 매우 강한 상관(상관계수=0.959)이 존재하고 있는 다중공선성에 의한 것이다.

이것에 대처하려면 x_1과 x_3를 동시에 사용하지 않는 것인데, 어느 쪽을 채택할 것인지는 일률적으로는 말할 수 없다. x_1과 x_3의 측정비용이나 측정시간 등을 고려해서 정할 필요가 있다. 또한 단계선택법에 의해 변수선택을 실시하면, 부호역전의 문제가 해소될 수도 있다.

예제 5-2의 데이터에서 x_3를 제외하고 나머지 설명변수만을 사용해서 회귀분석을 실시해 보자. 회귀분석의 결과는 다음과 같다.

모형 요약

모형	R	R 제곱	수정된 R 제곱	추정값의 표준오차
1	.880[a]	.774	.751	7.03843

a. 예측값: (상수), X4, X1, X2

계수[a]

모형		비표준화 계수		표준화 계수	t	유의확률
		B	표준오차	베타		
1	(상수)	.275	16.016		.017	.986
	X1	3.459	.412	.821	8.388	.000
	X2	.097	.098	.099	.989	.331
	X4	.038	.083	.045	.456	.651

a. 종속변수: Y

모든 변수를 설명변수로 사용했을 때보다 수정된 R^2이 증가하고 있음(0.746 → 0.751)을 알 수 있다. 이 사실은 x_3를 제외한 경우의 모형 적합도가 더 높다는 것을 의미한다.

2. 해의 일의성

🏛 예제 **5-3**

다음의 데이터에 대해서 설명변수 x_1, x_2, x_3, x_4 목적변수 y로 하는 회귀분석을 적용해 보자.

[표 5-3] 데이터표

번호	x_1	x_2	x_3	x_4	y
1	33	43	31	77	91
2	36	46	39	100	107
3	34	44	34	87	91
4	30	39	35	83	89
5	33	43	37	92	105
6	35	45	32	82	97
7	33	43	29	69	84
8	33	42	30	67	79
9	33	44	29	71	91
10	37	48	37	92	113
11	35	44	34	86	100
12	33	43	29	69	84
13	36	45	31	77	96
14	30	39	31	78	78
15	35	45	36	87	94
16	36	45	34	87	99
17	34	46	35	88	107
18	37	47	36	85	109
19	31	41	35	89	94
20	37	46	37	94	112

단계선택법에 의한 회귀분석을 실시하기 위해서 다음과 같이 준비한다.

[옵션]의 설정은 다음과 같이 해 놓는다.

회귀분석의 결과는 다음과 같이 된다.

모형 요약

모형	R	R 제곱	수정된 R 제곱	추정값의 표준오차
1	.795[a]	.632	.612	6.54257
2	.934[b]	.873	.858	3.95703

a. 예측값: (상수), X4

b. 예측값: (상수), X4, X2

계수[a]

모형		비표준화 계수		표준화 계수	t	유의확률
		B	표준오차	베타		
1	(상수)	20.074	13.722		1.463	.161
	X4	.915	.164	.795	5.565	.000
2	(상수)	-62.892	16.811		-3.741	.002
	X4	.655	.109	.569	5.980	.000
	X2	2.382	.420	.540	5.675	.000

a. 종속변수: Y

x_2와 x_4가 선택되고, x_1과 x_3는 선택되지 않고 있다. 얻어진 회귀식은 다음과 같이 되어 있다.

$$y = -62.892 + 2.382x_2 + 0.655x_4$$

이 회귀식의 수정된 R^2은 0.858이다.

그런데 이 회귀식이 유일의 올바른 회귀식이라고 생각하는 것은 잘못된 생각이다.

여기에서 선택되지 않았던 x_1과 x_3를 이용해서 회귀분석을 실시해 보면, 다음과 같은 결과가 얻어진다.

모형 요약

모형	R	R 제곱	수정된 R 제곱	추정값의 표준오차
1	.906ª	.822	.801	4.69057

a. 예측값: (상수), X3, X1

계수ª

모형		비표준화 계수		표준화 계수	t	유의확률
		B	표준오차	베타		
1	(상수)	-52.115	17.734		-2.939	.009
	X1	2.392	.546	.493	4.380	.000
	X3	1.987	.383	.584	5.188	.000

a. 종속변수: Y

얻어진 회귀식은 다음과 같이 되어 있다.

$$y = -52.155 + 2.392x_1 + 1.987x_3$$

이 회귀식의 수정된 R^2은 0.801이다. 수정된 R^2의 이 정도의 차는, 데이터를 소수 추가한 것만으로 역전할 가능성을 가지고 있다.

이상의 결과는 단계선택법에 의한 변수선택을 요인해석에 이용할 때의 위험성도 시사하고 있다.

x_2와 x_4에 대한 회귀분석의 결과에서는 어느 쪽의 변수도 유의하다. 한편, x_1과 x_3에 대한 회귀분석에 있어서도 어느 쪽 변수도 유의하다. 따라서 변수선택에 의해 선택되지 않았던 변수를 목적변수 y의 변동요인이 아니라고 즉석에서 결단을 내리는 것은 잘못된 결론을 이끌어낼 가능성이 있다는 데 유의할 필요가 있다.

3. 결측값의 취급

🏛 예제 **5-4**

다음의 데이터는 설명변수 x_1, x_2, x_3, x_4에 결측값(missing data)이 있는 데이터이다.

┃표 5-4┃ **데이터표**

번호	x_1	x_2	x_3	x_4	y
1	15	105	35	216	55
2	10		37	220	51
3	9	75	31	185	47
4	10	103	42	215	52
5		102	52	182	55
6	9	87		212	48
7	10	95	35		53
8	15	111	40	203	67
9	12			198	57
10	9	105	42	183	50
11	12	132	46	214	59
12	14	135	48	223	75
13	13	130	47	226	62
14	11	122	45	186	56
15	13	125	49	215	73
16	12	96	41	201	60
17	15	105	50	203	88
18	16	115	44	236	74
19	17	98	45	184	80
20	18	109	46	237	80
21	16	103	44	224	79
22	15	100	43	220	68
23	15	101	43	197	72
24	18	114	50	195	89
25	19	120	55	224	90
26	20	121	56	221	95
27	8	115	50	195	45
28	11	124	40	231	66
29		118	39		65
30	12	104	35	197	62

케이스 번호 2, 5, 6, 7, 9, 29에 결측값이 보인다. 통상 이들 데이터(행)는 삭제하고 회귀분석을 적용하는 것이 일반적이다. 이와 같은 방법을 '목록별 결측값

제외'에 의한 취급이라고 부른다.

한편, SPSS에서는 결측값에 대해서 세 가지의 대처방법이 준비되어 있다.

① 목록별 결측값 제외
② 대응별 결측값 제외
③ 평균으로 바꾸기

'대응별 결측값 제외'는, 예를 들면, 두 번째의 데이터는 x_2에 결측값이 있지만, x_1과 x_3, x_1과 x_4, x_3와 x_4의 상관계수를 계산할 때에는 이용할 수가 있다. 그래서 두 번째의 데이터를 완전히 삭제하는 것이 아니라, 사용할 수 있는 곳은 삭제하지 않고 사용하고자 하는 방법이다.

'평균으로 바꾸기'란 결측값을 각 변수의 평균치로 치환해서, 결측값을 채우고 나서 회귀분석을 적용하는 방법이다.

각각의 방법에 의해 결과가 어떻게 변하는지를 살펴보도록 하자.

 ## 목록별 결측값 제외에 의한 분석결과

예제 5-4의 데이터를 입력하고, 독립변수와 종속변수를 각각 설정한 다음에 [옵션] 대화상자에서 [결측값]의 [목록별 결측값 제외]에 체크하고 [계속]을 클릭한다. 이어서 [확인]을 클릭하여 회귀분석을 실행한다.

분석결과는 다음과 같이 된다.

모형 요약

모형	R	R 제곱	수정된 R 제곱	추정값의 표준오차
1	.931[a]	.867	.839	5.72203

a. 예측값: (상수), X4, X3, X1, X2

분산분석[a]

모형		제곱합	자유도	평균 제곱	F	유의확률
1	회귀 모형	4045.909	4	1011.477	30.893	.000[b]
	잔차	622.091	19	32.742		
	합계	4668.000	23			

a. 종속변수: Y

b. 예측값: (상수), X4, X3, X1, X2

계수[a]

모형		비표준화 계수		표준화 계수		
		B	표준오차	베타	t	유의확률
1	(상수)	-1.850	16.266		-.114	.911
	X1	3.324	.487	.767	6.829	.000
	X2	-.046	.130	-.044	-.353	.728
	X3	.705	.305	.294	2.312	.032
	X4	-.010	.091	-.011	-.106	.917

a. 종속변수: Y

대응별 결측값 제외에 의한 분석결과

[옵션] 대화상자에서 [결측값]의 [대응별 결측값 제외]에 체크하고 회귀분석을 실행한다.

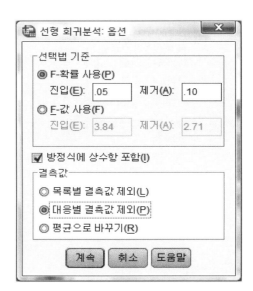

분석결과는 다음과 같이 된다.

모형 요약

모형	R	R 제곱	수정된 R 제곱	추정값의 표준오차
1	.926[a]	.858	.831	5.78343

a. 예측값: (상수), X4, X3, X1, X2

분산분석[a]

모형		제곱합	자유도	평균 제곱	F	유의확률
1	회귀 모형	4243.595	4	1060.899	31.718	.000[b]
	잔차	702.410	21	33.448		
	합계	4946.006	25			

a. 종속변수: Y

b. 예측값: (상수), X4, X3, X1, X2

계수[a]

모형		비표준화 계수 B	표준오차	표준화 계수 베타	t	유의확률
1	(상수)	.194	16.691		.012	.991
	X1	3.560	.460	.841	7.734	.000
	X2	.066	.114	.065	.580	.568
	X3	.238	.275	.105	.868	.395
	X4	.001	.086	.002	.017	.986

a. 종속변수: Y

 힌트

일반적으로 결측값이 있는 경우의 처리방법으로서는 다음의 세 가지를 생각할 수 있다.

① 결측값이 있는 케이스(대상)를 삭제한다.

② 결측값이 있는 변수(질문)를 삭제한다.

③ 결측값을 보충한다.

 평균으로 바꾸기에 의한 분석결과

[옵션] 대화상자에서 [결측값]의 [평균으로 바꾸기]에 체크하고 회귀분석을 실행한다.

분석결과는 다음과 같이 된다.

모형 요약

모형	R	R 제곱	수정된 R 제곱	추정값의 표준오차
1	.920[a]	.847	.822	5.93213

a. 예측값: (상수), X4, X3, X1, X2

분산분석[a]

모형		제곱합	자유도	평균 제곱	F	유의확률
1	회귀 모형	4857.614	4	1214.403	34.510	.000[b]
	잔차	879.753	25	35.190		
	합계	5737.367	29			

a. 종속변수: Y

b. 예측값: (상수), X4, X3, X1, X2

계수[a]

모형		비표준화 계수		표준화 계수	t	유의확률
		B	표준오차	베타		
1	(상수)	-7.628	16.191		-.471	.642
	X1	3.558	.427	.811	8.341	.000
	X2	.043	.106	.041	.408	.687
	X3	.346	.249	.147	1.392	.176
	X4	.028	.081	.032	.350	.729

a. 종속변수: Y

세 가지의 방법을 비교하면, 수정된 R^2은 큰 차가 없지만, 회귀계수나 p값은 어느 방법을 이용하느냐에 따라서 크게 다르다는 것을 알 수 있다.

 힌트

결측값의 취급방법에는 여러 가지가 있는데, 대별하면 다음의 두 가지이다.

① 결측값을 어떤 방식으로 추정한 다음에 모수의 추정을 실시한다.

② 먼저 모수를 추정한 다음에 결측값의 추정을 실시한다.

Chapter
6

로지스틱 회귀분석

SPSS!

1. 목적변수가 비율 데이터일 때

 예제 6-1

제조공정에 있어서의 열처리시간을 x라고 한다. x를 1에서 7(초)까지 변화시켜 각 조건에서 100개의 제품을 제조한 결과, 다음과 같은 데이터가 얻어졌다.

|표 6-1| 데이터표

x	양품수	불량수	합계	불량률
1	97	3	100	0.03
2	94	6	100	0.06
3	79	21	100	0.21
4	54	46	100	0.46
5	23	77	100	0.77
6	9	91	100	0.91
7	3	97	100	0.97

x로부터 불량률 y를 예측하는 식을 생각해 보자.

 힌트

목적변수가 비율 $p(0 < p < 1)$로 되어 있을 때, 목적변수 p를 일단 로지스틱 변환 $p \rightarrow \log \dfrac{p}{1-p}$를 하고 나서, 선형 모형 $\log \dfrac{p}{1-p} = \beta_1 x_1 + \beta_2 x_2 + \cdots + \beta_p x_p + \beta_0$ 로 나타냈을 때, 이 모형을 로지스틱 회귀모형이라고 한다. 로짓 모형이라고도 한다.

 산점도

x와 y의 산점도를 작성한다. 곡선적으로 오른쪽으로 상승해 가는 모양을 보이고 있다.

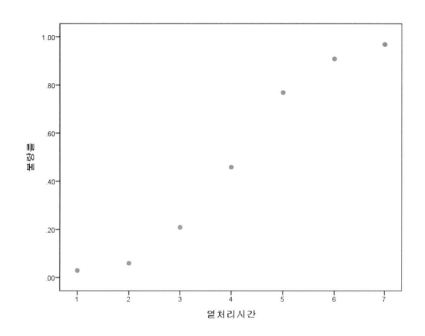

 단회귀분석의 적용

불량률 y를 목적변수, 열처리시간 x를 설명변수로 하는 단회귀분석을 실시하면 다음과 같은 분석결과가 얻어진다.

모형 요약

모형	R	R 제곱	수정된 R 제곱	추정값의 표준오차
1	.979[a]	.959	.951	.08864

a. 예측값: (상수), 열처리시간

계수[a]

모형		비표준화 계수		표준화 계수	t	유의확률
		B	표준오차	베타		
1	(상수)	-.239	.075		-3.185	.024
	열처리시간	.181	.017	.979	10.831	.000

a. 종속변수: 불량률

회귀식은 다음과 같다.

$$y = -0.239 + 0.181x$$

이 회귀식의 기여율은 0.959로 1에 가깝고, 직선에 잘 적합하다고 생각해도 좋을 것 같다.

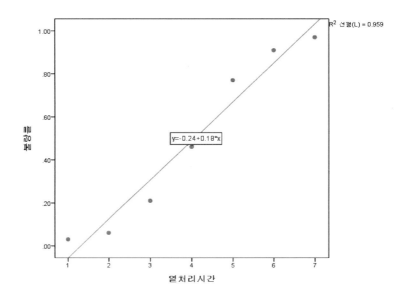

그러나 이 회귀식으로 불량률 y를 예측하고자 하면, x의 값이 작은 곳, 혹은 큰 곳에서의 예측이 잘 맞지 않는다.

$$x = 1일 \ 때의 \ y의 \ 예측값 = -0.058$$
$$x = 7일 \ 때의 \ y의 \ 예측값 = \ \ 1.028$$

이 되어, y는 불량률이기 때문에 0 이상 1 이하의 값이 아니면 안 되는데도 불구하고, 마이너스의 값을 취하는 불량률이나 100%를 넘는 불량률이 얻어지고 만다.

이와 같이 비율이 목적변수로 되는 예측식을 작성할 때에는, 통상의 회귀분석이 아니라 로지스틱 회귀분석을 적용하면 된다.

로지스틱 회귀분석이란

로지스틱 회귀분석에서는 비율 y와 설명변수 x의 사이에 다음과 같은 관계를 상정한다.

$$y = \frac{1}{1 + e^{\{-(b_0 + b_1 x)\}}} = \frac{1}{1 + \text{Exp}\{-(b_0 + b_1 x)\}}$$

이것은,

$$\ln\left(\frac{y}{1-y}\right) = b_0 + b_1 x$$

라고 하는 회귀식을 구하는 것과 같다.

y에 대해서,

$$\ln\left(\frac{y}{1-y}\right)$$

로 되는 변환을 가하는 것을 로지트 변환이라 하고, logit(y)라고도 표현한다.

또한 $\dfrac{y}{1-y}$ 를 오즈(odds)라고 부르고 있다.

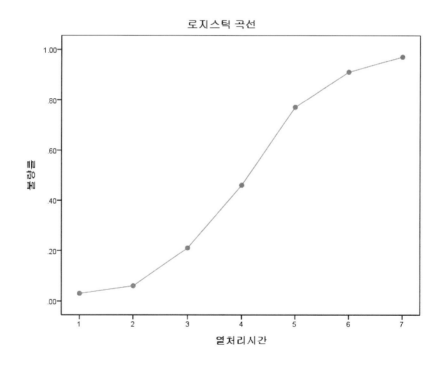

로지스틱 회귀분석의 실제

예제 6-1의 데이터에 로지스틱 회귀분석을 적용해 보자.

SPSS의 처리 절차

◷순서 1   데이터의 입력

예제 6-1의 데이터를 다음과 같이 입력한다.

	X	Y	도수	변수	변수	변수	변수	변수	변수	변수	변수
1	1	0	97								
2	2	0	94								
3	3	0	79								
4	4	0	54								
5	5	0	23								
6	6	0	9								
7	7	0	3								
8	1	1	3								
9	2	1	6								
10	3	1	21								
11	4	1	46								
12	5	1	77								
13	6	1	91								
14	7	1	97								
15											

◷순서 2   빈도변수 선언

변수 '도수'는 빈도변수라는 것을 선언한다.

(1) 메뉴에서 [데이터]-[가중 케이스]를 선택한다.

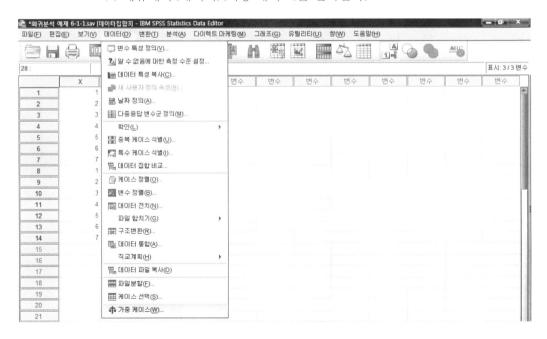

(2) 다음의 대화상자에서 [빈도변수]에 '도수'를 투입하고, [확인]을 클릭한다.

순서 3 **로지스틱 회귀분석의 선택**

메뉴에서 [분석]-[회귀분석]-[이분형 로지스틱]을 선택한다.

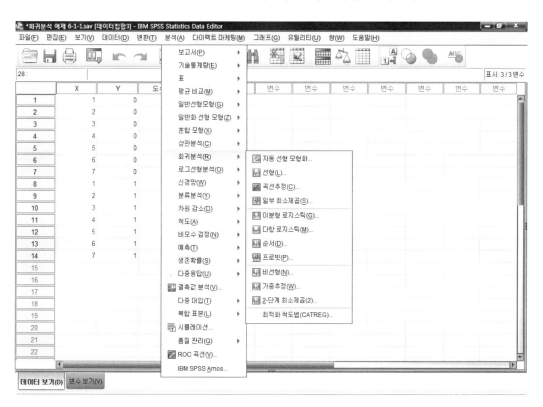

순서 4 변수의 설정

[종속변수]에 목적변수가 될 'y', [공변량]에 설명변수가 될 'x'를 투입한다.

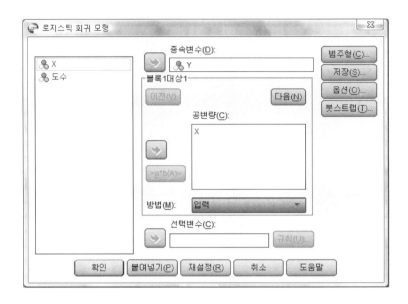

[확인]을 클릭한다.

로지스틱 회귀분석 결과

(1) 회귀식

방정식에 포함된 변수

		B	S.E,	Wals	자유도	유의확률	Exp(B)
1 단계ª	X	1.228	.086	205.370	1	.000	3.414
	상수항	-5.025	.367	187.149	1	.000	.007

a. 변수가 1: 단계에 진입했습니다 X. X.

회귀식은

$$Z = \text{logit}(y)$$
$$= -5.025 + 1.228x$$
$$y = \frac{1}{(1 + \text{Exp}(-Z))}$$

로 구해지고 있다. x의 계수가 플러스이므로, x의 값이 증가하면 불량률도 높아

진다는 것을 알 수 있다.

(2) 회귀식의 유의성

모형 계수 전체 테스트

		카이제곱	자유도	유의확률
1 단계	단계	460.791	1	.000
	블록	460.791	1	.000
	모형	460.791	1	.000

이 식의 p값은 [모형]의 [유의확률]의 수치로부터 0.000으로 되어 있다. 통상 이용되는 유의수준 0.05보다 작으므로, 이 회귀식에는 의미가 있다고 판단할 수 있다. [단계] 및 [블록]의 값도 마찬가지인데, 몇 단계로 나누어서 분석할 때나 변수선택을 실시할 때에는 다른 값이 된다.

(3) 대수우도와 기여율

모형 요약

단계	-2 Log 우도	Cox와 Snell의 R-제곱	Nagelkerke R-제곱
1	509.152[a]	.482	.643

a. 모수 추정값이 .001보다 작게 변경되어 계산반복수 6에서 추정을 종료하였습니다.

통상의 회귀분석에 있어서의 총 제곱합에 상당하는 우도(尤度)는 n개 중에 r개의 불량이 있을 때, 불량률 $\dfrac{r}{n}$을 y로 하면,

$$우도 = y^r (1-y)^{n-r}$$

로 해서 구할 수가 있다. 이 예제에서는 불량률 $y = \dfrac{341}{700}$ 으로부터,

$$우도 = \left(\frac{341}{700}\right)^{341} \times \left(1 - \frac{341}{700}\right)^{700-341}$$

따라서

$$(-2 \times \text{Log 우도}) = -2 \times \{341\ln(y) + (700-341)\ln(1-y)\}$$
$$= 969.943$$

이 된다. 모형이 완전히 적합할 때, 우도는 1, Log 우도는 0이 된다.

이 값을 SPSS로 출력시키려면, [이분형 로지스틱]에 대한 대화상자의 [옵션]에 있는 [반복계산정보]에 체크하면 이와 같은 결과가 얻어진다.

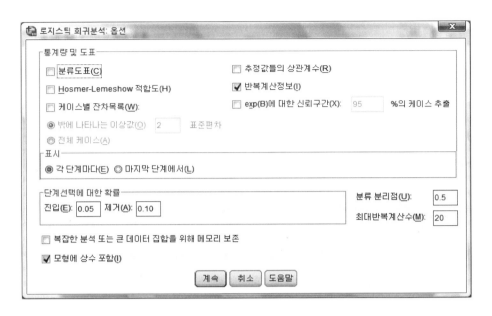

반복계산 정보[a,b,c]

반복계산		-2 Log 우도	계수 상수항
0 단계	1	969.943	-.051
	2	969.943	-.051

a. 모형에 상수항이 있습니다.

b. 초기 -2 Log 우도: 969.943

c. 모수 추정값이 .001보다 작게
변경되어 계산반복수 2에서 추정을
종료하였습니다.

회귀 제곱합에 상당하는 ($-2 \times$ Log 우도)는 모형의 [카이제곱]의 값으로서 얻어지고 있는 460.791이다.

잔차 제곱합에 상당하는 ($-2 \times$ Log 우도)는 969.943$-$460.791로서 구해진다. 이 값이 [모형 요약]에 있는 [$-2 \times$Log 우도]의 값으로서 얻어지는 509.152이다.

기여율은 회귀 제곱합에 상당하는 Log 우도와 총 제곱합에 상당하는 Log 우도의 비(比)로서 정의되어,

$$R^2 = \frac{460.791}{969.943} = 0.475$$

로서 구해진다.

이 R^2은 SPSS의 이분형 로지스틱에서는 출력되지 않으므로, 출력결과를 이용해서 필산(筆算)에 의해 구한다면, 다음과 같이 된다.

$$R^2 = \frac{460.791}{(460.791 + 509.152)} = \frac{460.791}{969.943} = 0.475$$

이 값을 필산이 아니라 SPSS를 이용해서 출력시키려면, 다항 로지스틱 회귀분석의 메뉴에서 이항 로지스틱을 실시한다.

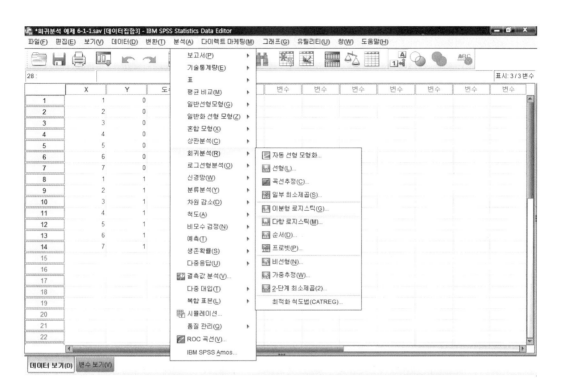

McFadden의 Pseudo R^2으로서 아래와 같이 얻어진다.

Pseudo R-제곱

Cox 및 Snell	.482
Nagelkerke	.643
McFadden	.475

(4) 그 밖의 기여율

SPSS에서는 다음의 두 종류의 기여율이 제창되고 있다.

$$\text{Cox \& Snell의 기여율} = 1 - \left[\frac{L(0)}{L(B)}\right]^{2/n}$$

$$\text{Nagelkerke의 기여율} = \frac{\left(1 - \left[\frac{L(0)}{L(B)}\right]^{2/n}\right)}{\left(1 - [L(0)]^{2/n}\right)}$$

여기에서,

$$L(0) = \text{Exp(총 제곱합에 상당하는 우도)}$$
$$L(B) = \text{Exp(잔차 제곱합에 상당하는 우도)}$$
$$n = \text{데이터의 총수(=700)}$$

Nagelkerke의 기여율은 최대치가 1이 되로록 조정되어 있다.

그런데 로지스틱 회귀분석에 있어서의 기여율(R^2, Cox & Snell의 기여율, Nagelkerke의 기여율)은 통상의 회귀분석에 있어서의 기여율보다도 조금 작은 값이 되는 경우가 있어, 이미지와 맞지 않는 경우가 있다. 그래서 비율 데이터를 목적변수로 하는 로지스틱 회귀분석일 때에는, 회귀식에 의해 y의 예측치를 계산해서 (실제의 비율)과 (예측한 비율)의 상관계수를 계산하여, 그 값을 제곱한 값을 기여율의 대신으로서 보는 것도 하나의 방법이다. 이 예제에서는 다음과 같이 계산된다.

실제의 비율	예측한 비율
0.03	0.0219
0.06	0.0712
0.21	0.2073
0.46	0.4718
0.77	0.7531
0.91	0.9124
0.97	0.9726

(실제의 비율)과 (예측한 비율)의 상관계수 = 0.9997

(기여율의 대용) = 0.9997² = 0.9993

(5) 회귀계수의 유의성

회귀계수의 유의성을 보려면,

$$귀무가설 \quad H_0 : \beta = 0$$

의 검정에는 Wald의 통계량이 이용된다. 이것은 통상 회귀분석에 있어서의 F 값에 상당하고, 자유도 1인 χ^2분포에 따른다. 유의성을 평가하기 위한 값이 [유의확률] 열에 표시된다. 이 값은 p값이라고 불린다. 사전에 정해진 유의수준 α (통상 0.05) 이하일 때에 유의하다고 판정한다. 이 예제에서는 0.000이기 때문에 유의하다.

방정식에 포함된 변수

		B	S.E.	Wals	자유도	유의확률	Exp(B)
1 단계[a]	X	1.228	.086	205.370	1	.000	3.414
	상수항	-5.025	.367	187.149	1	.000	.007

a. 변수가 1: 단계에 진입했습니다 X. X.

(6) 적중률

로지스틱 회귀식을 이용한 적중률(이 예제에서는 양품인지 불량품인지를 맞추는 확률)을 보려면, 다음의 분류표를 보면 된다.

분류표[a]

			예측		
			Y		
감시됨			0	1	분류정확 %
1 단계	Y	0	324	35	90.3
		1	76	265	77.7
전체 퍼센트					84.1

a. 절단값은 .500입니다.

단, 비율 데이터에 적용할 때에는, 이 표를 음미하는 데에 주의가 필요하다. 예를 들면, 항상 0.5 이하의 불량률인 다음과 같은 데이터의 경우이다(파일 예제 6-1-2).

x	양품수	불량수	합계	불량률
1	97	3	100	0.03
2	94	6	100	0.06
3	89	11	100	0.11
4	79	21	100	0.21
5	72	28	100	0.28
6	65	35	100	0.35
7	59	41	100	0.41

불량률이 0.5 미만이라면 양품의 확률 쪽이 높으므로, 항상 양품이라고 판정하면 괜찮게 되어 다음과 같은 분류표가 된다.

분류표[a,b]

			예측		
			Y		
감시됨			0	1	분류정확 %
0 단계 Y	0		555	0	100.0
	1		145	0	.0
전체 퍼센트					79.3

a. 모형에 상수항이 있습니다.

b. 절단값은 .500입니다.

분류표는 판별의 문제를 푸는 데에 로지스틱 회귀분석을 이용할 때에 중요한 표가 된다.

💡힌트

로지스틱 회귀분석은 분석하고자 하는 대상들이 두 집단 혹은 그 이상의 집단(다변수 데이터)으로 나누어진 경우에 개별 관측치들이 어느 집단으로 분류될 수 있는가를 분석하고 이를 예측하는 모형을 개발하는 데 사용되는 대표적인 통계 알고리즘이다.

로지스틱 회귀분석은 분석 목적이나 절차에 있어서는 일반 회귀분석과 유사하나 종속 변수가 명목척도로 측정된 범주형 질적 변수인 경우에 사용한다는 점에서 일반 회귀분석과 차이가 있다. 로지스틱 회귀분석은 판별분석과는 달리 예측변수에 범주형 변수를 투입할 수 있는 장점이 있다. 가장 일반적인 예로 로지스틱 회귀에서는 성별을 매우 자연스럽게 예측 변수로 포함할 수 있다.

2. 목적변수가 범주형 변수일 때

🏛 예제 **6-2**

다음의 데이터는 열처리시간(초)과 제품의 품질에 관한 기록을 정리한 것이다.

[표 6-2] **데이터표**

번호	열처리시간 x	품질 y
1	51	불량
2	58	양호
3	31	불량
4	52	양호
5	42	불량
6	55	양호
7	35	불량
8	49	불량
9	38	불량
10	36	불량
11	54	양호
12	56	양호
13	59	양호
14	45	양호
15	52	양호
16	44	불량
17	40	불량
18	65	양호
19	33	불량
20	63	양호

열처리시간을 설명변수 x, 품질을 목적변수 y로 해서, x의 값으로 y를 예측하는 식을 만들고 싶다고 한다.

이와 같은 경우에 목적변수 y가 질적 변수(범주형 변수)가 되므로, 통상의 회귀분석을 적용할 수 없어 적절한 분석방법은 로지스틱 회귀분석이라고 불리는 방법을 사용하게 된다.

예제 6-1은 목적변수가 비율 데이터였었다. 비율을 내려면 분모와 분자의 수치가 필요한데, 그것들의 값은 집계가 끝난 데이터가 된다. 예제 6-2는 20개분의 데이터로 집계 전의 데이터인데, 예제 6-1과는 다른 점이 있다. 그러나 본질적인 면에서는 같다고 볼 수 있다. 데이터의 입력방법은 다르지만, 분석의 조작방법은 같다.

데이터의 그래프화

예제 6-2의 데이터에 로지스틱 회귀분석을 적용하기 전에 점도표를 작성해서 이상치의 유무나 양품과 불량품의 차이를 시각적으로 검토하면 좋다.

SPSS의 처리 절차

순서 1 데이터의 입력

예제 6-2의 데이터를 다음과 같이 입력한다(양호일 때는 $y=1$, 불량일 때는 $y=0$).

순서 2 분석 수법의 선택

메뉴에서 [그래프]-[레거시 대화상자]-[산점도/점도표]를 선택한다.

순서 3　종류의 선택

다음과 같은 대화상자가 나타나면, [단순 점도표]를 선택하고 [정의]를 클릭한다.

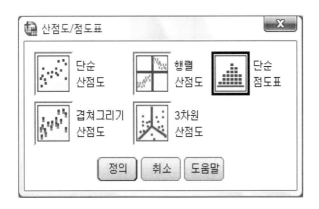

순서 4　정의의 설정

[X축 변수] 난에 'x', [행] 난에 'y'를 각각 설정한다.

[확인]을 클릭하면 다음과 같은 점도표가 출력된다. 층별 점도표에 의한 그래
프화이다.

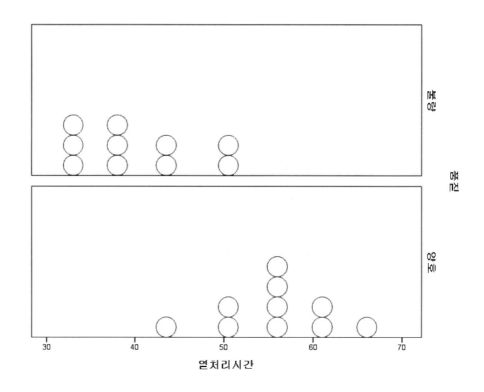

이 데이터를 산점도에 의해 그래프화하면 다음과 같다.

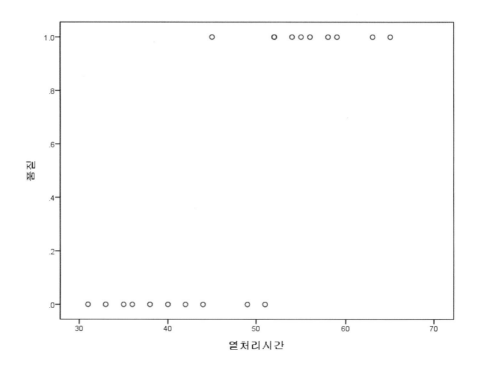

로지스틱 회귀분석의 절차

SPSS의 처리 절차

순서 1 데이터의 입력

순서 2 분석 수법의 선택

메뉴에서 [분석]-[회귀분석]-[이분형 로지스틱]을 선택한다.

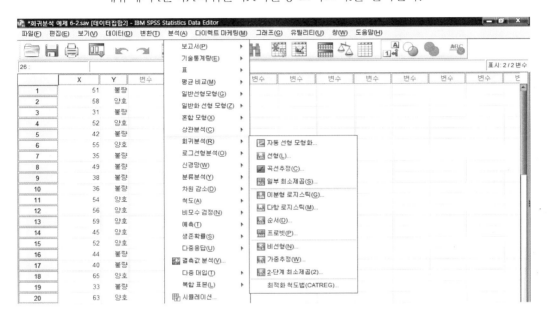

순서 3 변수의 설정

다음 대화상자가 나타나면, 아래와 같이 변수를 설정한다.

순서 4 　출력내용의 설정

[옵션]을 클릭하면 다음과 같은 대화상자가 나타난다. [분류도표]에 체크하고
[계속]을 클릭하면 앞의 화면으로 되돌아온다.

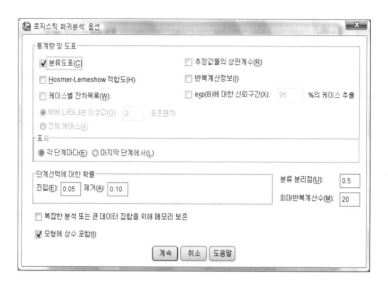

[확인]을 클릭하면 로지스틱 회귀분석의 결과가 출력된다.

로지스틱 회귀분석의 결과

로지스틱 회귀분석을 적용하면 다음과 같은 결과가 얻어진다.

종속변수 코딩

원래 값	내부 값
불량	0
양호	1

이 표는 불량이라면 $y=0$, 양호라면 $y=1$로 해서 내부에서 처리하고 있다는
것을 나타내고 있다. 이것은 식을 해석할 때에 중요한 정보가 된다.

(1) 회귀식

방정식에 포함된 변수

		B	S.E.	Wals	자유도	유의확률	Exp(B)
1 단계[a]	X	.402	.184	4.755	1	.029	1.495
	상수항	-19.577	9.186	4.542	1	.033	.000

a. 변수가 1: 단계에 진입했습니다 X. X.

회귀식은

$$Z = \mathrm{logit}(y)$$
$$= -19.577 + 0.402x$$

$$y = \frac{1}{(1 + \mathrm{Exp}(-Z))}$$

로 구해지고 있다. x의 계수는 플러스이므로 x값이 커지면(열처리시간이 길어지면), 품질이 좋아질 확률이 높아진다는 것을 나타내고 있다.

(2) 회귀식의 유의성

모형 계수 전체 테스트

		카이제곱	자유도	유의확률
1 단계	단계	18.281	1	.000
	블록	18.281	1	.000
	모형	18.281	1	.000

이 회귀식의 p값은 [모형]의 [유의확률] 수치로부터 0.000으로 되어 있다. 통상 이용되는 유의수준 0.05 이하이므로, 회귀식에는 의미가 있다고 판정된다.

(3) 기여율 R^2

모형 요약

단계	-2 Log 우도	Cox와 Snell의 R-제곱	Nagelkerke R-제곱
1	9.445[a]	.599	.799

a. 모수 추정값이 .001보다 작게 변경되어 계산반복수 7에서 추정을 종료하였습니다.

Cox와 Snell의 R^2과 Nagelkerke의 R^2으로부터 이 회귀모형의 기여율 R^2은 0.599~0.799로 생각된다.

(4) 적중률

분류표ᵃ

			예측		
			품질		
감시됨			불량	양호	분류정확 %
1 단계	품질	불량	8	2	80.0
		양호	1	9	90.0
	전체 퍼센트				85.0

a. 절단값은 .500입니다.

이 분류표는 로지스틱 회귀분석에 의한 판별의 적중률을 나타내고 있다. 양호인지 불량인지의 판별은 다음의 원칙에 기초하고 있다.

양호가 될 확률 > 0.5일 때, 그 제품은 양호라고 판별

불량이 될 확률 < 0.5일 때, 그 제품은 불량이라고 판별

불량의 80%, 양호의 90%, 전체의 85%를 올바르게 판별하고 있다는 것을 알 수 있다.

(5) 회귀계수의 유의성

방정식에 포함된 변수

		B	S.E.	Wals	자유도	유의확률	Exp(B)
1 단계ᵃ	X	.402	.184	4.755	1	.029	1.495
	상수항	-19.577	9.186	4.542	1	.033	.000

a. 변수가 1: 단계에 진입했습니다 X. X.

열처리시간 x의 p 값은 0.029로 0.05보다 작으므로 유의하다.

(6) 오즈비

방정식에 포함된 변수

		B	S.E.	Wals	자유도	유의확률	Exp(B)
1 단계ᵃ	X	.402	.184	4.755	1	.029	1.495
	상수항	-19.577	9.186	4.542	1	.033	.000

a. 변수가 1: 단계에 진입했습니다 X. X.

Exp(B)는 오즈비(odds ratio)를 나타내고 있는데, 설명변수 x의 값이 1단위 증가하면(열처리시간이 1초 길어지면) 양호가 될 오즈가 1.495배가 된다는 것을 의미한다. 오즈비가 구해지는 것이 로지스틱 회귀분석의 특징이며, 이 수법을

사용하는 이점이기도 하다.

(주) 설명변수가 질적 변수일 때에는 기준이 되는 범주에 비해서 오즈비가 몇 배가 되는지를 나타
　　내고 있다.

(7) 분류 도표

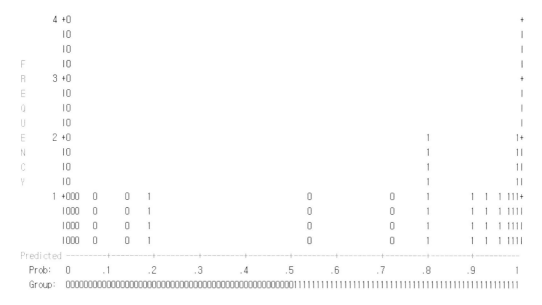

```
Step number: 1

Observed Groups and Predicted Probabilities


        4 +0                                                                    +
          |0                                                                    |
          |0                                                                    |
    F     |0                                                                    |
    R     3 +0                                                                   +
    E     |0                                                                    |
    Q     |0                                                                    |
    U     |0                                                                    |
    E     2 +0                                                      1            1+
    N     |0                                                      1            11
    C     |0                                                      1            11
    Y     |0                                                      1            11
        1 +000    0    0    1                    0         0       1     1  1  1 111+
          |000    0    0    1                    0         0       1     1  1  1 1111
          |000    0    0    1                    0         0       1     1  1  1 1111
          |000    0    0    1                    0         0       1     1  1  1 1111
Predicted ---------+---------+---------+---------+---------+---------+---------+---------+---------+---------
   Prob:  0       .1       .2       .3       .4       .5       .6       .7       .8       .9        1
  Group:  0000000000000000000000000000000000000000000000000111111111111111111111111111111111111111111111111
```

```
Predicted Probability is of Membership for 양호
The Cut Value is .50
Symbols: 0 - 불량
         1 - 양호
Each Symbol Represents .25 Cases.
```

이 그래프는 가로축에 확률, 세로축에 도수를 취한 막대그래프라고 생각하면
좋다. 어느 그룹에 어느 정도의 확률의 도수가 많은가라고 하는 것을 간파할 수
있다. 가로축의 제일 밑에는 그룹 번호가 기입되어 있는데, 0.5를 경계선으로
바뀌고 있다.

(8) 예측확률과 그래프화

각 제품이 양호가 될 확률은 다음과 같은 절차로 구해진다.

SPSS의 처리 절차

🕐 순서 1 **데이터의 입력**

🕐 순서 2 **분석 수법의 선택**

메뉴에서 [분석]-[회귀분석]-[이분형 로지스틱]을 선택한다.

🕐 순서 3 **변수의 설정**

🕐 순서 4 **저장 설정**

[저장] 대화상자에서 [예측값]의 [확률]에 체크하고 [계속]을 클릭한다. 앞의 화면으로 되돌아오면 [확인]을 클릭한다. 분석결과는 데이터 시트에 출력된다.

	X	Y	PRE_1	변수	변수	변수	변수	변수	변수	변수	변수	변수
1	51	불량	.71784									
2	58	양호	.97700									
3	31	불량	.00082									
4	52	양호	.79182									
5	42	불량	.06382									
6	55	양호	.92706									
7	35	불량	.00407									
8	49	불량	.53232									
9	38	불량	.01346									
10	36	불량	.00607									
11	54	양호	.89476									
12	56	양호	.95001									
13	59	양호	.98450									
14	45	양호	.18555									
15	52	양호	.79182									
16	44	불량	.13223									
17	40	불량	.02960									
18	65	양호	.99859									
19	33	불량	.00182									
20	63	양호	.99686									
21												
22												

IBM SPSS Statistics 프로세서 준비 완료

이 확률값과 설명변수인 열처리시간과의 관계는 산점도로 표현할 수 있다.

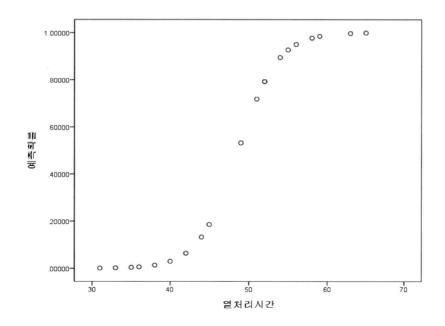

6.2 로지스틱 회귀분석의 실제

1. 기초적 분석

예제 6-3

다음의 〈표 6-3〉은 어떤 제품의 내부에 이물질 혼입의 유무에 관해서 조사한 결과이다. 이물질 혼입에 관련된 제조공정에 있어서의 제조건을 설명변수, 이물질 혼입의 유무를 목적변수로 하는 로지스틱 회귀분석을 실시한다.

|표 6-3| **데이터표**

번호	x_1	x_2	x_3	x_4	y	번호	x_1	x_2	x_3	x_4	y
1	34	114	40	61	0	21	31	108	41	66	1
2	30	110	41	60	0	22	25	111	45	61	1
3	26	114	43	62	0	23	32	110	41	59	1
4	33	111	42	58	0	24	33	110	47	61	1
5	32	113	40	59	0	25	31	114	43	61	1
6	33	116	42	56	0	26	34	108	40	64	1
7	36	116	41	54	0	27	24	109	40	64	1
8	33	119	39	60	0	28	31	109	38	61	1
9	39	107	39	55	0	29	29	114	46	56	1
10	32	112	44	62	0	30	28	106	43	60	1
11	32	110	39	59	0	31	29	111	46	58	1
12	31	119	38	56	0	32	30	111	41	58	1
13	34	110	40	59	0	33	31	114	45	60	1
14	34	118	43	61	0	34	31	112	47	53	1
15	26	112	43	62	0	35	34	106	41	61	1
16	30	116	39	58	0	36	31	115	48	60	1
17	33	113	39	56	0	37	34	108	48	60	1
18	31	116	37	57	0	38	24	110	46	58	1
19	31	113	44	63	0	39	29	113	43	63	1
20	32	115	36	66	0	40	31	107	44	65	1

구체적인 설명변수, 목적변수는 다음과 같다.

x_1 : 건조시간(초)

x_2 : 세정제 투입량(g)

x_3 : 세정시간(초)

x_4 : 세정압력(mmHg)

y : 이물질 혼입의 유무

데이터표에는 목적변수 y에 대해서,

이물질 혼입 있음 = 1

이물질 혼입 없음 = 0

으로 표시하고 있다.

이물질 혼입 있음의 확률을 $\Pr(y)$로 할 때, 다음과 같은 회귀식을 상정해서 회귀계수를 구하는 것이 목적이다.

$$\ln\left(\frac{\Pr(y)}{1-\Pr(y)}\right) = b_0 + b_1 x_1 + b_2 x_2 + b_3 x_3 + b_4 x_4$$

혹은

$$\mathrm{logit}(\Pr(y)) = b_0 + b_1 x_1 + b_2 x_2 + b_3 x_3 + b_4 x_4$$

이 예는 개개의 데이터에 대한, 즉 목적변수가 범주형 데이터일 때의 로지스틱 회귀분석을 적용하는 것이 된다. 또한 설명변수가 두 개 이상 있는 경우가 된다.

가. 그래프에 의한 시각적 분석

 1변수마다의 점도표

앞에서 했던 방법에 의해 각 변수의 점도표를 작성한다.

SPSS의 처리 절차

순서 1 데이터의 입력

예제 6-3의 데이터를 입력한다.

171

순서 2 분석 수법의 선택

메뉴에서 [그래프]-[레거시 대화상자]-[산점도/점도표]를 선택한다.

순서 3 변수의 설정

[확인]을 클릭하면 다음과 같은 점도표가 출력된다.

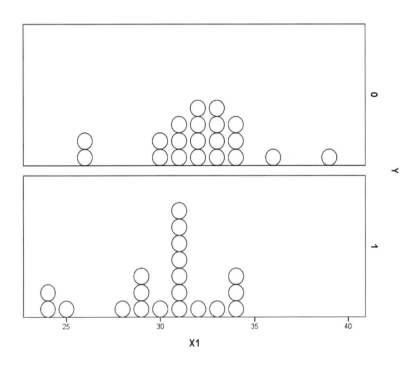

같은 방법으로 x_2, x_3, x_4에 대해서도 점도표를 작성한다.

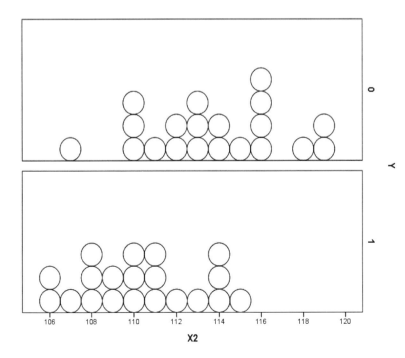

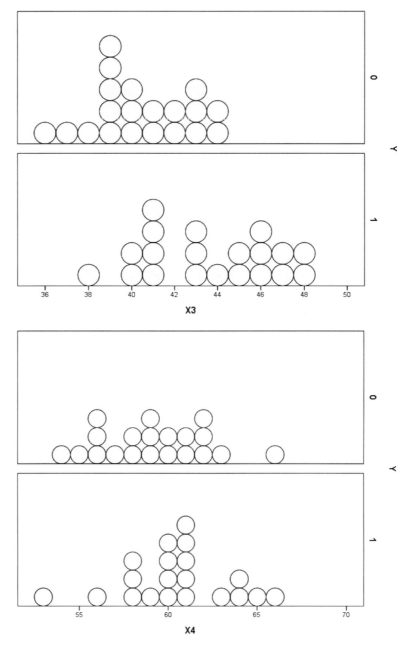

x_4에 대해서는 1과 0의 각 그룹에 큰 차이는 보이지 않는다.

1변수마다의 상자도표

앞에서 했던 방법에 의해 각 변수의 상자도표를 작성한다. 표본의 크기 n이 큰 때에는 1변수마다 상자도표를 작성하면 좋다.

SPSS의 처리 절차

순서 1　데이터의 입력

순서 2　분석 수법의 선택

메뉴에서 [분석]-[기술통계량]-[데이터 탐색]을 선택한다.

순서 3　변수의 설정

[종속변수]에 'x_1, x_2, x_3, x_4' [요인]에 'y'를 설정하고, [도표]에 체크한다.

순서 4 출력내용의 설정

[도표(T)]를 클릭하면 다음과 같은 대화상자가 나타난다.

위의 대화상자에서 [상자도표]의 [요인수준들과 함께]에 체크하고 [계속]을 클릭한다. 앞의 화면으로 되돌아오면 [확인]을 클릭한다.

x_1에 대한 상자도표는 다음과 같다.

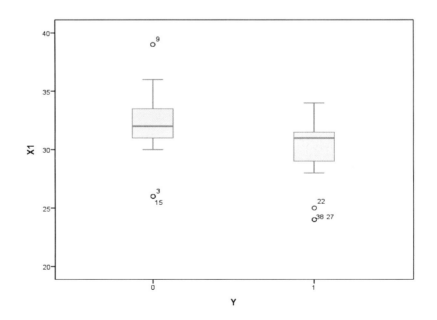

x_2에 대한 상자도표는 다음과 같다.

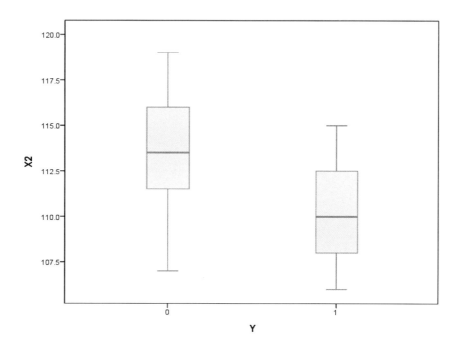

x_3에 대한 상자도표는 다음과 같다.

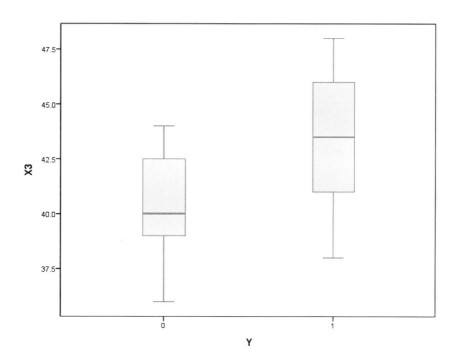

x_4에 대한 상자도표는 다음과 같다.

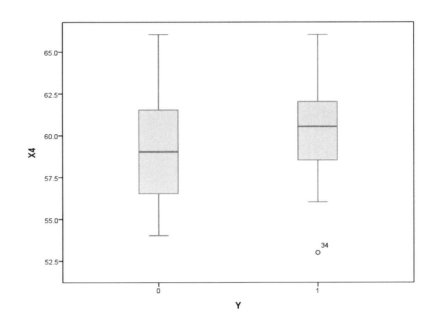

2변수마다의 산점도

설명변수를 두 개씩 편성해서 산점도를 작성한다. 복수의 산점도를 편성해서 표시한 것을 행렬 산점도라고 한다. 이때에 1과 0의 그룹 간 차이를 알 수 있도록 타점할 마크를 바꾸면 된다.

SPSS의 처리 절차

순서 1 데이터의 입력

순서 2 분석 수법의 선택

메뉴에서 [그래프]-[레거시 대화상자]-[산점도/점도표]를 선택한다.

여기에서 [행렬 산점도]를 선택하고 [정의]를 클릭한다.

순서 3 **변수의 설정**

다음의 대화상자에서 [행렬 변수]에 'x_1, x_2, x_3, x_4', [점표시 기준변수]에 'y'를 설정한다.

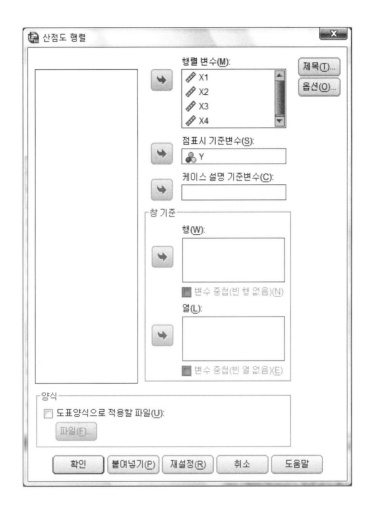

[확인]을 클릭하면 행렬 산점도가 출력된다.

그래프의 수정

출력된 그래프를 더블클릭하면 [도표 편집기]가 나타난다. y의 값 1과 0의 그룹 간 차이를 알 수 있도록 타점할 마크를 바꾼다.

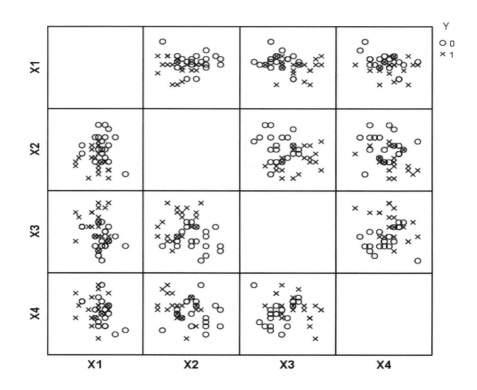

주성분점수의 산점도

세 개의 변수의 관계라면 3차원 산점도를 작성해서 시각적으로 분석하는 것이 가능한데, 3차원 산점도는 반드시 보기 쉬운 것은 아니다. 또한 네 개 이상의 변수가 등장하면, 1매의 산점도로 관계를 파악하는 것은 불가능하다. 변수가 세 개 이상 있을 때에는 설명변수를 주성분분석으로 처리해서, 그 결과로서 얻어지는 주성분점수를 산점도로 표현하는 것도 하나의 방법이다. 주성분분석(principle component analysis)은 복수의 변수를 통합해서 새로운 소수의 변수를 작성하는 수법으로 통합한 변수를 주성분이라 부르고, 주성분의 구체적인 수치를 주성분점수(principle score)라고 부른다.

SPSS의 처리 절차

순서 1 데이터의 입력

순서 2 분석 수법의 선택

메뉴에서 [분석]-[차원감소]-[요인분석]을 선택한다.

순서 3 **변수의 설정**

다음의 대화상자에서 [변수]에 'x_1, x_2, x_3, x_4'를 설정한다. [요인점수]를 클릭한다.

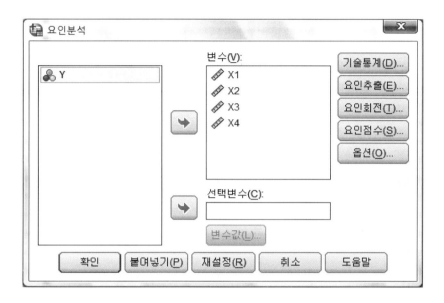

순서 4 **요인점수 설정**

[요인점수] 대화상자에서 다음과 같이 설정하고 [계속]을 클릭한다.

앞의 화면으로 되돌아오는데, 나머지 다른 탭은 초기설정 상태를 그대로 유지한다.

여기에서 [확인]을 클릭한다.

데이터 시트에 주성분점수가 출력된 것을 확인할 수 있다.

	X1	X2	X3	X4	Y	FAC1_1	FAC2_1	변수	변수	변수	변
1	34	114	40	61	0	.72579	-.72820				
2	30	110	41	60	0	-.30028	-.34431				
3	26	114	43	62	0	-.92623	.54092				
4	33	111	42	58	0	.42308	.01308				
5	32	113	40	59	0	.59620	-.28076				
6	33	116	42	56	0	1.28679	.86616				
7	36	116	41	54	0	2.11982	.69860				
8	33	119	39	60	0	1.41604	-.15955				
9	39	107	39	55	0	1.59541	-1.11230				
10	32	112	44	62	0	-.39354	-.05495				
11	32	110	39	59	0	.35928	-.79631				
12	31	119	38	56	0	1.79654	.52419				
13	34	110	40	59	0	.53919	-.78621				
14	34	118	43	61	0	.85304	.31230				
15	26	112	43	62	0	-1.15963	.33846				
16	30	116	39	58	0	.90650	.18630				
17	33	113	39	56	0	1.27624	-.07310				
18	31	116	37	57	0	1.41952	-.16483				
19	31	113	44	63	0	-.56349	-.02630				
20	32	115	36	66	0	.30162	-2.13994				
21	31	108	41	66	1	-1.22775	-1.68841				
22	25	111	45	61	1	-1.50914	.93527				

순서 5 산점도 작성

(1) 변수의 설정

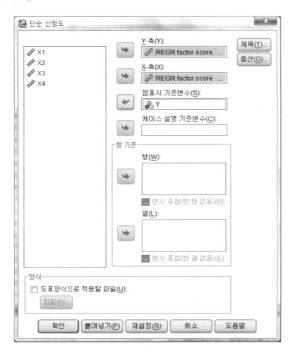

(2) 산점도 출력 및 수정

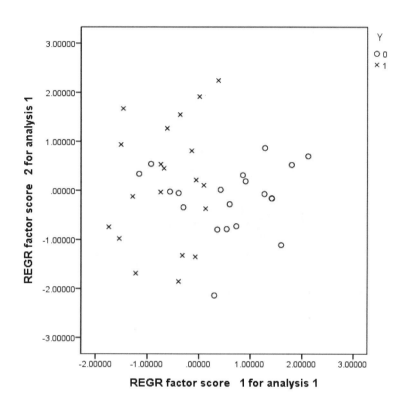

제1주성분의 큰 쪽에 0 그룹, 작은 쪽에 1 그룹이 배치되어 있는 것을 알 수 있다. 제2주성분은 0과 1의 차이에는 관련이 없어 보인다.

나. 기본통계량과 검정에 의한 수치적 분석

 평균치와 표준편차

예제 6-3의 데이터에 대해서 1변수마다 평균치와 표준편차를 파악해 놓는다.

SPSS의 처리 절차

순서 1 데이터의 입력

순서 2 분석 수법의 선택

메뉴에서 [분석]-[기술통계량]-[기술통계]를 선택한다.

위와 같이 변수를 설정하고 [확인]을 클릭하면 분석결과가 출력된다.

기술통계량

	N	최소값	최대값	평균	표준편차
X1	40	24	39	31.10	3.103
X2	40	106	119	112.00	3.419
X3	40	36	48	42.05	3.080
X4	40	53	66	59.83	3.088
유효수 (목록별)	40				

그리고 목적변수의 그룹으로 나누어서 평균치와 표준편차를 구한다.

기술통계량

Y		N	최소값	최대값	평균	표준편차
0	X1	20	26	39	32.10	2.936
	X2	20	107	119	113.70	3.230
	X3	20	36	44	40.45	2.282
	X4	20	54	66	59.20	3.037
	유효수 (목록별)	20				
1	X1	20	24	34	30.10	3.007
	X2	20	106	115	110.30	2.736
	X3	20	38	48	43.65	2.978
	X4	20	53	66	60.45	3.086
	유효수 (목록별)	20				

목적변수 y값이 0과 1 사이에서 평균치의 차가 큰 변수는 어느 것인지를 파악해 놓으면 좋다.

순서 3 **파일분할**

(1) 위와 같이 목적변수의 그룹으로 나누어서 기술통계량을 구하려면, 먼저
메뉴에서 [데이터]-[파일분할]을 선택한다.

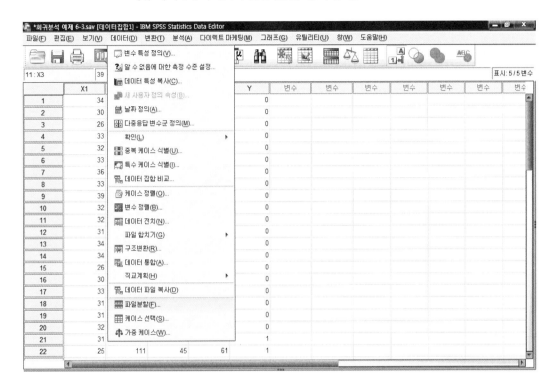

(2) [파일분할] 대화상자에서 다음과 같이 설정하고 [확인]을 클릭한다.

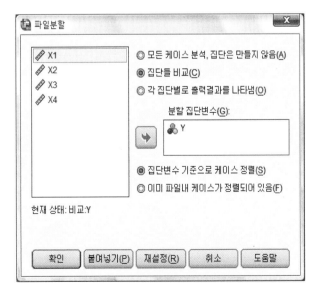

그런 다음에 [순서 2]에 따라 기술통계량을 구하면 된다.

그리고 평균치의 차에 통계적인 유의차가 있는지 어떤지를 보려면, 다음과 같은 검정 수법을 활용할 수 있다.

① t검정(또는 분산분석)
② MannWhitney 검정

단, 이 수법에서는 y가 설명변수(독립변수)의 역할을 한다.

 평균치의 차에 대한 검정

t검정과 MannWhitney 검정을 실시한다.

① t검정의 결과

독립표본 검정

| | | Levene의 등분산 검정 | | 평균의 동일성에 대한 t-검정 | | | | | | |
		F	유의확률	t	자유도	유의확률 (양쪽)	평균차	차이의 표준오차	차이의 95% 신뢰구간 하한	상한
X1	등분산이 가정됨	.184	.671	2.128	38	.040	2.000	.940	.098	3.902
	등분산이 가정되지 않음			2.128	37.978	.040	2.000	.940	.098	3.902
X2	등분산이 가정됨	.492	.487	3.592	38	.001	3.400	.946	1.484	5.316
	등분산이 가정되지 않음			3.592	36.999	.001	3.400	.946	1.482	5.318
X3	등분산이 가정됨	2.484	.123	-3.814	38	.000	-3.200	.839	-4.898	-1.502
	등분산이 가정되지 않음			-3.814	35.591	.001	-3.200	.839	-4.902	-1.498
X4	등분산이 가정됨	.080	.779	-1.291	38	.204	-1.250	.968	-3.210	.710
	등분산이 가정되지 않음			-1.291	37.990	.204	-1.250	.968	-3.210	.710

t검정을 위해서는 먼저 위에서 실시한 [파일분할]을 원래대로 [모든 케이스 분석, 집단은 만들지 않음]을 선택하여 원상복구를 해 놓아야 한다.

그런 다음에 메뉴에서 [분석]-[평균 비교]-[독립표본 T검정]을 선택한다.

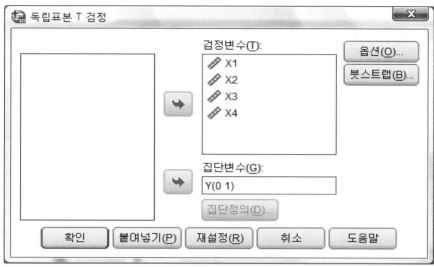

위와 같이 설정하고 [확인]을 클릭하면 분석결과가 출력된다.

② MannWhitney 검정의 결과

검정 통계량[a]

	X1	X2	X3	X4
Mann-Whitney의 U	121.000	86.500	82.000	153.000
Wilcoxon의 W	331.000	296.500	292.000	363.000
Z	-2.162	-3.084	-3.210	-1.280
근사 유의확률(양측)	.031	.002	.001	.201
정확한 유의확률 [2*(단측 유의확률)]	.033[b]	.002[b]	.001[b]	.211[b]

a. 집단변수: Y

b. 등들에 대해 수정된 사항이 없습니다.

MannWhitney 검정은 2표본 t검정에 대응시킨 비모수적 수법이다. A군과 B군의 비교를 한다고 하면,

　　　　귀무가설 H_0 : A군의 중심 = B군의 중심
　　　　대립가설 H_1 : A군의 중심 ≠ B군의 중심

이라고 하는 가설을 설정해서 검정한다.

MannWhitney 검정을 위해서는, 먼저 메뉴에서 [분석]-[비모수검정]-[레거시 대화상자]-[독립 2-표본]을 선택한다.

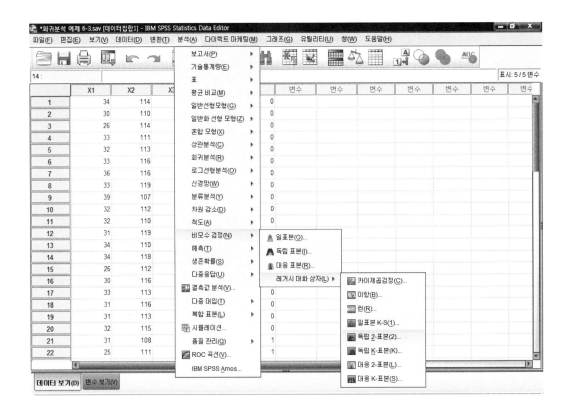

[독립 2표본 비모수검정] 대화상자에서 다음과 같이 설정하고 [확인]을 클릭하면 분석결과가 출력된다.

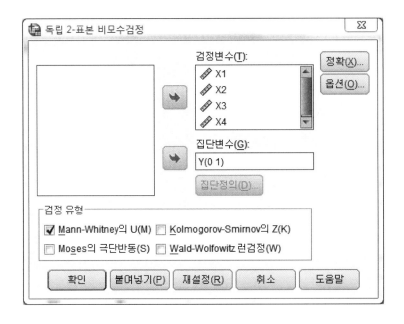

t 검정이나 MannWhitney 검정 어느 쪽에 있어서도 x_4만이 1과 0의 각 그룹의 평균치에 대한 차에 유의성이 보인다.

 상관행렬

설명변수 간의 직선관계의 강도는 상관계수에 의해서 파악할 수 있다. 변수가 세 개 이상일 때에는, 이 상관계수를 요소로 하는 행렬의 형태로 정리하면 보기 쉽게 된다. 이와 같은 행렬을 상관행렬이라고 한다.

상관계수

		X1	X2	X3	X4
X1	Pearson 상관계수	1	.043	-.266	-.252
	유의확률 (양쪽)		.790	.097	.116
	N	40	40	40	40
X2	Pearson 상관계수	.043	1	-.161	-.270
	유의확률 (양쪽)	.790		.322	.093
	N	40	40	40	40
X3	Pearson 상관계수	-.266	-.161	1	-.040
	유의확률 (양쪽)	.097	.322		.809
	N	40	40	40	40
X4	Pearson 상관계수	-.252	-.270	-.040	1
	유의확률 (양쪽)	.116	.093	.809	
	N	40	40	40	40

상관계수는 모두 0.3 이하이며, 1 또는 −1에 가까운 것은 없다. 또한 모두 유의하지 않아서 상관관계는 인정되지 않는다. 이 사실은 로지스틱 회귀분석을 실시하는데 있어서 좋은 상황에 있다고 할 수 있다. 왜냐하면, 로지스틱 회귀분석에 있어서 설명변수끼리는 무관계하다는 것이 안정된 결과를 얻는 데 이상적인 상황이 되기 때문이다.

 다중공선성의 진단

설명변수끼리에 강한 상관관계가 있거나 혹은 선형관계가 성립하고 있는 상태를 다중공선성이 있다고 한다. 다중공선성이 있으면, 회귀식이 불안정한 것이 되어 불가해한 결과가 얻어지는 원인이 된다. 불가해한 결과란 다음과 같은 현상이다.

- 소수의 데이터를 추가 또는 삭제한 것만으로 회귀식이 크게 변화한다.
- 다른 데이터에 적용하면, 회귀식이 크게 다른 것으로 된다.
- 회귀계수의 부호가 전문분야의 상식과 거꾸로 된다.
- 회귀식의 기여율은 높고 모형의 적합도도 양호한데, 개개의 회귀계수는 유의하게 되지 않는다.
- 회귀식이 구해지지 않는다.

이와 같은 현상이 일어날 때에는 다중공선성의 존재를 의심할 필요가 있다. 다중공선성의 체크는 앞의 상관행렬을 음미하는 것만으로는 불충분하다. 왜냐하면, 상관계수는 두 개의 설명변수 간의 상관관계밖에 볼 수 없기 때문이다. 세 개 이상이 서로 얽혀 있는 경우에는 상관계수만으로는 판단하기 어려운 점이 있다. 그래서 다중공선성의 체크에 유효한 것이 공차 및 VIF라고 하는 수치이다.

이 수치를 구하는 기능은 SPSS의 로지스틱 회귀분석 기능에는 갖추어져 있지 않은데, 통상의 회귀분석(선형 회귀분석)의 기능 중에서 사용하여 구할 수 있다.

SPSS 메뉴에서 먼저 [분석]-[회귀분석]-[선형]을 선택하고, 다음과 같이 변수를 설정한다.

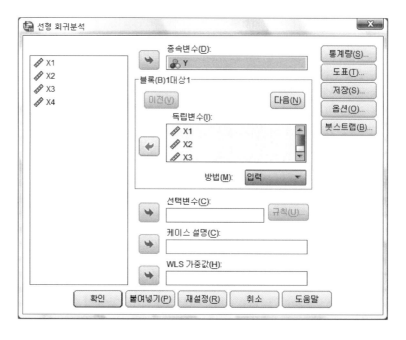

대화상자의 [통계량]-[공선성 진단]에 체크하고 회귀분석을 실행하면 된다.

공선성 통계량으로 공차와 VIF를 구할 수 있다.

계수ᵃ

모형		비표준화 계수		표준화 계수	t	유의확률	공선성 통계량	
		B	표준오차	베타			공차	VIF
1	(상수)	4.755	3.312		1.436	.160		
	X1	-.030	.021	-.182	-1.404	.169	.854	1.171
	X2	-.061	.019	-.412	-3.245	.003	.892	1.121
	X3	.068	.021	.414	3.248	.003	.883	1.133
	X4	.011	.021	.064	.495	.624	.846	1.182

a. 종속변수: Y

VIF의 수치가 10 이상일 때에는 다중공선성에 의한 폐해가 일어나기 쉽다고 일컬어지고 있다.

그리고 공차와 VIF에는,

$$공차 = 1 / VIF$$

라고 하는 관계가 있으므로, 양쪽을 음미할 필요는 없다.

이 예제에서는 어느 변수의 VIF도 10 이하로 문제는 없다고 할 수 있다.

2. 로지스틱 회귀분석의 적용

예제 6-3의 데이터에 대해서 로지스틱 회귀분석을 실시한다.

SPSS의 처리 절차

순서 1 데이터의 입력

예제 6-3의 데이터를 입력한다.

순서 2 분석 수법의 선택

메뉴에서 [분석]-[회귀분석]-[이분형 로지스틱]을 선택한다.

순서 3 변수의 설정

위와 같이 변수를 설정하고 [옵션]을 클릭한다.

순서 4 출력내용의 설정

다음의 대화상자에서 [통계량 및 도표]의 [분류도표]에 체크하고 [계속]을 클릭하면, 앞의 화면으로 되돌아온다.

로지스틱 회귀분석: 옵션

통계량 및 도표
- ☑ 분류도표(C)
- ☐ 추정값들의 상관계수(R)
- ☐ Hosmer-Lemeshow 적합도(H)
- ☐ 반복계산정보(I)
- ☐ 케이스별 잔차목록(W):
- ☐ exp(B)에 대한 신뢰구간(X): 95 %의 케이스 추출
- ◉ 밖에 나타나는 이상값(O) 2 표준편차
- ◉ 전체 케이스(A)

표시
- ◉ 각 단계마다(E) ◉ 마지막 단계에서(L)

단계선택에 대한 확률
진입(E): 0.05 제거(A): 0.10

분류 분리점(U): 0.5
최대반복계산수(M): 20

☐ 복잡한 분석 또는 큰 데이터 집합을 위해 메모리 보존
☑ 모형에 상수 포함(I)

계속 취소 도움말

[확인]을 클릭하면 로지스틱 회귀분석의 결과가 출력된다.

로지스틱 회귀분석 결과

로지스틱 회귀분석을 적용하면 다음과 같은 결과가 얻어진다.

종속변수 코딩

원래 값	내부 값
0	0
1	1

이 표로부터 목적변수(종속변수)에 대해서는 원래의 값을 그대로 SPSS가 처리하고 있다는 것을 알 수 있다. 1이라면 이물질 혼입이 있는 것으로 하고 있다.

(1) 회귀식

방정식에 포함된 변수

		B	S.E.	Wals	자유도	유의확률	Exp(B)
1 단계[a]	X1	-.201	.199	1.026	1	.311	.818
	X2	-.691	.304	5.156	1	.023	.501
	X3	.646	.274	5.577	1	.018	1.908
	X4	.045	.196	.052	1	.820	1.046
	상수항	53.463	35.706	2.242	1	.134	1.654E+23

a. 변수가 1: 단계에 진입했습니다 X1, X2, X3, X4. X1, X2, X3, X4.

회귀식은

$$\text{logit}(\Pr(y)) = 53.463 - 0.201x_1 - 0.691x_2 + 0.646x_3 + 0.045x_4$$

로 구해지고 있다. x_1과 x_2의 계수는 마이너스이기 때문에 x_1과 x_2의 수치가 늘어나면 이물질 혼입의 확률은 작아지고, x_3과 x_4의 계수는 플러스이기 때문에 x_3과 x_4의 수치가 늘어나면 물질 혼입의 확률은 커진다는 것을 알 수 있다.

(2) 회귀식의 유의성

모형 계수 전체 테스트

		카이제곱	자유도	유의확률
1 단계	단계	27.755	4	.000
	블록	27.755	4	.000
	모형	27.755	4	.000

이 식의 p값은 [모형]의 [유의확률]의 수치로부터 0.000으로 되어 있다. 통상 이용되는 유의수준 0.05 이하이므로, 이 회귀식에는 의미가 있다고 판단된다.

(3) 대수우도와 기여율

모형 요약

단계	-2 Log 우도	Cox와 Snell의 R-제곱	Nagelkerke R-제곱
1	27.697[a]	.500	.667

a. 모수 추정값이 .001보다 작게 변경되어 계산반복수 7에서 추정을 종료하였습니다.

Cox와 Snell의 기여율과 Nagelkerke의 기여율로부터 이 회귀식의 기여율은 0.500~0.667로 생각된다.

(4) 회귀계수의 유의성

방정식에 포함된 변수

		B	S.E.	Wals	자유도	유의확률	Exp(B)
1 단계[a]	X1	-.201	.199	1.026	1	.311	.818
	X2	-.691	.304	5.156	1	.023	.501
	X3	.646	.274	5.577	1	.018	1.908
	X4	.045	.196	.052	1	.820	1.046
	상수항	53.463	35.706	2.242	1	.134	1.654E+23

a. 변수가 1: 단계에 진입했습니다 X1, X2, X3, X4. X1, X2, X3, X4.

설명변수마다의 p 값은 다음과 같이 되어 있다.

$$x_1 \text{의 } p \text{값} = 0.311 > 0.05$$
$$x_2 \text{의 } p \text{값} = 0.023 < 0.05$$
$$x_3 \text{의 } p \text{값} = 0.018 < 0.05$$
$$x_4 \text{의 } p \text{값} = 0.820 > 0.05$$

유의수준을 0.05로 한다면, x_2와 x_3가 유의하고, x_1과 x_4는 유의하지 않다고 하는 결론이 얻어진다. 유의하지 않은 설명변수를 제거하고 다시 로지스틱 회귀분석을 실행해 봐야 할 것이다. 단, 유의하지 않은 설명변수를 동시에 두 개 이상 제거하는 것이 아니라, 하나씩 제거하지 않으면 안 된다.

(5) 적중률

분류표[a]

			예측		
			Y		
	감시됨		0	1	분류정확 %
1 단계	Y	0	16	4	80.0
		1	3	17	85.0
	전체 퍼센트				82.5

a. 절단값은 .500입니다.

이물질 혼입 없음의 80%, 이물질 혼입 있음의 85%를 적중시키고 있다는 것을 알 수 있다.

(6) 분류도표

```
Step number: 1

Observed Groups and Predicted Probabilities

      8 +                                                            +
        |                                                            |
        |                                                            |
   F    |                                                            |
   R    6 +0                                                         +
   E    |0                                                           |
   Q    |0                                                           |
   U    |0                                                           |
   E    4 +0                                                         +
   N    |0                                                           |
   C    |0 0                                                       1 1
   Y    |0 0                                                       1 1
      2 +0 0                          1                     1  1 1+
        |0 0                          1                     1  1 1 1
        |000  0          0 1 01 0       10  0 11  0  0 1 0  1  01  11  1 11111
        |000  0          0 1 01 0       10  0 11  0  0 1 0  1  01  11  1 11111
Predicted ---------+---------+---------+---------+---------+---------+---------+---------+---------+----------
  Prob:  0    .1    .2    .3    .4    .5    .6    .7    .8    .9    1
  Group: 00000000000000000000000000000000000000000000000001111111111111111111111111111111111111111111111111

        Predicted Probability is of Membership for 1
        The Cut Value is .50
        Symbols: 0 - 0
                 1 - 1
        Each Symbol Represents .5 Cases.
```

(7) 확률의 산출과 판정

각 제품에 이물질이 혼입해 있을 확률과 판별결과(예측 그룹)는 다음과 같이
얻을 수 있다.

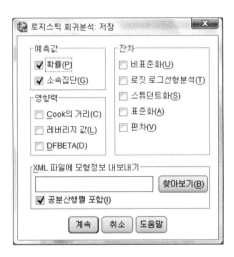

[로지스틱 회귀모형] 대화상자에서 [저장]을 클릭하여 [저장] 대화상자가 나타나면, [예측값]으로 [확률], [소속집단]에 체크한다. [계속]을 클릭한 다음에 [확인]을 클릭하면 데이터 시트에 다음과 같이 확률과 예측 그룹이 산출된다.

	X1	X2	X3	X4	Y	PRE_1	PGR_1	변수	변수	변수	변수
1	34	114	40	61	0	.02630	0				
2	30	110	41	60	0	.63640	1				
3	26	114	43	62	0	.49518	0				
4	33	111	42	58	0	.45573	0				
5	32	113	40	59	0	.06868	0				
6	33	116	42	56	0	.02359	0				
7	36	116	41	54	0	.00630	0				
8	33	119	39	60	0	.00052	0				
9	39	107	39	55	0	.33369	0				
10	32	112	44	62	0	.69061	1				
11	32	110	39	59	0	.23513	0				
12	31	119	38	56	0	.00034	0				
13	34	110	40	59	0	.28182	0				
14	34	118	43	61	0	.01169	0				
15	26	112	43	62	0	.79629	1				
16	30	116	39	58	0	.00690	0				
17	33	113	39	56	0	.02691	0				
18	31	116	37	57	0	.00149	0				
19	31	113	44	63	0	.58839	1				
20	32	115	36	66	0	.00190	0				
21	31	108	41	66	1	.88167	1				
22	25	111	45	61	1	.97079	1				

확률이

0.5보다 크다면, 1 그룹(이물질 혼입 있음)

0.5보다 작다면, 0 그룹(이물질 혼입 없음)

으로 판정한다.

판정결과 번호 2, 10, 15, 19, 25, 28, 32번 등은 오판별로 밝혀졌다.

(8) 확률의 활용

앞의 확률은

$$\text{logit}(\Pr(y)) = 53.463 - 0.201x_1 - 0.691x_2 + 0.646x_3 + 0.045x_4$$

로부터

$$\Pr(y) = 1/(1 + \mathrm{Exp}(-53.463 + 0.201x_1 + 0.691x_2 - 0.646x_3 - 0.045x_4))$$

로 계산되고 있다. 이 사실을 이용해서 x_2, x_3, x_4를 각 변수의 평균치로 고정했을 때, x_1이 변화했을 때의 확률의 변화를 조사해 본다. 그래서 다음의 계산을 실시한다.

기술통계량

	N	최소값	최대값	평균	표준편차
X1	40	24	39	31.10	3.103
X2	40	106	119	112.00	3.419
X3	40	36	48	42.05	3.080
X4	40	53	66	59.83	3.088
유효수 (목록별)	40				

$$\Pr(y) = 1/(1 + \mathrm{Exp}(-53.463 + 0.201x_1 + 0.691 \times 112 - 0.646 \times 42.05 \\ - 0.045 \times 59.83))$$

이를 위해서는 SPSS의 계산기능을 이용한다. 메뉴에서 [변환]-[변수 계산]을 선택한다. 계산결과는 px1으로 해서 [대상변수]에 투입하고, [숫자표현식]에 위의 계산식을 입력한다.

[확인]을 클릭하면 x_1이 변화했을 때의 확률의 값을 px1이라고 하는 변수로서 얻을 수 있다. 같은 계산을 설명변수마다 반복함으로써 px2, px3, px4를 얻을 수 있다.

x_2가 변화했을 때의 확률의 값(x_1, x_3, x_4를 고정)을 px2,

x_3가 변화했을 때의 확률의 값(x_1, x_2, x_4를 고정)을 px3,

x_4가 변화했을 때의 확률의 값(x_1, x_2, x_4를 고정)을 px4

라고 하는 변수로서 얻을 수 있다.

px1, px2, px3, px4의 각각을 사용해서 x_1, x_2, x_3, x_4의 설명변수마다 확률의 평균치를 계산할 수 있다. 이 수치가 어떻게 변화하는지를 봄으로써 설명변수의 변화에 따르는 확률의 변화를 파악할 수 있다.

SPSS에서는 메뉴에서 [분석]-[평균 비교]-[집단별 평균분석]을 선택한다. x_1에 대해서 검토한다면, [종속변수]에 'px1', [독립변수]에 'x_1'을 투입한다.

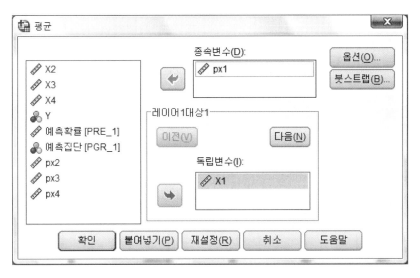

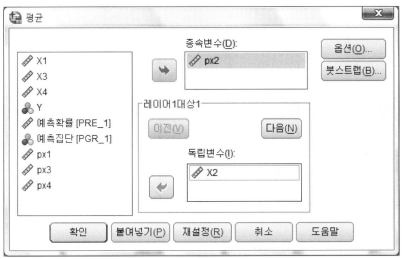

모든 변수에 대해서 이 조작을 반복함으로써 다음과 같은 결과를 얻을 수 있다.

보고서

px1

X1	평균	N
24	.7509	2
25	.7115	1
26	.6686	2
28	.5744	1
29	.5246	3
30	.4744	3
31	.4247	10
32	.3765	5
33	.3306	5
34	.2877	6
36	.2128	1
39	.1288	1
합계	.4243	40

보고서

px2

X2	평균	N
106	.9786	2
107	.9582	2
108	.9199	3
109	.8519	2
110	.7424	6
111	.5909	4
112	.4198	3
113	.2661	4
114	.1538	5
115	.0834	2
116	.0436	4
118	.0113	1
119	.0057	2
합계	.4653	40

보고서

px3

X3	평균	N
36	.0143	1
37	.0270	1
38	.0502	2
39	.0916	5
40	.1614	5
41	.2686	6
42	.4120	2
43	.5721	6
44	.7183	3
45	.8295	2
46	.9028	3
47	.9466	2
48	.9713	2
합계	.4408	40

보고서

px4

X4	평균	N
53	.3473	1
54	.3576	1
55	.3680	1
56	.3785	4
57	.3892	1
58	.3999	5
59	.4108	4
60	.4217	6
61	.4327	7
62	.4438	3
63	.4549	2
64	.4661	2
65	.4773	1
66	.4886	2
합계	.4201	40

데이터 시트에는 px1, px2, px3, px4의 확률 값이 새로운 변수로서 생성되어 있다.

	X3	X4	Y	PRE_1	PGR_1	px1	px2	px3	px4	변수
1	40	61	0	.02630	0	29	.15	.16	43	
2	41	60	0	.63640	1	47	.74	27	42	
3	43	62	0	.49518	0	67	.15	.57	44	
4	42	58	0	.45573	0	33	.59	.41	40	
5	40	59	0	.06868	0	38	.27	.16	41	
6	42	56	0	.02359	0	33	.04	.41	38	
7	41	54	0	.00630	0	21	.04	27	36	
8	39	60	0	.00052	0	33	.01	.09	42	
9	39	55	0	.33369	0	13	.96	.09	37	
10	44	62	0	.69061	1	38	.42	.72	44	
11	39	59	0	.23513	0	38	.74	.09	41	
12	38	56	0	.00034	0	42	.01	.05	38	
13	40	59	0	.28182	0	29	.74	.16	41	
14	43	61	0	.01169	0	29	.01	.57	43	
15	43	62	0	.79629	1	67	.42	.57	44	
16	39	58	0	.00690	0	47	.04	.09	40	
17	39	56	0	.02691	0	33	27	.09	38	
18	37	57	0	.00149	0	42	.04	.03	39	
19	44	63	0	.58839	1	42	27	72	45	
20	36	66	0	.00190	0	38	.08	.01	49	
21	41	66	1	.88167	1	42	.92	27	49	
22	45	61	1	.97079	1	71	.59	.83	43	

위의 분석결과로부터

x_1이 24에서 39로 변했을 때, 확률은 0.7509에서 0.1288로,

x_2이 106에서 119로 변했을 때, 확률은 0.9786에서 0.0057로,

x_3이 36에서 48로 변했을 때, 확률은 0.0143에서 0.9713으로,

x_4이 53에서 66으로 변했을 때, 확률은 0.3473에서 0.4886으로

변화하는 것을 알 수 있다.

x_1에 대해서 범위 = 0.7509 − 0.1288 = 0.6221

x_2에 대해서 범위 = 0.9786 − 0.0057 = 0.9729

x_3에 대해서 범위 = 0.9713 − 0.0143 = 0.9570

x_4에 대해서 범위 = 0.4886 − 0.3473 = 0.1413

이 된다.

이상의 결과로부터 x_2와 x_3가 이물질 혼입의 확률에 큰 영향을 미치고 있다고 하는 사실을 알 수 있다. 또한 어느 정도의 확률의 변화를 가져오는지를 확인할 수 있다.

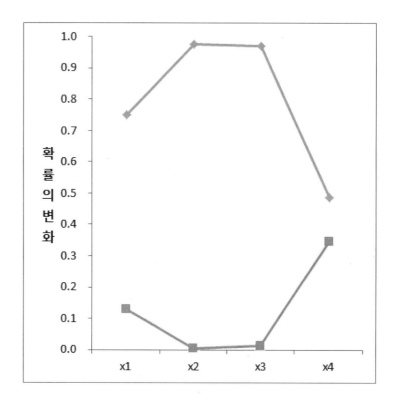

3. 단변량의 로지스틱 회귀분석

본 예제는 설명변수가 4개 있고, 이것들 모두를 이용한 로지스틱 회귀분석의 결과를 살펴보았는데, 1변수씩 문제 삼은 로지스틱 회귀분석도 실시하면 새로운 견해를 얻는 경우도 있다. 그래서 설명변수로서 1변수를 이용해서 로지스틱 회귀분석을 실시한 결과를 보이면 다음과 같다.

 x_1을 설명변수로 하는 로지스틱 회귀분석

(1) 회귀식

방정식에 포함된 변수

		B	S.E,	Wals	자유도	유의확들	Exp(B)
1 단계[a]	X1	-.247	.129	3.687	1	.055	.781
	상수항	7.698	4.036	3.639	1	.056	2204.473

a. 변수가 1: 단계에 진입했습니다 X1. X1.

(2) 대수우도와 기여율

모형 요약

단계	-2 Log 우도	Cox와 Snell의 R-제곱	Nagelkerke R-제곱
1	50.875[a]	.108	.144

a. 모수 추정값이 .001보다 작게 변경되어
계산반복수 4에서 추정을 종료하였습니다.

(3) 적중률

분류표[a]

		예측		
		Y		
감시됨		0	1	분류정확 %
1 단계 Y 0		13	7	65.0
1		5	15	75.0
전체 퍼센트				70.0

a. 절단값은 .500입니다.

x_2를 설명변수로 하는 로지스틱 회귀분석

(1) 회귀식

방정식에 포함된 변수

	B	S.E,	Wals	자유도	유의확률	Exp(B)
1 단계[a] X2	-.382	.135	8.008	1	.005	.683
상수항	42.728	15.095	8.012	1	.005	3.601E+18

a. 변수가 1: 단계에 진입했습니다 X2. X2.

(2) 대수우도와 기여율

모형 요약

단계	-2 Log 우도	Cox와 Snell의 R-제곱	Nagelkerke R-제곱
1	44.056[a]	.248	.331

a. 모수 추정값이 .001보다 작게 변경되어
계산반복수 5에서 추정을 종료하였습니다.

(3) 적중률

분류표ª

			예측		
			Y		
감시됨			0	1	분류정확 %
1 단계	Y	0	15	5	75.0
		1	6	14	70.0
	전체 퍼센트				72.5

a. 절단값은 .500입니다.

 x_3를 설명변수로 하는 로지스틱 회귀분석

(1) 회귀식

방정식에 포함된 변수

		B	S.E.	Wals	자유도	유의확률	Exp(B)
1 단계ª	X3	.451	.154	8.540	1	.003	1.570
	상수항	-18.922	6.467	8.562	1	.003	.000

a. 변수가 1: 단계에 진입했습니다 X3. X3.

(2) 대수우도와 기여율

모형 요약

단계	-2 Log 우도	Cox와 Snell의 R-제곱	Nagelkerke R-제곱
1	42.916ª	.269	.359

a. 모수 추정값이 .001보다 작게 변경되어
계산반복수 5에서 추정을 종료하였습니다.

(3) 적중률

분류표ª

			예측		
			Y		
감시됨			0	1	분류정확 %
1 단계	Y	0	13	7	65.0
		1	7	13	65.0
	전체 퍼센트				65.0

a. 절단값은 .500입니다.

x_4를 설명변수로 하는 로지스틱 회귀분석

(1) 회귀식

방정식에 포함된 변수

		B	S.E,	Wals	자유도	유의확률	Exp(B)
1 단계[a]	X4	.140	.110	1.617	1	.204	1.150
	상수항	-8.369	6.590	1.613	1	.204	.000

a. 변수가 1: 단계에 진입했습니다 X4. X4.

(2) 대수우도와 기여율

모형 요약

단계	-2 Log 우도	Cox와 Snell의 R-제곱	Nagelkerke R-제곱
1	53.738[a]	.042	.056

a. 모수 추정값이 .001보다 작게 변경되어
계산반복수 4에서 추정을 종료하였습니다.

(3) 적중률

분류표[a]

			예측		
			Y		
감시됨		0	1	분류정확 %
1 단계	Y 0	11	9	55.0
	1	6	14	70.0
전체 퍼센트				62.5

a. 절단값은 .500입니다.

이상의 결과를 모든 변수를 이용한 다변량분석의 결과와 합쳐서 다음과 같은 일람표로 정리했다.

단변량분석의 결과

	편회귀계수	p값	Nagelkerke R^2	적중률
x_1	-0.247	0.055	0.144	70.0
x_2	-0.382	0.005	0.331	72.5
x_3	0.451	0.003	0.359	65.0
x_4	0.140	0.204	0.056	62.5

다변량분석의 결과

	편회귀계수	p값	Nagelkerke R^2	적중률
x_1	-0.201	0.311	0.667	82.5
x_2	-0.691	0.023		
x_3	0.646	0.018		
x_4	0.045	0.820		

Chapter 7

로지스틱 회귀분석의 응용

예제 **7-1**

다음의 〈표 7-1〉은 예제 6-3의 데이터에 설명변수 c_5를 추가한 것이다. 이 데이터에 로지스틱 회귀분석을 적용해 보기로 한다. c_5는 제품에 쓰이고 있는 재료의 종류로 A와 B의 두 종류이다. 이와 같이 수치로 표현할 수 없는 데이터로 구성되는 변수를 범주형 변수(혹은 질적 변수)라고 부르고 있다.

범주형 변수를 설명변수로 이용할 때에는, 다음과 같이 수치화해서 처리를 한다.

A일 때 1

B일 때 0

이와 같이 1과 0만으로 작성한 변수를 더미 변수라고 한다. 지표변수 혹은 지시변수라고 부르는 경우도 있다. c_5를 더미 변수로 한 것이 x_5이다.

A일 때 0

B일 때 1

로 해도 좋고, 어느 쪽을 0으로 할 것인지는 임으로 정하면 된다. 0으로 한 범주가 기준이 되고, 결과를 해석할 때에는 '1로 한 범주'는 '0으로 한 범주에 비해서' 어떤가 라고 하는 입장에서 생각한다.

SPSS의 로지스틱 회귀분석에서는 더미 변수를 스스로 작성할 필요는 없고, c_5의 형식으로 입력해서, 범주형 변수라는 것을 대화상자에서 지정하면 자동적으로 내부에서 더미 변수를 작성하여 처리하도록 되어 있다.

A일 때   1

B일 때 –1

로 하는 방법도 있다. 이때에는 범주 전체의 평균을 기준으로 해서 결과를 해석하게 된다. 1과 0에 의한 방법을 Partial법, 1과 –1에 의한 방법을 Deviation법이라고 부른다.

[표 7-1] **데이터표**

번호	x_1	x_2	x_3	x_4	c_5	x_5	y	번호	x_1	x_2	x_3	x_4	c_5	x_5	y
1	34	114	40	61	A	1	0	21	31	108	41	66	B	0	1
2	30	110	41	60	A	1	0	22	25	111	45	61	A	1	1
3	26	114	43	62	A	1	0	23	32	110	41	59	A	1	1
4	33	111	42	58	A	1	0	24	33	110	47	61	B	0	1
5	32	113	40	59	B	0	0	25	31	114	43	61	A	1	1
6	33	116	42	56	A	1	0	26	34	108	40	64	A	1	1
7	36	116	41	54	B	0	0	27	24	109	40	64	B	0	1
8	33	119	39	60	A	1	0	28	31	109	38	61	B	0	1
9	39	107	39	55	A	1	0	29	29	114	46	56	B	0	1
10	32	112	44	62	A	1	0	30	28	106	43	60	B	0	1
11	32	110	39	59	A	1	0	31	29	111	46	58	B	0	1
12	31	119	38	56	A	1	0	32	30	111	41	58	B	0	1
13	34	110	40	59	A	1	0	33	31	114	45	60	B	0	1
14	34	118	43	61	B	0	0	34	31	112	47	53	B	0	1
15	26	112	43	62	A	1	0	35	34	106	41	61	B	0	1
16	30	116	39	58	A	1	0	36	31	115	48	60	A	1	1
17	33	113	39	56	A	1	0	37	34	108	48	60	B	0	1
18	31	116	37	57	A	1	0	38	24	110	46	58	B	0	1
19	31	113	44	63	B	0	0	39	29	113	43	63	B	0	1
20	32	115	36	66	B	0	0	40	31	107	44	65	B	0	1

〈표 7-1〉의 데이터에 로지스틱 회귀분석을 적용하면 다음과 같은 결과가 얻어진다.

종속변수 코딩

원래 값	내부 값
0	0
1	1

A일 때는 1, B일 때는 0라고 하는 더미 변수를 도입하고 있다.

(1) 회귀식

방정식에 포함된 변수

		B	S.E,	Wals	자유도	유의확률	Exp(B)
1 단계[a]	X1	-.131	.214	.375	1	.540	.877
	X2	-.798	.378	4.447	1	.035	.450
	X3	.725	.334	4.710	1	.030	2.065
	X4	.055	.249	.049	1	.826	1.056
	X5	-2.452	1.229	3.983	1	.046	.086
	상수항	60.724	41.571	2.134	1	.144	2.355E+26

a. 변수가 1: 단계에 진입했습니다 X1, X2, X3, X4, X5. X1, X2, X3, X4, X5.

회귀식은

$$\text{logit}(\Pr(y)) = 60.724 - 0.131x_1 - 0.798x_2 + 0.725x_3 + 0.055x_4 - 2.452x_5$$

로 구해지고 있다. $\Pr(y)$는 $y = 1$일 확률을 나타낸다.

x_5는 A일 때는 $x_5 = 1$, B일 때는 $x_5 = 0$가 되는 것을 의미하고 있다. x_5의 계수는 마이너스이므로, A는 B에 비해서 $\text{logit}(\Pr(y))$의 값이 2.452 작게 된다. 즉, 이물질 혼입의 확률은 0.92(=1/(1+EXP(-2.452))) 작아진다는 것을 의미하고 있다. 예제 6-3과 마찬가지로 x_3와 x_4의 계수는 플러스이기 때문에 x_3와 x_4의 수치가 늘어나면 이물질 혼입의 확률은 커진다는 것을 알 수 있다.

(2) 회귀식의 유의성

모형 계수 전체 테스트

		카이제곱	자유도	유의확률
1 단계	단계	32.856	5	.000
	블록	32.856	5	.000
	모형	32.856	5	.000

이 식의 p값은 [모형]의 [유의확률]의 수치로부터 0.000으로 되어 있다. 통상 일컬어지는 유의수준 0.05 이하이므로, 이 회귀식에는 의미가 있다고 판단된다.

(3) 대수우도와 기여율

Cox와 Snell의 기여율과 Nagelkerke의 기여율로부터 이 회귀모형의 기여율은 0.560~0.747로 생각된다.

모형 요약

단계	-2 Log 우도	Cox와 Snell의 R-제곱	Nagelkerke R-제곱
1	22.596[a]	.560	.747

a. 모수 추정값이 .001보다 작게 변경되어
계산반복수 8에서 추정을 종료하였습니다.

(4) 회귀계수의 유의성

방정식에 포함된 변수

		B	S.E,	Wals	자유도	유의확률	Exp(B)
1 단계[a]	X1	-.131	.214	.375	1	.540	.877
	X2	-.798	.378	4.447	1	.035	.450
	X3	.725	.334	4.710	1	.030	2.065
	X4	.055	.249	.049	1	.826	1.056
	X5	-2.452	1.229	3.983	1	.046	.086
	상수항	60.724	41.571	2.134	1	.144	2.355E+26

a. 변수가 1: 단계에 진입했습니다 X1, X2, X3, X4, X5. X1, X2, X3, X4, X5.

설명변수마다의 p값은 다음과 같이 되어 있다.

$$x_1 의 \ p값 = 0.540 > 0.05$$
$$x_2 의 \ p값 = 0.035 < 0.05$$
$$x_3 의 \ p값 = 0.030 < 0.05$$
$$x_4 의 \ p값 = 0.826 > 0.05$$
$$x_5 의 \ p값 = 0.046 < 0.05$$

유의수준을 0.05로 한다면, x_2, x_3, x_5가 유의하고, x_1과 x_4는 유의하지 않다고 하는 결론이 얻어진다.

(5) 적중률

이물질 혼입 없음이 85%, 이물질 혼입 있음이 90%, 전체의 87.5%를 적중시키고 있는 것을 알 수 있다.

분류표[a]

			예측		
			Y		
감시됨			0	1	분류정확 %
1 단계	Y	0	17	3	85.0
		1	2	18	90.0
전체 퍼센트					87.5

a. 절단값은 .500입니다.

(6) 분류도표

```
          Step number: 1

          Observed Groups and Predicted Probabilities


      8 +0                                                        +
       |0                                                        |
       |0                                                        ||
  F    |0                                                        ||
  R   6 +0                                                       1+
  E    |0                                                        ||
  Q    |0                                                        ||
  U    |0                                                        ||
  E   4 +0                                                       1+
  N    |0                                                        ||
  C    |0                                                        ||
  Y    |0                                                        ||
      2 +0                                                   1   1+
       |0                                                   1   ||
       |0 00   10   0 0 0    00   1    0      0 0 1    11    1  1 1 1 0   1  1 1111
       |0 00   10   0 0 0    00   1    0      0 0 1    11    1  1 1 1 0   1  1 1111
Predicted ---------+---------+---------+---------+---------+---------+---------+---------+---------+---------
  Prob:  0     .1       .2       .3       .4       .5       .6       .7       .8       .9        1
  Group: 00000000000000000000000000000000000000000000000000011111111111111111111111111111111111111111111111

          Predicted Probability is of Membership for 1
          The Cut Value is .50
          Symbols: 0 - 0
                   1 - 1
          Each Symbol Represents .5 Cases.
```

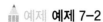

🏛 예제 **예제 7-2**

　　다음의 데이터에 있어서 y를 목적변수, c를 설명변수로 하는 로지스틱 회귀분석을 실행하기로 한다. 설명변수 c는 범주형 변수로 A1, A2, A3의 세 개의 범주로 구성되어 있다.

┃표 7-2┃ **데이터표**

번호	c	y
1	A1	1
2	A1	1
3	A1	1
4	A1	1
5	A1	1
6	A1	1
7	A1	1
8	A1	1
9	A1	1
10	A1	0
11	A2	1
12	A2	1
13	A2	0
14	A2	0
15	A2	0
16	A2	0
17	A2	0
18	A2	0
19	A2	0
20	A2	0
21	A3	1
22	A3	1
23	A3	1
24	A3	1
25	A3	0
26	A3	0
27	A3	0
28	A3	0
29	A3	0
30	A3	0

　　단순히 범주마다 $y = 1$로 되어 있는 비율을 조사해서, 꺾은선 그래프로 하면 다음과 같이 된다.

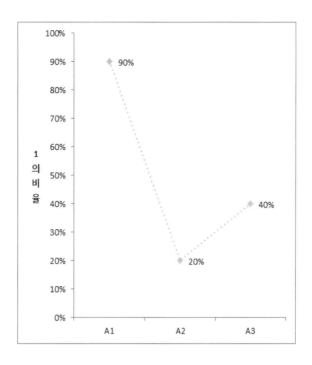

그런데 범주의 수가 3일 때에는 다음과 같이 두 개의 더미 변수를 도입한다.

	x_1	x_2
A1일 때	1	0
A2일 때	0	1
A3일 때	0	0

기준으로 할 범주를 임의로 하나 정하여(이 경우에는 A3) 그 범주에 해당하는 더미 변수를 (0, 0)으로 하고, 그 밖의 범주를 각각 (1, 0), (0, 1)로 하면 된다. 일반적으로는 k개의 범주가 있을 때 $(k-1)$개의 더미 변수를 도입해서 수치화하게 된다.

SPSS에서는 이와 같은 더미 변수의 도입은 내부에서 자동적으로 실행해 준다. 기준으로 할 범주를 어느 것으로 할 것인지는 임의인데, SPSS에서는 마지막 범주를 기준으로 하도록 되어 있다. 단, 처음의 범주가 기준이 되도록 변경하는 것도 가능하다. 범주 수가 3 이상일 때에는 어디를 기준으로 하는가로 개개의 범주에 대한 p 값이 달라지므로, 해석에 주의를 필요로 한다.

다음에 로지스틱 회귀분석의 결과를 살펴보도록 하자.

(1) A3를 기준으로 했을 때

위의 데이터에 로지스틱 회귀분석을 적용하면 분석결과는 다음과 같다.

범주형 변수 코딩

		빈도	파라미터 코딩	
			(1)	(2)
C	A1	10	1.000	.000
	A2	10	.000	1.000
	A3	10	.000	.000

방정식에 포함된 변수

		B	S.E.	Wald	자유도	유의확률	Exp(B)
1 단계[a]	C			7.514	2	.023	
	C(1)	2.603	1.236	4.434	1	.035	13.500
	C(2)	-.981	1.021	.924	1	.337	.375
	상수항	-.405	.645	.395	1	.530	.667

a. 변수가 1: 단계에 진입했습니다 C. C.

범주 변수 c 전체의 p값은 0.023으로 유의하다. 한편, 개개의 범주에 대해서는 $c(1)$은 유의하고 $c(2)$는 유의하지 않다. $c(1)$은 A1과 A3의 차이, $c(2)$는 A2와 A3의 차이를 의미하고 있다.

(2) A1를 기준으로 했을 때

	C	Y	X1	X2	변수	변수	변수	변수	변수	변수	변수	변
1	A1	1	.00	.00								
2	A1	1	.00	.00								
3	A1	1	.00	.00								
4	A1	1	.00	.00								
5	A1	1	.00	.00								
6	A1	1	.00	.00								
7	A1	1	.00	.00								
8	A1	1	.00	.00								
9	A1	1	.00	.00								
10	A1	0	.00	.00								
11	A2	1	1.00	.00								
12	A2	1	1.00	.00								
13	A2	0	1.00	.00								
14	A2	0	1.00	.00								
15	A2	0	1.00	.00								
16	A2	0	1.00	.00								
17	A2	0	1.00	.00								
18	A2	0	1.00	.00								
19	A2	0	1.00	.00								
20	A2	0	1.00	.00								
21	A3	1	.00	1.00								
22	A3	1	.00	1.00								

위의 데이터에 로지스틱 회귀분석을 적용하면 분석결과는 다음과 같다.

범주형 변수 코딩

		빈도	파라미터 코딩	
			(1)	(2)
C	A1	10	.000	.000
	A2	10	1.000	.000
	A3	10	.000	1.000

방정식에 포함된 변수

		B	S.E.	Wald	자유도	유의확률	Exp(B)
1 단계[a]	C			7.514	2	.023	
	C(1)	-3.584	1.318	7.397	1	.007	.028
	C(2)	-2.603	1.236	4.434	1	.035	.074
	상수항	2.197	1.054	4.345	1	.037	9.000

a. 변수가 1: 단계에 진입했습니다 C. C.

범주 변수 c 전체의 p값은 0.023으로 A3를 기준으로 했을 때와 변함이 없다. 개개 범주인 $c(1)$과 $c(2)$는 어느 쪽도 유의하다. $c(1)$은 A1과 A2의 차이, $c(2)$는 A1와 A3의 차이를 의미하고 있다.

7.2 오즈비

 예제 **7-3**

다음의 데이터는 제품의 균열에 대해서 제조법과의 관계를 조사한 것이다. 제조법은 A법과 B법의 두 가지 방법이 있다.

표 7-3 **데이터표**

번호	제조법	균열
1	A	있음
2	A	있음
3	A	없음
4	A	없음
5	A	있음
6	A	있음
7	A	있음
8	A	있음
9	A	없음
10	A	없음
11	B	있음
12	B	있음
13	B	없음
14	B	없음
15	B	없음
16	B	없음
17	B	없음
18	B	없음
19	B	없음
20	B	없음

먼저 크로스 집계표를 작성해 보자.

예제 7-3의 데이터를 다음과 같이 입력한다.

	제조법	균열	변수	변수	변수	변수	변수	변수	변수	변수	변수
1	A	1.00									
2	A	1.00									
3	A	2.00									
4	A	2.00									
5	A	1.00									
6	A	1.00									
7	A	1.00									
8	A	1.00									
9	A	2.00									
10	A	2.00									
11	B	1.00									
12	B	1.00									
13	B	2.00									
14	B	2.00									
15	B	2.00									
16	B	2.00									
17	B	2.00									
18	B	2.00									
19	B	2.00									
20	B	2.00									
21											
22											

여기에서 변수값 설명을 다음과 같이 해 두어야 한다.

(주) 있음을 1, 없음을 0으로 하면 뒤에서 오즈비 계산의 결과 역수가 출력된다.

메뉴에서 [분석]-[기술통계량]-[교차분석]을 선택해서 실행한다.

제조법 * 균열 교차표

빈도

		균열		전체
		있음	없음	
제조법	A	6	4	10
	B	2	8	10
전체		8	12	20

제조법에 따라서 균열의 비율이 어느 정도 다른지를 보기 위해서, 비율(%)로 고친 것이 다음의 집계표이다.

제조법 * 균열 교차표

제조법 중 %

		균열		전체
		있음	없음	
제조법	A	60.0%	40.0%	100.0%
	B	20.0%	80.0%	100.0%
전체		40.0%	60.0%	100.0%

비율을 출력하기 위해서는 [셀]을 클릭하여 다음과 같이 [행]을 선택한 다음에 집계를 실행하면 된다.

여기에서 A와 B의 비율의 차이를 어떻게 파악할 것인지를 생각해 보자.

비율의 차이

비율의 차이를 나타내는 수치로서는 '비율의 차', '비율의 비', '오즈비'의 세 가지가 있다. 의료통계학 분야에서는 비율의 차는 리스크 차, 비율의 비는 리스크 비라고 불리고 있다. 예제 7-3에 대해서 세 가지 수치를 계산해 보기로 한다.

(1) 비율의 차(리스크 차)

균열 있음에 주목했을 때, A의 있음 비율 = 0.6, B의 있음 비율 = 0.2로

$$(A와 B의 있음 비율의 차) = (A의 있음 비율) - (B의 있음 비율)$$
$$= 0.6 - 0.2 = 0.4$$

가 된다.

균열 없음에 주목했을 때, A의 없음 비율 = 0.4, B의 없음 비율 = 0.8로

$$(A와 B의 없음 비율의 차) = (A의 없음 비율) - (B의 없음 비율)$$
$$= 0.4 - 0.8 = -0.4$$

가 된다. 있음 비율에 주목하거나 없음 비율에 주목하거나 부호가 다를 뿐 본질적인 차는 같다. 차이가 전혀 없을 때에 차는 0이 된다.

(2) 비율의 비(리스크 비)

$$(A와 B의 있음 비율의 비) = (A의 있음 비율) / (B의 있음 비율)$$
$$= 0.6 / 0.2 = 3$$
$$(A와 B의 없음 비율의 비) = (A의 없음 비율) / (B의 없음 비율)$$
$$= 0.4 / 0.8 = 0.5$$

이때, 3과 0.5는 역수의 관계는 안 된다. 이 때문에 균열 있음과 없음의 어느 쪽의 비율에 주목하느냐로, 결과의 해석이 다르다는 데에 주목할 필요가 있다. 차이가 전혀 없을 때, 비는 1이 된다.

(3) 오즈비

$$(A의 오즈) = (A의 있음 비율) / (A의 없음 비율) = 0.6 / 0.4 = 1.5$$
$$(B의 오즈) = (B의 있음 비율) / (B의 없음 비율) = 0.2 / 0.8 = 0.25$$
$$오즈비 = 1.5 / 0.25 = 6$$

그런데 비율의 비와 오즈비(odds ratio)는 SPSS에서는 크로스 집계의 기능을 활용해서 다음과 같이 구해진다. 승산비라고도 한다.

메뉴에서 [분석]-[기술통계량]-[교차분석]을 선택하고, [통계량] 중의 [위험도]에 체크해서 실행하면 결과를 얻을 수 있다. 이때, 크로스 집계표의 행으로 할 변수와 열로 할 변수에 주의할 필요가 있다. 비율의 비를 구할 때에는 원인이 되는 변수를 행, 결과가 될 변수를 열로 할 필요가 있다.

[통계량] 대화상자에서 [위험도]에 체크한다.

[계속]을 클릭한 다음, [확인]을 클릭하면 분석결과를 얻는다.

위험도 추정값

	값	95% 신뢰구간	
		하한	상한
제조법 (A / B)에 대한 승산비	6.000	.812	44.351
코호트 균열 = 있음	3.000	.786	11.445
코호트 균열 = 없음	.500	.220	1.135
유효 케이스 수	20		

 오즈비와 비율의 비

비율의 값이 작을 때(약 10% 이하일 때)는 비율의 비와 오즈비는 가까운 값이 된다. 이것을 다음의 수치예로 나타낸다.

제조법 * 균열 교차표

빈도

		균열		전체
		있음	없음	
제조법	A	18	282	300
	B	10	490	500
전체		28	772	800

제조법 * 균열 교차표

제조법 중 %

		균열		전체
		있음	없음	
제조법	A	6.0%	94.0%	100.0%
	B	2.0%	98.0%	100.0%
전체		3.5%	96.5%	100.0%

위험도 추정값

	값	95% 신뢰구간	
		하한	상한
제조법 (A / B)에 대한 승산비	3.128	1.424	6.869
코호트 균열 = 있음	3.000	1.403	6.413
코호트 균열 = 없음	.959	.930	.990
유효 케이스 수	800		

오즈비(승산비)는 3.128, 비율의 비(리스크 비)는 3.000이 되어 있다. 이 사실은 비율이 낮을 때에는 오즈비를 비율의 비의 근사치로서 이용할 수 있다는 것을 나타내고 있다.

 ## 오즈비와 데이터의 취급방법

비율의 차이를 검토하기 위해서 크로스 집계표를 음미할 때에는, 데이터의 취급방법에도 주의할 필요가 있다. 예제 7-3을 기초로 생각해 보자. 크로스 집계표를 일반화해서 다음과 같이 나타내기로 한다.

		균열		합계
		있음	없음	
제조법	A	①	②	n_A
	B	③	④	n_B
	합계	n_1	n_2	N

$$n_A = ① + ② \qquad n_B = ③ + ④$$
$$n_1 = ① + ③ \qquad n_2 = ② + ④$$
$$N = ① + ② + ③ + ④$$

(1) 전향성 연구(prospective study)

인과관계를 검증할 때의 가장 자연스러운 데이터의 취급방법으로, A법으로 10개, B법으로 10개, 각각의 방법으로 제조해서 각 제조법으로 몇 개씩의 비율이 발생했는지를 조사한다고 하는 데이터 취급방법이다. 이것은 n_A와 n_B가 집계 전부터 정해져 있게 된다. A에 의한 균열의 비율(①/n_A)과 B에 의한 균열의 비율(③/n_B)을 계산하는 데 의미가 있고, 비율의 차, 비율의 비, 오즈비의 계산이 가능하다.

(2) 후향성 연구(retrospective study)

균열의 발생을 확인하는 데 장기간을 요하는 경우나 실험이라고는 해도 균열의 발생을 적극적으로 피하고 싶다고 하는 경우에는, 과거에 균열이 발생한 제품과 발생하지 않은 제품을 비교한다고 하는 데이터 취급방법을 생각할 수 있다. 균열이 발생한 제품을 8개, 발생하지 않은 제품을 12개 모아 와서 A법과 B법 중 어느 쪽 제조법으로 만들어졌는지를 조사했다고 하는 경우이다. 이것은 n_1과 n_2가 집계 전부터 정해져 있게 된다. 주목하고 있는 현상을 가지고 있는 대상을 실험군, 가지고 있지 않은 대상을 대조군이라고 부르고 있으므로, 이와 같은 연구는 실험군 · 대조군 연구라고도 불리고 있다. 이 예에서는 균열의 발생이 있었던 제품이 실험군, 균열이 없었던 제품이 대조군에 상당한다. 그런데 이와 같은 경우에는 A에 의한 균열의 비율(① /n_A)과 B에 의한 균열의 비율(③ /n_B)을 계산하는 데에는 의미가 없고, 비율의 차와 비율의 비의 음미는 불가능하게 된다.

한편, 오즈비는 이와 같은 때에도 계산가능하게 되어 비율의 비에 대한 추정에도 이용할 수 있다고 하는 이점이 있다.

 ## 오즈비와 로지스틱 회귀분석

로지스틱 회귀분석을 적용하면 오즈비를 구할 수 있다. 이 사실이 로지스틱 회귀분석을 좋아하는 이유 중 하나이다. 예제 7-3에 로지스틱 회귀분석을 적용해 보기로 한다. 그리고 앞에서 구한 결과와 대비하기 위하여, 목적변수로서 y = 1일 때 균열 있음, y = 0일 때 균열 없음으로 해서 분석하기로 한다.

메뉴에서 [분석]-[회귀분석]-[이분형 로지스틱]을 선택한다.

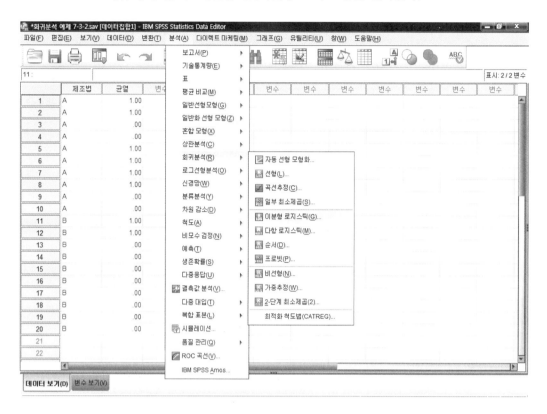

다음과 같이 변수를 설정한 다음에 [확인]을 클릭하면 분석결과가 출력된다.

종속변수 코딩

원래 값	내부 값
없음	0
있음	1

범주형 변수 코딩

		빈도	파라미터 코딩 (1)
제조법	A	10	1.000
	B	10	.000

모형 요약

단계	-2 Log 우도	Cox와 Snell의 R-제곱	Nagelkerke R-제곱
1	23.468[a]	.159	.214

a. 모수 추정값이 .001보다 작게 변경되어
계산반복수 4에서 추정을 종료하였습니다.

방정식에 포함된 변수

		B	S.E,	Wald	자유도	유의확률	Exp(B)
1 단계[a]	제조법(1)	1.792	1.021	3.082	1	.079	6.000
	상수항	-1.386	.791	3.075	1	.080	.250

a. 변수가 1: 단계에 진입했습니다 제조법. 제조법.

Exp(B)의 수치는 오즈비(승산비)이다. 여기에서는 A법을 1, B법을 0로 수치화하고 있으므로, A법은 B법에 비해서 균열의 오즈비가 6배가 된다고 하는 것을 의미하고 있다. 로지스틱 회귀분석에 있어서의 편회귀계수의 값을 B로 하면 Exp(B)의 값은 오즈비와 일치한다.

설명변수가 두 개 이상 있을 때는 다른 설명변수를 일정한 값으로 고정한 경우의 오즈비로 해석된다. 이때의 오즈비는 다른 설명변수로 수정된다고 하는 의미에서 수정된 오즈비라고 부르고 있다.

설명변수가 수치변수일 때의 오즈비는 그 설명변수가 1단위 증가했을 때에 오즈비가 몇 배로 되는지를 의미하고 있다.

설명변수가 목적변수와 아무런 관계도 없을 때, 오즈비는 1이 되고, 1로부터 떨어질수록 목적변수와 관계가 강하다는 것을 의미하고 있다. 1로부터 떨어질

수록이라고 하는 점에 주의를 필요로 한다. 1로부터 작은 방향도 간과해서는 안 된다. 오즈비가 10인 경우나 0.1인 경우나 관계의 강도는 같다.

 힌트

확률 p에 대해서

$$\frac{p}{1-p} = \frac{\text{사상이 일어날 확률}}{\text{사상이 일어나지 않을 확률}}$$

을 오즈(odds)라고 한다. p를 성공할 확률이라고 하면 오즈는 성공할 확률이 실패할 확률의 몇 배인지를 나타낸다. 오즈는 음이 아닌 실수이고 성공할 가능성이 실패할 가능성보다 많을 때는 1.0보다 큰 값을 갖는다. 오즈가 4.0이면 성공확률이 실패확률의 4배이고, 반대로 오즈가 1/4이면 실패확률이 성공확률의 4배가 되어, 4번의 실패마다 한 번의 성공을 기대할 수 있다는 의미이다. 오즈란 가능성이라는 의미이다.

두 개 사상의 확률 p_1, p_2에 대해서 각각의 오즈의 비

$$\frac{\dfrac{p_1}{1-p_1}}{\dfrac{p_2}{1-p_2}}$$

를 오즈비(odds ratio) 또는 승산비(가능성비)라고 한다. 오즈비는 두 사상의 관계의 강도를 나타내고 있다. 오즈비를 상대위험(relative risk)이라고도 한다.

생존분석과 Cox 회귀모형

Chapter 8

 8.1 생명표

생명표(life table)는 사망표라고도 한다. 피보험자별로 위험도에 상응하여 정해지는 보험료는 이 생명표를 기초로 하여 산출된다.

사망률을 장기적으로 관찰하면 거의 안정적이다. 과거에 나타난 사망률을 앞으로 일어날 사망률(예정사망률)로 보고 이를 사용하더라도, 그 관찰의 수(보통 10만 명)가 많을 때는 그 집단의 실제사망률과 예정사망률은 거의 비슷하게 나타난다. 이 사실이 보험을 근대적·과학적인 사업으로 발전시킨 근본이 되었다.

오늘날의 생명표에는 모든 국민을 대상으로 한 '국민생명표(population mortality table)'와 생명보험회사가 피보험자 집단을 대상으로 작성한 '경험생명표(experience life table)'가 있으며, 성별에 따라 남자표·여자표·남녀공동표가 있다.

생명표의 역사는 일찍이 17세기에 그 기원을 찾을 수 있으나, 생명보험사업의 보험료 산출 기초로 처음 사용된 생명표는 영국의 R. 프라이스가 1783년에 발표한 '노샘프턴표(Northampton Table)'이다. 그 후 통계학의 발전으로 여러 생명표가 작성되었다.

SPSS 생명표에는 수명 데이터에 대하여 시간에 따른 생존율(survival rate)을 구간으로 나누어 보여준다.

수명에 관한 정보는 다음과 같은 두 변수의 쌍으로 이루어진다.

① 시간 : 개체에 대하여 관측된 시간

② 사건 : 앞의 관측 시간에서 발생한 사건, 사망, 고장, 중도절단(censoring) 등

여기에서 중도절단(censoring)이란 사망이나 고장 이외의 이유로 인하여 관측이 종료되는 경우를 일컫는데 예를 들면 다음과 같은 경우이다.

① 환자가 생존하고 있는 도중에 연구가 종료되는 경우

② 환자가 다른 지역으로 옮겨서 추적이 불가능한 경우

③ 다른 이유로 환자에 대한 처치를 중단 또는 변경하게 되는 경우

🏛 예제 **8-1**

다음 〈표 8-1〉의 데이터는 65명의 신장암 환자에 대한 수명 데이터인데 변수는 아래와 같다.

- 관측시간 : 시간간격 1~999
- 상태　　 : 0 = 중도절단, 1 = 사망
- 처치방법 : 0 = 대조, 1 = 처리
- 세포조직 : 1 = 비늘모양, 2 = 선종(腺腫)

| 표 8-1 | **신장암 환자 데이터**

No	관측시간	상태	처치방법	세포조직
1	81	1	0	1
2	523	1	1	1
3	234	0	1	1
4	221	0	0	1
5	254	1	0	1
6	995	1	1	1
7	98	1	0	1
8	2	1	0	1
9	588	1	0	1
⋮	⋮	⋮	⋮	⋮
⋮	⋮	⋮	⋮	⋮
61	46	1	0	2
62	85	1	0	2
63	23	1	0	2
64	54	1	0	2
65	89	1	0	2

(주) 데이터는 첨부 CD에 입력되어 있음

〈표 8-1〉의 데이터에 대한 분석의 목표는 다음과 같다.

① 신장암 환자들의 기간별 생존율 산출

② 생존율이 처치방법에 따라 차이가 있는지에 대한 검정

 SPSS에 의한 해법

순서 1 **데이터의 입력**

〈표 8-1〉의 데이터를 다음과 같이 입력한다.

	관측시간	상태	처치방법	세포조직	변수	변수	변수	변수	변수	변수	변수	변수
1	81	1	0	1								
2	523	1	1	1								
3	234	0	1	1								
4	221	0	0	1								
5	254	1	0	1								
6	995	1	1	1								
7	98	1	0	1								
8	2	1	0	1								
9	588	1	0	1								
10	388	1	0	1								
11	35	1	0	1								
12	24	1	0	1								
13	357	1	0	1								
14	467	1	0	1								
15	201	1	0	1								
16	1	1	0	1								
17	30	1	0	1								
18	44	1	0	1								
19	283	1	0	1								
20	15	1	0	1								
21	87	0	0	1								
22	112	1	0	1								

[변수값 설명]

[변수 보기]에서 변수들에 대한 측도를 다음과 같이 지정해 놓는다.

	이름	유형	너비	소수점이...	설명	값	결측값	열	맞춤	측도	역할
1	관측시간	숫자	4	0		없음	없음	8	署 오른쪽	∥ 척도(S)	↘ 입력
2	상태	숫자	2	0		{0, 중도절단...	없음	8	署 오른쪽	옳 명목(N)	↘ 입력
3	처치방법	숫자	2	0		{0, 대조)...	없음	8	署 오른쪽	옳 명목(N)	↘ 입력
4	세포조직	숫자	2	0		{1, 비늘모양...	없음	8	署 오른쪽	옳 명목(N)	↘ 입력
5											
6											
7											
8											

순서 2 생명표의 선택

메뉴에서 [분석(A)]-[생존확률(S)]-[생명표(L)]를 선택한다.

순서 3 변수의 선택

(1) 다음 화면에서 관측시간을 [시간변수(T)]로 이동한다. [시간 간격 표시]에
서 최대값을 1000, [증가폭]을 100으로 입력한다.

(2) 상태를 [상태변수(S)]로 이동하고, [사건 정의(D)]를 클릭해서 사건 발생을
나타내는 값으로 [단일값]에 1을 입력한다. [계속]을 클릭한다.

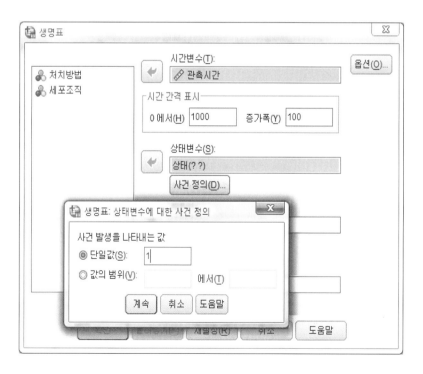

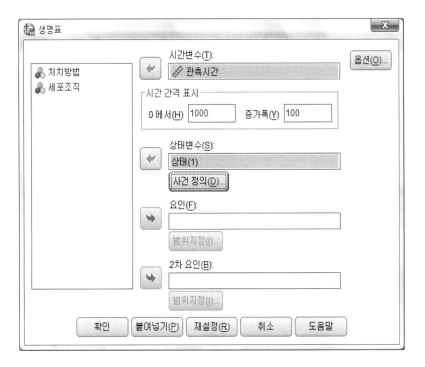

순서 4　**옵션의 선택**

(1) 다음 화면에서 [옵션(O)]을 클릭한다.

(2) [옵션] 화면에서 다음과 같이 선택하여 체크하고 [계속]을 클릭한다.

순서 5　**생명표의 분석**

앞의 화면으로 되돌아오면 [확인]을 클릭한다.

 분석결과

SPSS에 의한 출력 1

생명표[a]

구간 시작 시간	구간 입력 수	구간 중 취소 수	위험에 노출된 수	종료 사건의 수	종료 비율	생존 비율
0	65	3	63.500	38	.60	.40
100	24	2	23.000	9	.39	.61
200	13	2	12.000	3	.25	.75
300	8	0	8.000	3	.38	.63
400	5	0	5.000	1	.20	.80
500	4	0	4.000	2	.50	.50
600	2	0	2.000	0	.00	1.00
700	2	0	2.000	0	.00	1.00
800	2	0	2.000	0	.00	1.00
900	2	0	2.000	2	1.00	.00

a. 중위수 생존 시간은 83.55입니다.

[생명표] 출력결과의 제1열은 구간 시작 시간(interval start time)을 나타낸다.

제2열은 구간 i의 출발시점에서 구간 입력 수(number entering interval) l_i를 나타낸다.

제3열은 구간 중 취소 수(number withdrawing during interval) c_i를 나타낸다.

제4열은 위험에 노출된 수(number exposed to risk) r_i를 나타낸다.

제5열은 종료 사건의 수(number of terminal events) d_i를 나타낸다.

여기에서 구간 입력은 생존과, 구간 중 취소는 중도절단과, 사건 종료는 사망·고장과 같은 의미이다.

제4열의 위험에 노출된 수는

$$r_i = l_i - c_i/2 = 구간 입력 수 - 구간 중 취소 수/2$$

와 같이 계산된다. 즉, 구간 중 취소 사례는 그 구간에서 1/2 정도 위험에 노출된 것으로 간주된다. 예를 들어 첫 번째 구간에서는 구간 입력 수가 65이고 구간 중 취소 수가 3이므로 위험에 노출된 수는 63.5(=65-3/2)가 된다.

제6열은 종료비율(proportion terminating)은 사망비율과 같은 의미로

$$q_i = d_i/r_i = 종료 사건의 수 / 위험에 노출된 수$$

와 같이 계산된다. 예를 들면, 첫 번째 구간에서 위험에 노출된 수가 63.5, 종료 사건의 수가 38이므로, 종료비율은 0.60(=38/63.5)이다.

제7열은 생존비율(proportion surviving)을 나타내는데,

$$p_i = 1 - q_i = 1 - 종료 비율$$

과 같이 계산된다. 예를 들어 첫 번째 구간에서 생존비율은 0.40(=1-0.60)이다.

생명표[a]

구간 시작 시간	구간 끝의 누적 생존 비율	구간 끝의 누적 생존 비율 표준오차	확률 밀도	확률 밀도 표준오차	위험률	위험률 표준오차
0	.40	.06	.006	.001	.01	.00
100	.24	.06	.002	.000	.00	.00
200	.18	.05	.001	.000	.00	.00
300	.11	.04	.001	.000	.00	.00
400	.09	.04	.000	.000	.00	.00
500	.05	.03	.000	.000	.01	.00
600	.05	.03	.000	.000	.00	.00
700	.05	.03	.000	.000	.00	.00
800	.05	.03	.000	.000	.00	.00
900	.00	.00	.000	.000	.02	.00

a. 중위수 생존 시간은 83.55입니다.

제8열의 구간 끝의 누적생존비율(cumulative proportion surviving at end of interval) P_i는 이제까지의 생존비율을 곱해서 얻어진다. 즉, 다음과 같이 계산된다.

$$P_i = P_{i-1} * p_i \quad (P_0 = 1,; i = 1, 2, \cdots)$$

첫 번째 구간에서 누적생존비율은 생존비율과 같은 0.40이고 두 번째 구간에서 누적생존 비율은 0.24(=0.40*0.61)이다.

제9열에는 구간 끝의 누적생존비율 표준오차(standard error of cumulative proportion surviving at end of interval)가 나타나 있다.

마지막 네 개 열에는 확률밀도(probability density), 확률밀도 표준오차(standard error of probability density), 위험률(危險率, hazard rate), 위험률 표준오차(standard error of hazard rate)가 각각 제시되어 있다.

제10열의 확률밀도(probability density) f_i는 누적생존비율의 감소분을 구간 폭 h_i로 나누어서 산출된다. 즉,

$$f_i = (P_i - P_{i-1})/h_i$$

예를 들면, 첫 번째 구간의 시작 점에서 누적생존비율은 $1(=P_0)$, 끝 점에서 누적생존비율이 0.40이므로 확률밀도는 0.006(=(1−0.40)/100)이다(h_i=100). 두 번째 구간에서는 시작 점에서 누적생존비율이 0.40, 끝 점에서 누적생존비율이 0.24이므로 확률밀도 함수는 0.002(=(0.40−0.24)/100)이다.

제11열의 위험률(hazard rate) λ_i는 각 구간의 확률밀도를 평균 누적생존비율(=시작 점 누적생존비율과 끝 점 누적생존비율의 중간값)로 나누어서 구한다. 즉,

$$\lambda_i = f_i / \frac{1}{2}(P_i + P_{i-1})$$

예를 들면, 첫 번째 구간에서 위험률은 0.01(=0.006/((1+0.40)/2))이다.

SPSS에 의한 출력 2

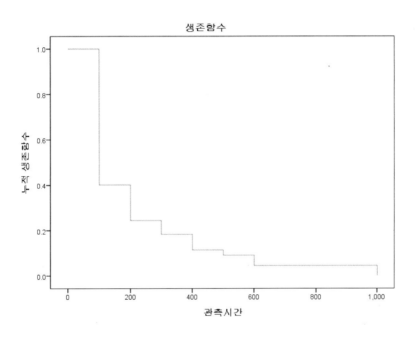

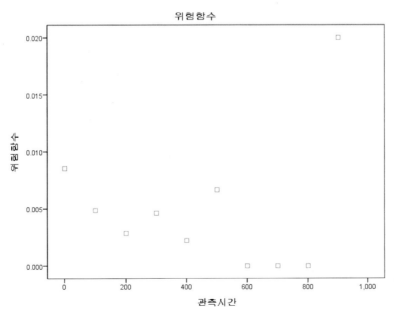

[생존함수]는 옵션에서 지정해서 얻은 그래프이다. 가로축은 관측시간 t_i 를 나타내고 세로축은 누적생존비율 P_i 를 나타낸다. 생존함수는 계속 감소하는 패턴을 보인다.

[위험함수]는 관측시간 t_i 와 위험률 λ_i 의 관계를 보여 주고 있다.

 데이터의 생존시간에 대한 처치방법 간 비교

🕐**순서 1** 다음 화면에서 처치방법을 [요인(F)] 난으로 이동한다.

🕐**순서 2** [범위지정]을 클릭하고 다음과 같이 입력한다. [계속]을 클릭한다.

○순서 3   다음 화면에서 [확인]을 클릭한다.

분석결과

평균 생존 시간

1차 등제		중위 시간
처치방법	대조	74.07
	처리	109.86

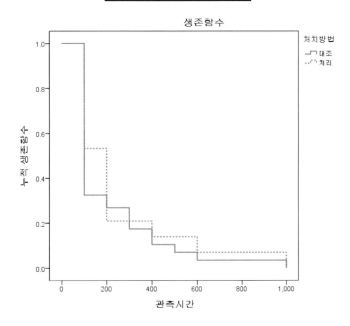

[평균 생존시간]은 요인 수준별 중위치(median)를 나타낸다. 대조 그룹의 중위치가 74.07, 처리 그룹의 중위치가 109.86으로 나타났다.

[생존함수]는 처치방법의 수준별 생존함수의 그래프이다. 대조와 처리 사이에 큰 차이가 없음을 볼 수 있다.

그룹 간 생존분포 차이에 대한 유의성 검정

순서 1 다음 화면에서 [옵션(O)]을 클릭한다.

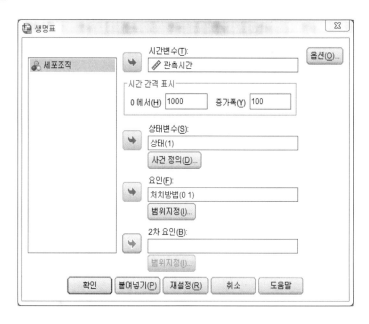

순서 2 다음 화면에서 [처음 요인의 수준 비교]에서 [대응별(P)]을 체크한다.

⏱️순서 3 [계속]을 클릭하여 앞의 화면으로 되돌아오면 [확인]을 클릭한다.

 분석결과

제어변수에 대한 비교: 처치방법

전체 비교[a]

Wilcoxon (Gehan) 통계량	자유도	유의확률
.306	1	.580

a. 정확한 비교값입니다.

월콕슨 검정통계량이 0.306이고 유의확률 0.580 > 유의수준 0.05이므로, 처치방법 사이에 차이가 전혀 유의하지 않다.

 8.2 카플란-마이어 생존분석

카플란–마이어(Kaplan-Meier) 생존분석이란 한마디로 '생존율 곡선을 구하는 수법'이다. 따라서 치료효과 판정 시에는 없어서는 안 될 수법이다.

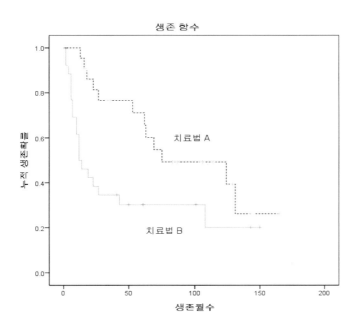

예를 들면, 위의 그림은 두 종류의 치료법 A, B에 대해서 각각 카플란 –마이어 생존분석 방법으로 생존율 곡선을 구한 것이다. 두 개의 생존율 곡선을 비교함으로써

"어느 쪽의 치료법이 우수한가?"

를 조사할 수 있다.

 ## 생존율과 중도절단 데이터의 취급방법

생존율의 정의는 간단하다.

$$생존율 = 1 - \frac{사망자\ 수}{생존자\ 수}$$

따라서 10명의 환자들 중, 시점 t까지 3명의 환자가 사망하면

$$시점\ t까지의\ 생존율 = 1 - \frac{3}{10} = \frac{7}{10}$$

이 된다.

그런데 환자 중에는 퇴원하는 사람도 있다. 이와 같은 중도절단이 되는 케이스는 어떻게 취급하면 좋을까?

여기에서 시간의 변수 t를 도입하자. '10명의 환자 중에서 3명이 사망'이라고 하는 상황을, 시간 t를 따라 조사해 보면 다음과 같이 된다.

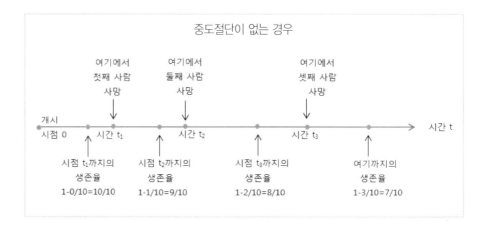

그래서 시점 t에서의 생존율을 다음과 같이 정의한다.

$$시점 \ t에서의 \ 생존율 = 1 - \frac{사망자 \ 수}{직전의 \ 생존자 \ 수} = 1 - 순간사망률$$

이 정의를 사용하면 시점 t까지의 생존율 계산은

$$시점 \ t_1까지의 \ 생존율 = \frac{10}{10}\left(=1-\frac{0}{10}\right)$$

$$시점 \ t_2까지의 \ 생존율 = \frac{9}{10} = \frac{10}{10} \cdot \frac{9}{10}$$

$$= (시점 \ t_1까지의 \ 생존율) \times (시점 \ t_1에서의 \ 생존율)$$

$$= 1 \times (시점 \ t_1에서의 \ 생존율)$$

$$= (1-시점 \ t_1에서의 \ 순간사망률) = \left(1-\frac{1}{10}\right)$$

$$시점 \ t_3까지의 \ 생존율 = \frac{8}{10} = \frac{10}{10} \cdot \frac{9}{10} \cdot \frac{8}{9}$$

$$= (시점 \ t_1까지의 \ 생존율) \times (시점 \ t_1에서의 \ 생존율)$$

$$\times (시점 \ t_2에서의 \ 생존율)$$

$$= 1 \times (시점 \ t_1에서의 \ 생존율) \times (시점 \ t_2에서의 \ 생존율)$$

$$= (1-시점 \ t_1에서의 \ 순간사망률)$$

$$\times (1-시점 \ t_2에서의 \ 순간사망률)$$

$$= \left(1-\frac{1}{10}\right) \times \left(1-\frac{1}{9}\right)$$

이 된다.

이와 같이 생존율을 (1−순간사망률)로 생각해 보면, 중도절단의 케이스가 있더라도 생존율의 계산은 마찬가지가 된다.

두 개의 생존율 곡선의 차이에 대한 검정

예제 **8-2**

다음 〈표 8-2〉의 데이터는 악성뇌종양 환자에 대해서 전적출(全摘出)에 의한 수술과 부분적출(部分摘出)에 의한 수술을 실시했을 때의 생존율을 조사한 것이다.

전적출 그룹의 생존율과 부분적출 그룹의 생존율에 차이가 있을까?

두 개의 생존율 곡선의 차이에 대한 검정에는 로그 순위 검정이 알려져 있다.

여기에서는 SPSS를 사용해서 카플란 -마이어 생존분석 방법과 로그 순위 검정을 실행해 보기로 한다.

|표 8-2| **악성뇌종양 환자 데이터**

No.	성별	적출방법	결과	생존월수
1	남	전적출	사망	53
2	여	부분적출	사망	12
3	남	전적출	생존	143
4	남	전적출	사망	63
5	남	부분적출	사망	2
6	여	부분적출	사망	6
7	여	전적출	생존	129
8	남	부분적출	사망	2
⋮	⋮	⋮	⋮	⋮
⋮	⋮	⋮	⋮	⋮
47	남	전적출	사망	27
48	남	전적출	생존	34

(주) 데이터는 첨부 CD에 입력되어 있음

SPSS에 의한 해법

순서 1 　데이터의 입력

〈표 8-2〉의 데이터를 다음과 같이 입력한다.

[변수값 설명]

	성별	적출방법	결과	생존월수	변수	변수	변수	변수	변수	변수	변수	변수
1	남	전척출	사망	53								
2	여	부분적출	사망	12								
3	남	전척출	생존	143								
4	남	전척출	사망	63								
5	남	부분적출	사망	2								
6	여	부분적출	사망	6								
7	여	전척출	생존	129								
8	남	부분적출	사망	2								
9	여	부분적출	사망	12								
10	남	전척출	생존	165								
11	여	부분적출	사망	23								
12	남	전척출	사망	62								
13	남	전척출	사망	124								
14	남	부분적출	사망	6								
15	남	전척출	사망	13								
16	여	부분적출	생존	150								
17	남	부분적출	생존	143								
18	여	부분적출	사망	7								
19	여	부분적출	사망	4								
20	남	전척출	사망	18								
21	여	전척출	사망	16								
22	여	부분적출	사망	108								

순서 2　카플란–마이어 생존분석 선택

메뉴에서 [분석(A)]-[생존확률(S)]-[Kaplan-Meier 생존분석(K)]을 선택한다.

🕐순서 3 **변수의 선택**

(1) 다음의 화면에서 생존월수를 [시간변수(T)]로, 적출방법을 [요인(F)]으로, 결과를 [상태변수(S)]로 이동한다. [사건 정의(D)]를 클릭한다.

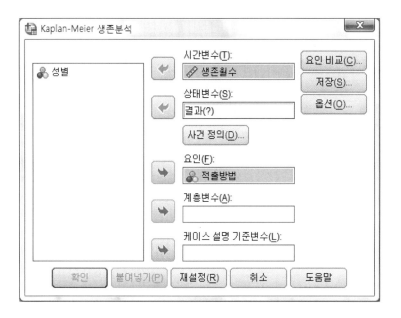

(2) 다음 화면에서 [단일값(S)] 난에 0을 입력하고 [계속]을 클릭한다.

(주) 생존 ⋯ 1, 사망 ⋯ 0

🕐순서 4 **요인 비교의 선택**

(1) 다음 화면에서 [요인 비교(C)]를 클릭한다.

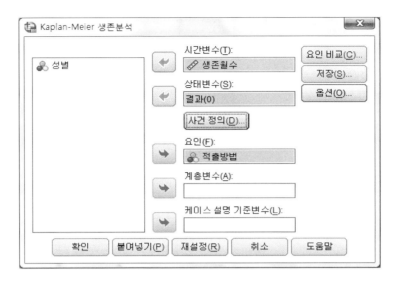

(2) 다음 화면이 되면 [검정 통계량] 중 [Log 순위(L)]를 체크하고 [계속]을 클릭한다.

순서 5 **옵션의 선택**

[옵션]을 클릭하여 화면에서 [생존]을 추가로 체크하고 [계속]을 클릭한다.

순서 6 **카플란–마이어 생존분석의 실행**

앞의 화면으로 되돌아오면 [확인]을 클릭한다.

분석결과

SPSS에 의한 출력 1

생존표

적출방법		시간	상태	시간에 누적 생존 비율		누적 사건 수	남아 있는 케이스 수
				추정값	표준 오차		
전척출	1	13.000	사망	.955	.044	1	21
	2	16.000	사망	.909	.061	2	20
	3	16.000	생존	.	.	2	19
	4	18.000	사망	.861	.074	3	18
	5	23.000	사망	.813	.084	4	17
	6	27.000	사망	.766	.092	5	16
	7	34.000	생존	.	.	5	15
	8	36.000	생존	.	.	5	14
	9	53.000	사망	.711	.100	6	13
	10	62.000	사망	.656	.106	7	12
	11	63.000	사망	.602	.111	8	11
	12	69.000	사망	.547	.113	9	10
	13	75.000	사망	.492	.114	10	9
	14	83.000	생존	.	.	10	8
	15	87.000	생존	.	.	10	7
	16	106.000	생존	.	.	10	6
	17	114.000	생존	.	.	10	5
	18	124.000	사망	.394	.127	11	4
	19	129.000	생존	.	.	11	3
	20	131.000	사망	.262	.137	12	2
	21	143.000	생존	.	.	12	1
	22	165.000	생존	.	.	12	0

위의 [생존표]의 추정값은 전척출 그룹에 대한 생존율 $S(t)$이다.

누적생존함수라고도 한다.

생존표

적출방법		시간	상태	시간에 누적 생존 비율		누적 사건 수	남아 있는 케이스 수
				추정값	표준 오차		
부분적출	1	2.000	사망	.	.	1	25
	2	2.000	사망	.923	.052	2	24
	3	4.000	사망	.885	.063	3	23
	4	6.000	사망	.	.	4	22
	5	6.000	사망	.	.	5	21
	6	6.000	사망	.769	.083	6	20
	7	7.000	사망	.	.	7	19
	8	7.000	사망	.692	.091	8	18
	9	10.000	사망	.	.	9	17
	10	10.000	사망	.615	.095	10	16
	11	12.000	사망	.	.	11	15
	12	12.000	사망	.	.	12	14
	13	12.000	사망	.500	.098	13	13
	14	14.000	사망	.462	.098	14	12
	15	19.000	사망	.423	.097	15	11
	16	23.000	사망	.385	.095	16	10
	17	27.000	사망	.346	.093	17	9
	18	41.000	생존	.	.	17	8
	19	43.000	사망	.303	.091	18	7
	20	50.000	생존	.	.	18	6
	21	61.000	생존	.	.	18	5
	22	61.000	생존	.	.	18	4
	23	101.000	생존	.	.	18	3
	24	108.000	사망	.202	.102	19	2
	25	143.000	생존	.	.	19	1
	26	150.000	생존	.	.	19	0

위의 [생존표]의 추정값은 부분척출 그룹에 대한 생존율 $S(t)$이다.
누적생존함수라고도 한다.

전체 비교

	카이제곱검정	자유도	유의확률
Log Rank (Mantel-Cox)	6.204	1	.013

다른 수준 적출방법에 대한 생존분포의 등일성 검정입니다.

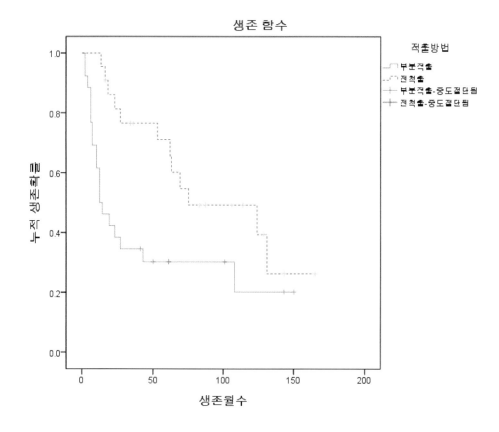

[전체 비교]는 로그 순위 검정 결과이다.

가설은 다음과 같이 되어 있다.

가설 H_0 : 두 개의 적출방법에 의한 생존율에 차이는 없다.

유의확률 $0.013 \leq$ 유의수준 0.05이므로 가설 H_0는 기각된다.

따라서 "전적출법과 부분적출법에서는 생존율에 차이가 있다"
는 것을 알았다.

8.3 Cox 회귀모형

Cox 회귀모형이란 비례위험모형에 의한 생존율 연구를 위한 수법이다.

이 비례위험모형은

$$\begin{cases} h_0(t) & \cdots \ \text{기준이 되는 순간사망률} \\ h(t\,;\,x_1,\,x_2,\,\cdots,\,x_p) & \cdots \ \text{연구대상의 순간사망률} \end{cases}$$

로 했을 때, $h(t)$와, $h_0(t)$가 공변량 $x_1,\,x_2,\,\cdots,\,x_p$를 이용해서

$$h(t\,;\,x_1,\,x_2,\,\cdots,\,x_p) = h_0(t) \cdot \mathrm{Exp}(\beta_1 x_1 + \beta_2 x_2 + \cdots + \beta_p x_p)$$

연구대상의 순간사망률 = 기준이 되는 순간사망률 × 비례상수

로 표현할 수 있는 모형을 말한다. 공변량을 예후인자(豫後因子)라고도 한다.

공변량의 부분이 비례상수처럼 되어 있으므로, 비례위험이라고 한다.

공변량 $x_1,\,x_2,\,\cdots,\,x_p$에는

① 시간 t에 따르지 않는 공변량

② 시간의존성 공변량

의 두 종류가 있다.

(주) 시간에 따르지 않는 공변량이란 '성별'과 같은 변수를 말한다.

Cox 회귀모형에서는 시간 t에 따르지 않는 공변량을 취급한다.

 ## Cox 회귀분석의 목표

Cox 회귀분석을 실시하면 다음과 같은 것을 알 수 있다.

첫째, 다음의 가설을 검정할 수 있다.

$$\begin{cases} \text{가설 } H_0 : \beta_1 = 0 & \cdots \ \text{공변량 } x_1 \text{의 계수} \\ \text{가설 } H_0 : \beta_2 = 0 & \cdots \ \text{공변량 } x_2 \text{의 계수} \\ \ \vdots \\ \text{가설 } H_0 : \beta_p = 0 & \cdots \ \text{공변량 } x_p \text{의 계수} \end{cases}$$

이 가설 H_0가 기각되면, 예를 들어

$$H_0 : \beta_1 = 0$$

가 기각되면, $\beta_1 \neq 0$이다. 다시 말하면 "공변량 x_1은 사망률에 영향을 주고 있다"는 것을 알 수 알 수 있다.

둘째, 생존함수 $S(t)$의 그래프를 그릴 수 있다.

셋째, 생존율을 구할 수 있다.

단, Cox 회귀분석을 실시할 때는 다음과 같은 전제조건이 필요하다.
'비례위험성의 성립'

예제 8-3

다음 〈표 8-3〉의 데이터는 뇌졸중(腦卒中)에서의 사망에 관한 관찰결과이다. 뇌졸중의 위험인자로서 자주 등장하는 것이 음주나 콜레스테롤이다. 그래서 인종, 연령, 음주, HDL 콜레스테롤을 공변량으로 해서 Cox 회귀분석을 해 보자. 여기에서는 뇌졸중이 상태변수가 된다.

┃표 8-3┃ **뇌졸중 관련 데이터**

No.	인종	연령	음주	HDL	뇌졸중	관측월수
1	흑인	42	조금	0.92	사망	11.0
2	흑인	71	안 마심	1.64	중도절단	12.0
3	백인	37	잘 마심	1.10	사망	12.4
4	백인	60	조금	1.57	중도절단	13.0
5	흑인	58	잘 마심	0.96	사망	13.1
6	흑인	74	안 마심	1.36	중도절단	14.7
7	흑인	47	잘 마심	0.99	사망	18.8
⋮	⋮	⋮	⋮	⋮	⋮	⋮
⋮	⋮	⋮	⋮	⋮	⋮	⋮
38	흑인	72	안 마심	1.04	사망	66.8
39	백인	31	안 마심	1.41	중도절단	76.1
40	흑인	51	잘 마심	1.17	중도절단	80.5

(주1) 데이터는 첨부 CD에 입력되어 있음

(주2) HDL(High Density Lipoprotein) 콜레스테롤이란 고밀도 콜레스테롤으로서, 쉽게 말하면 혈관을 청소해 주는 좋은 콜레스테롤이다. 즉, 높은 밀도의 지단백(지질과 단백질 합성물질)으로 높으면 좋다. 주로 몸속에 쌓인 지방을 제거하는 역활을 한다

SPSS에 의한 해법

순서 1 데이터의 입력

〈표 8-3〉의 데이터를 다음과 같이 입력한다.

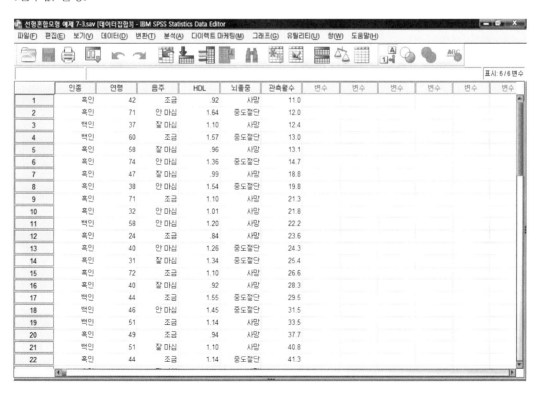

	인종	연령	음주	HDL	뇌졸중	관측월수	변수	변수	변수	변수	변수	변수
1	0	42	1	.92	1	11.0						
2	0	71	0	1.64	0	12.0						
3	1	37	2	1.10	1	12.4						
4	1	60	1	1.57	0	13.0						
5	0	58	2	.96	1	13.1						
6	0	74	0	1.36	0	14.7						
7	0	47	2	.99	1	18.8						
8	0	38	0	1.54	0	19.8						
9	0	71	1	1.10	1	21.3						
10	0	32	0	1.01	1	21.8						
11	1	58	0	1.20	1	22.2						
12	0	24	1	.84	1	23.6						
13	0	40	0	1.26	0	24.3						
14	0	31	2	1.34	0	25.4						
15	0	72	1	1.10	1	26.6						
16	0	40	2	.92	1	28.3						
17	1	44	1	1.55	0	29.5						
18	1	46	0	1.45	0	31.5						
19	1	51	1	1.14	1	33.5						
20	0	49	1	.94	1	37.7						
21	1	51	2	1.10	1	40.8						
22	0	44	1	1.14	0	41.3						

[변수값 설명]

	인종	연령	음주	HDL	뇌졸중	관측월수	변수	변수	변수	변수	변수	변수
1	흑인	42	조금	.92	사망	11.0						
2	흑인	71	안 마심	1.64	중도절단	12.0						
3	백인	37	잘 마심	1.10	사망	12.4						
4	백인	60	조금	1.57	중도절단	13.0						
5	흑인	58	잘 마심	.96	사망	13.1						
6	흑인	74	안 마심	1.36	중도절단	14.7						
7	흑인	47	잘 마심	.99	사망	18.8						
8	흑인	38	안 마심	1.54	중도절단	19.8						
9	흑인	71	조금	1.10	사망	21.3						
10	흑인	32	안 마심	1.01	사망	21.8						
11	백인	58	안 마심	1.20	사망	22.2						
12	흑인	24	조금	.84	사망	23.6						
13	흑인	40	안 마심	1.26	중도절단	24.3						
14	흑인	31	잘 마심	1.34	중도절단	25.4						
15	흑인	72	조금	1.10	사망	26.6						
16	흑인	40	잘 마심	.92	사망	28.3						
17	백인	44	조금	1.55	중도절단	29.5						
18	백인	46	안 마심	1.45	중도절단	31.5						
19	백인	51	조금	1.14	사망	33.5						
20	흑인	49	조금	.94	사망	37.7						
21	백인	51	잘 마심	1.10	사망	40.8						
22	흑인	44	조금	1.14	중도절단	41.3						

[변수 보기]에서 변수의 측도를 다음과 같이 지정해 놓는다.

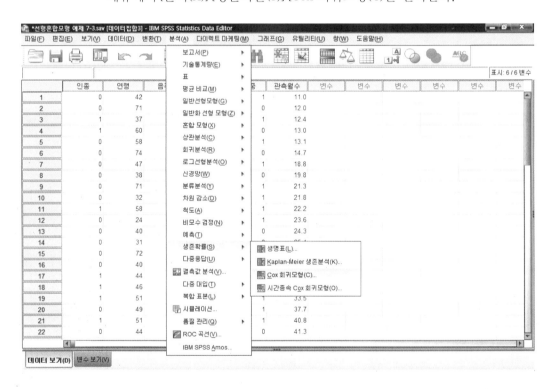

순서 2 Cox 회귀모형의 선택

메뉴에서 [분석(A)]-[생존확률(S)]-[Cox 회귀모형(C)]을 선택한다.

순서 3 변수의 선택

(1) 다음 화면에서 관측월수를 [시간(I)]로, 뇌졸중을 [상태변수(S)]로 이동하고, [사건 정의(D)]를 클릭한다.

(2) 다음 화면에서 [단일값(S)]의 난에 1을 입력하고 [계속]을 클릭한다.

(주) 이 데이터는 중도절단 … 0, 사망 … 1이므로, 단일값의 난에 사망의 1을 입력한다.

순서 4 　변수의 선택

(1) 다음의 화면으로 되돌아오면 뇌졸중(1)이 되어 있는 것을 확인하고, 음주를 [공변량 (A)]으로 이동한다. 그리고 [범주형(C)]을 클릭한다.

(2) 다음 화면이 되면 음주를 [범주형 공변량(T)] 난으로 이동한다.

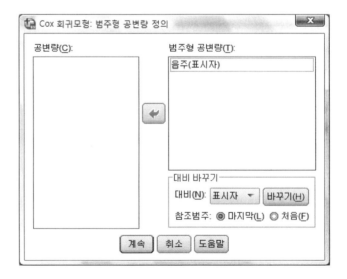

(3) 이어서 [참조범주]에서 [처음(F)]을 체크하고, [바꾸기(H)]를 클릭한다. 다
음과 같이 바뀐다. 그리고 [계속]을 클릭한다.

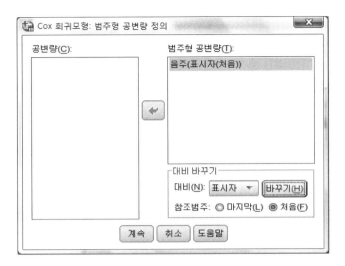

(4) 다음 화면에서 음주(Cat)로 되어 있는 것을 확인하고, 연령, HDL을 [공변
량(A)] 난으로 이동한다.

(주) 다음의 세 가지 시나리오를 생각한다.

　　　시나리오 1 : 인종을 계층변수로

　　　시나리오 2 : 인종도 공변량으로

　　　시나리오 3 : 흑인만으로 분석, 백인만으로 분석

　　여러 가지 방법으로 분석해 보자!

(5) 이어서 인종을 [계층변수(A)] 난으로 이동하고 [저장(S)]을 클릭한다.

⏱️순서 5 모형 변수의 저장

다음 화면에서 [생존함수(F)]를 체크하고 [계속]을 클릭한다.

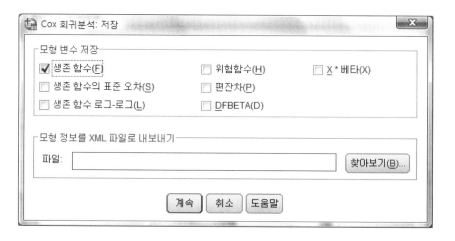

⏱️순서 6 도표 유형의 선택

앞의 화면으로 되돌아오면 [도표(T)]를 클릭한다. [도표] 화면에서 다음과 같이 선택하여 체크하고 [계속]을 클릭한다.

순서 7 Cox 회귀분석의 실행

다음 화면으로 되돌아오면 [확인]을 클릭한다.

분석결과

SPSS에 의한 출력 1

블록 1: 방법 = 진입

모형계수에 대한 전체 검정[a]

-2 Log 우도	전체 통계량(스코어)			이전 단계와의 상대적 변화			이전 블록과의 상대적 변화		
	카이제곱	자유도	유의확률	카이제곱	자유도	유의확률	카이제곱	자유도	유의확률
86.836	8.890	4	.064	11.134	4	.025	11.134	4	.025

a. 시작 블록 수 1. 방법 = 진입

방정식의 변수

	B	표준오차	Wald	자유도	유의확률	Exp(B)
음주			1.971	2	.373	
변수 이름 음주(1)	.221	.588	.142	1	.707	1.248
변수 이름 음주(2)	.857	.646	1.760	1	.185	2.356
연령	.012	.023	.246	1	.620	1.012
HDL	-5.965	2.369	6.338	1	.012	.003

[방정식의 변수]에서 비례위험함수 $h(t)$는 다음과 같다.

$$h(t; x_1, x_2, x_3, x_4) = h_0(t) \cdot \text{Exp}(0.012 \times 연령 + 0.221 \times 음주(1)$$
$$+ 0.857 \times 음주(2) - 5.965 \times \text{HDL}$$

유의확률 열을 보면,

HDL의 유의확률 $0.012 \leq$ 유익수준 0.05이므로, 가설은 기각된다.

따라서 HDL은 뇌졸중에 영향을 미치고 있다는 것을 알 수 있다.

음주의 경우는,

음주(1)의 유의확률 $0.707 >$ 유의수준 0.05

음주(2)의 유의확률 $0.185 >$ 유의수준 0.05

이므로, 음주는 뇌졸중에 영향을 미치고 있다고는 할 수 없다.

그러나 Exp(B)의 열을 보면

음주(1) ⋯ 1.248

음주(2) ⋯ 2.356

이므로

'술을 조금 마시는 사람이 안 마시는 사람보다 뇌졸중이 될 위험은 1.248배'

'술을 잘 마시는 사람이 안 마시는 사람보다 뇌졸중이 될 위험은 2.356배'

가 되는 것을 알 수 있다.

(주) Exp(B)를 위험비(hazard ratio)라고 한다.

SPSS에 의한 출력 2

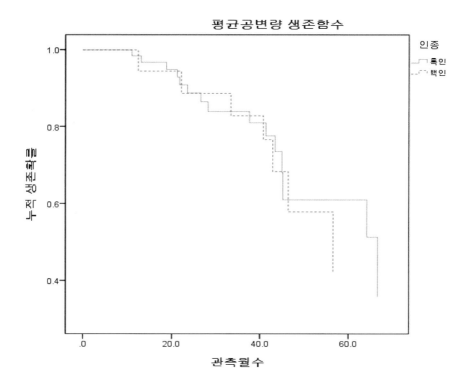

이 그래프를 보면 백인의 생존율 곡선과 흑인의 생존율 곡선이 따로따로 그려져 있다.

(주) 공변량의 평균치에 대한 누적생존율이다.

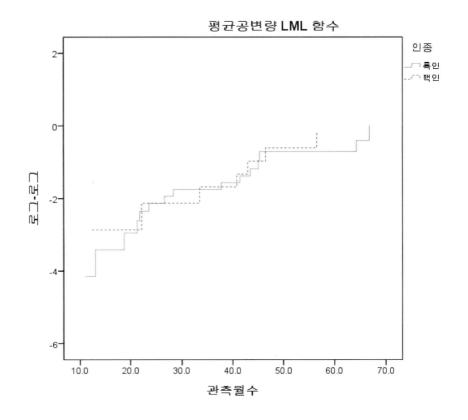

LML은 로그 마이너스 로그를 의미한다.

백인과 흑인의 두 개 층(=계층변수)으로 나누어서, 로그 마이너스 로그
(=log(-log $S(t)$))를 작도했더니 두 개의 꺾은선은 거의 평행이 되어 있다.

따라서 비례위험성이 성립하고 있다고 생각된다.

위험비는 두 개의 순간사망률의 비를 말하는데, 예를 들면 공변량 x_1을
1만큼 증가시키고, 다른 공변량을 일정하게 한 경우

$$위험비 = \frac{h_0(t) \cdot \mathrm{Exp}(b_1(x_1+1) + b_2x_2 + \cdots + b_px_p)}{h_0(t) \cdot \mathrm{Exp}(b_1x_1 + b_2x_2 + \cdots + b_px_p)}$$

$$= \mathrm{Exp}(b_1)$$

가 된다.

	인종	연령	음주	HDL	뇌졸중	관측월수	SUR_1	변수	변수	변수	변수	
1	0	42	1	.92	1	11.0	.94036					
2	0	71	0	1.64	0	12.0	.99906					
3	1	37	2	1.10	1	12.4	.87374					
4	1	60	1	1.57	0	13.0	.99436					
5	0	58	2	.96	1	13.1	.79396					
6	0	74	0	1.36	0	14.7	.98922					
7	0	47	2	.99	1	18.8	.76365					
8	0	38	0	1.54	0	19.8	.99613					
9	0	71	1	1.10	1	21.3	.87225					
10	0	32	0	1.01	1	21.8	.85683					
11	1	58	0	1.20	1	22.2	.91895					
12	0	24	1	.84	1	23.6	.54682					
13	0	40	0	1.26	0	24.3	.95357					
14	0	31	2	1.34	0	25.4	.93928					
15	0	72	1	1.10	1	26.6	.76169					
16	0	40	2	.92	1	28.3	.28605					
17	1	44	1	1.55	0	29.5	.98894					
18	1	46	0	1.45	0	31.5	.98358					
19	1	51	1	1.14	1	33.5	.80429					
20	0	49	1	.94	1	37.7	.45608					
21	1	51	2	1.10	1	40.8	.47685					
22	0	44	1	1.14	0	41.3	.79872					

[뇌졸중] 열은 뇌졸중이 상태변수임을 말해 준다.

[SUR_1]은 누적생존함수의 생존율이다.

비례위험성의 검정

비례위험성의 검정에는 다음의 두 가지 방법이 있다.

(1) log(−log)의 그래프를 작도하는 방법

이 작도에 의한 방법에 대해서는 전술한 [SPSS에 의한 출력 2]에서 언급한 내용을 참고하기 바란다.

백인과 흑인의 두 개 층(=계층변수)으로 나누어서, 로그 마이너스 로그 (=log(−log $S(t)$))를 작도했더니 두 개의 꺾은선은 거의 평행이 되어 있다.

따라서 비례위험성이 성립하고 있다고 생각된다.

평균공변량 로그 마이너스 로그 함수 그래프에서 두 개의 계층변수에 의한 꺾은선이 평행하다면, 비례위험성이 성립한다는 것이다.

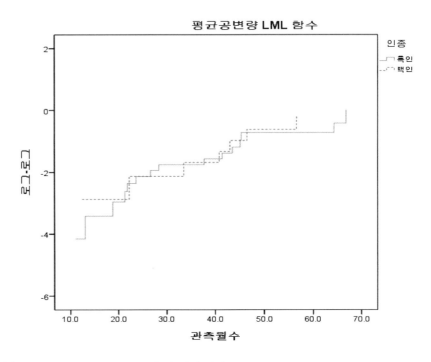

(2) 시간 t와 공변량의 상호작용에 의한 방법

상호작용이 존재하지 않는다는 것은 비례위험성이 성립한다는 것을 의미한다. 여기에서는 SPSS를 사용해서 시간 t와 공변량의 상호작용을 조사해 보기로 한다.

 SPSS에 의한 해법

순서 1 데이터의 입력

〈표 8-3〉의 데이터를 다음과 같이 입력한다.

	인종	연령	음주	HDL	뇌졸중	관측월수	변수	변수	변수	변수	변수	변수
1	0	42	1	.92	1	11.0						
2	0	71	0	1.64	0	12.0						
3	1	37	2	1.10	1	12.4						
4	1	60	1	1.57	0	13.0						
5	0	58	2	.96	1	13.1						
6	0	74	0	1.36	0	14.7						
7	0	47	2	.99	1	18.8						
8	0	38	0	1.54	0	19.8						
9	0	71	1	1.10	1	21.3						
10	0	32	0	1.01	1	21.8						

⏱ 순서 2 **시간종속 Cox 회귀모형의 선택**

메뉴에서 [분석(A)]-[생존확률(S)]-[시간종속 Cox 회귀모형(O)]을 선택한다.

⏱ 순서 3 **시간–종속 공변량 계산**

(1) 다음 화면에서 Time[T_1]을 [T_COV_의 표현식(E)] 난으로 이동한다. 그리고 [모형]을 클릭한다.

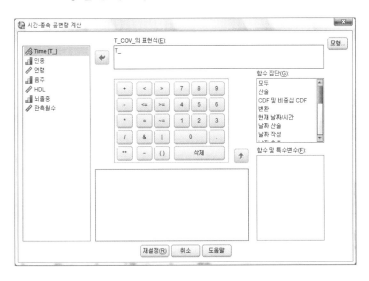

(2) 다음의 화면이 되어 왼쪽 난에 T_COV가 생성되어 있음을 확인할 수 있다.

(3) 관측월수를 [시간(I)] 난으로, 뇌졸중을 [상태변수(S)] 난으로 이동한다.

(4) [사건정의(D)]를 이용해서 뇌졸중(1)로 한다.

(5) 다음이 시간 *t*와 공변량의 상호작용을 만들 차례이다. 먼저 T_COV와 인종을 계속해서 클릭하면, [공변량(A)]의 왼쪽에 [)a*b(A)〉]가 떠오른다. 이것을 클릭한다.

(6) [공변량(A)]의 난에 다음과 같이 T_COV_*인종이 입력된다. 이것으로 시간 *t*와 공변량의 상호작용 항이 만들어졌다.

(7) 다음에 음주를 [공변량(A)]의 난으로 이동한다. 그리고 [범주형(C)]을 클릭한다.

(8) 다음 화면에서 음주를 [범주형 공변량(T)] 난으로 이동한다.

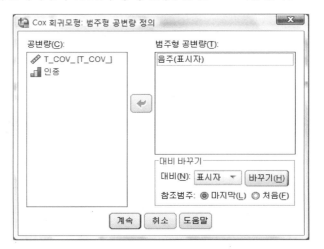

(9) [참조범주] 중 [처음]을 체크하고 [바꾸기(H)]를 클릭하면 다음과 같이 된다.

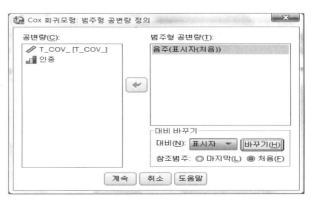

순서 4 Cox 회귀분석의 실행

(1) 이어서 [계속]을 클릭하면 다음 화면으로 되돌아온다.

(2) 이어서 연령과 HDL을 [공변량(A)] 난으로 이동하고 [확인]을 클릭한다.

분석결과

방정식의 변수

	B	표준오차	Wald	자유도	유의확률	Exp(B)
음주			2.319	2	.314	
변수 이름 음주(1)	.195	.581	.112	1	.737	1.215
변수 이름 음주(2)	.907	.645	1.980	1	.159	2.478
연령	.011	.023	.221	1	.638	1.011
HDL	-6.607	2.345	7.938	1	.005	.001
T_COV_*인종	.012	.017	.549	1	.459	1.012

[유의확률]의 T-COV_*인종을 보면

유의확률 0.459 > 유의수준 0.05으로 되어 있다.

따라서 다음의 가설

가설 H_0 : 시간 t와 인종 사이에 상호작용은 없다

는 기각되지 않는다.

이 사실은

"비례위험성이 성립하고 있다"

라고 가정해도 좋다는 것을 나타내고 있다.

MEMO

일반선형모형

Chapter 9

일반선형모형

9.1 일반선형모형의 기본

일반선형모형(GLM)은 영어의 general linear model의 약자이다.

중회귀분석이나 분산분석을 일반화한 수법으로 다원배치 분산분석, 공분산분석, 다변량 분산분석, 난괴법, 직교법, 라틴 방격 등 많은 분석에 적용할 수 있다.

일원배치 분산분석의 모형을 상기하면

$$x_{ij} = \mu + \alpha_i + \varepsilon_{ij}$$

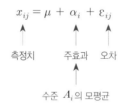

측정치　　주효과　오차

수준 A_i의 모평균

으로 되어 있다.

이원배치 분산분석의 모형도

$$x_{ijk} = \mu + \alpha_i + \beta_j + (\alpha\beta)_{ij} + \varepsilon_{ijk}$$

측정치　　수준 A_i　수준 B_j　상호작용　　오차
　　　　　의 모평균　의 모평균

으로 되어 있다.

이와 같이 분산분석의 모형은 1차식의 형태로 표현할 수 있다.

1차식의 모형 = 선형모형

그런데 단회귀분석이나 중회귀분석의 경우에도 선형모형이 존재한다.

단회귀분석의 모형

$$y_i = \beta_0 + \beta_1 x_i + \varepsilon_i$$

종속변수 상수 독립변수

(목적변수) (설명변수)

중회귀분석의 모형

$$y_i = \beta_0 + \beta_1 x_{1i} + \beta_2 x_{2i} + \varepsilon_i$$

종속변수 상수 독립변수 독립변수 오차

(설명변수) (설명변수) (설명변수)

이 네 개의 수학 모형을 비교해 보면, 거의 같은 형태를 하고 있다는 것을 알 수 있을 것이다. 그래서 이것들을 한데 모아

'일반선형모형'

이라 부르고 있다.

SPSS의 통계분석 대화상자 안에 회귀분석에서 쓰이는

종속변수(D)

라고 하는 단어가 나오는 것은 바로 분산분석의 측정치가 회귀분석의 종속변수 부분에 대응하고 있기 때문이다.

(주의) 선형모형의 '선형(=1차식)'이란 측정치나 종속변수가 '모수의 선형결합'으로 표현되고 있다는 것이다! 따라서 $y = \beta_0 + \beta_1 x + \beta_2 x^2 + \varepsilon$ 은 비선형 회귀모형이지만, 선형모형의 하나이다.

9.2 일반선형모형의 상호작용

 예제 **9-1**

다음의 데이터 〈표 9-1〉은 30명의 피험자에 대해서 실시한 1자리수의 덧셈 계산의 결과이다. 작업시간은 덧셈 계산에 걸린 시간이다.

| 표 9-1 | 덧셈 계산 작업시간

No.	작업시간	성별	연대	연령
1	12.1	1	1	17
2	10.5	1	1	19
3	18.7	2	1	18
4	12.0	2	4	45
5	11.7	1	2	26
6	18.7	1	1	18
7	21.3	2	2	23
8	17.6	2	3	37
9	17.5	2	1	19
10	14.4	1	3	35
11	18.7	2	5	51
12	17.9	1	5	58
13	20.6	2	4	49
14	16.3	1	3	34
15	15.2	2	2	24
16	17.2	2	5	58
17	18.4	1	3	31
18	20.5	2	5	56
19	18.5	2	2	27
20	15.6	1	4	43
21	21.6	1	5	52
22	13.7	1	2	24
23	23.1	2	4	48
24	19.8	2	1	16
25	17.2	1	4	45
26	20.7	2	3	39
27	23.6	1	5	55
28	14.6	2	3	33
29	17.6	1	2	25
30	19.0	1	4	46

[성별]

    1. 여성　2. 남성

[연대]

    1. 10대　2. 20대　3. 30대　4. 40대　5. 50대

여기에서 분석하고 싶은 것은 다음과 같은 세 가지이다.

(1) 작업시간에 관해서 성별과 연령 사이에 무슨 관계가 있는지 어떤지?

(2) 여성은 연령과 함께 작업시간이 길어지는가?

(3) 남성은 연령과 함께 작업시간은 길어지는가?

이와 같은 때에는 다음의 통계처리를 고려할 수 있다.

🔲 **통계처리 1**

연대 또는 연령을 가로축에, 작업시간을 세로축에 취하고 여성과 남성에 대해서 각각 그래프 표현을 한다.

🔲 **통계처리 2**

그래프 표현을 보고 두 개의 꺾은선이 평행하지 않으면 상호작용의 존재를 생각할 수 있으므로, 일반선형모형을 사용해서 성별과 연령에 대하여 상호작용의 검정을 실시한다.

🔲 **통계처리 3**

상호작용이 존재하면 성별과 연령 사이에 관련이 있다는 것을 알 수 있다.

 SPSS에 의한 해법

🔵 순서 1 **데이터의 입력**

〈표 9-1〉의 데이터를 다음과 같이 입력한다.

	작업시간	성별	연대	연령	변수	변수	변수	변수	변수	변수	변수	변수
1	12.1	1	1	17								
2	10.5	1	1	19								
3	18.7	2	1	18								
4	12.0	2	4	45								
5	11.7	1	2	26								
6	18.7	1	1	18								
7	21.3	2	2	23								
8	17.6	2	3	37								
9	17.5	2	1	19								
10	14.4	1	3	35								
11	18.7	2	5	51								
12	17.9	1	5	58								
13	20.6	2	4	49								
14	16.3	1	3	34								
15	15.2	2	2	24								
16	17.2	2	5	58								
17	18.4	1	3	31								
18	20.5	2	5	56								
19	18.5	2	2	27								
20	15.6	1	4	43								
21	21.6	1	5	52								
22	13.7	1	2	24								

[변수값 설명]

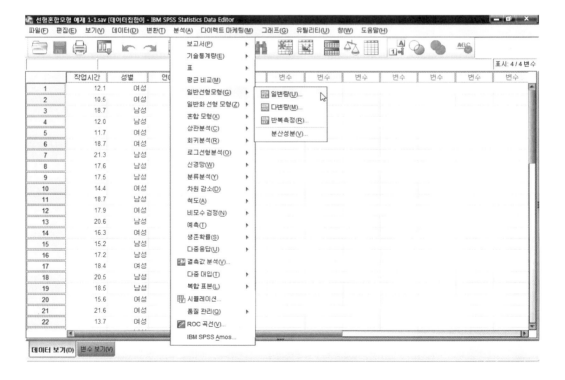

🕐 순서 2 **일변량 분산분석의 선택**

    메뉴에서 [분석(A)] – [일반선형모형(G)] – [일변량(U)]을 선택한다.

순서 3 **변수의 선택**

작업시간을 [종속변수(D)]로 이동하고, 성별을 [모수요인(F)], 연령을 [공변량
(C)]으로 이동한다. [모형(M)]을 클릭한다.

순서 4 **모형의 설정**

(1) [일변량 : 모형] 대화상자가 나타나면 [사용자 정의(C)]를 클릭한다.

(2) [모형(M)]의 난에 다음과 같은 상호작용이 있는 모형을 작성한다. 그리고 [계속]을 클릭한다.

순서 5 **옵션의 선택**

(1) 다음의 화면으로 되돌아오면 [옵션(O)]을 클릭한다.

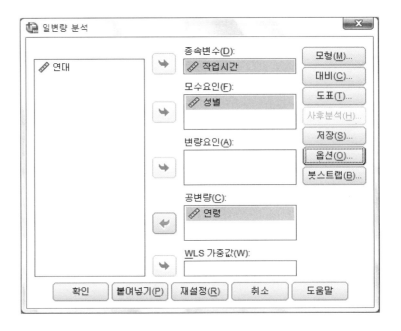

(2) [옵션] 대화상자에서 [모수 추정값(T)]을 체크하고 [계속]을 클릭한다.

순서 6 일변량 분산분석의 실행

다음의 화면으로 되돌아오면 [확인]을 클릭한다.

분산분석의 결과(1)

일변량 분산분석

개체-간 효과 검정

종속 변수: 작업시간

소스	제 III 유형 제곱합	자유도	평균 제곱	F	유의확률
수정 모형	112.473[a]	3	37.491	4.533	.011
절편	757.007	1	757.007	91.519	.000
성별	55.004	1	55.004	6.650	.016
연령	53.260	1	53.260	6.439	.018
성별 * 연령	37.255	1	37.255	4.504	.044
오차	215.060	26	8.272		
합계	9490.550	30			
수정 합계	327.534	29			

a. R 제곱 = .343 (수정된 R 제곱 = .268)

요인과 공변량의 상호작용 검정 :

귀무가설 H_0 : 성별과 연령 사이에 상호작용은 존재하지 않는다.

유의확률 0.044 ≦ 유의수준 0.05

이므로 귀무가설 H_0는 기각된다.

따라서 성별과 연령 사이에 상호작용이 존재한다.

여기에서 성별과 연령 사이에 상호작용이 존재하는 것을 확인하려면 상호작용도(프로파일 도표)를 그려보면 된다. 그러기 위해서는 각 연대별 성별의 평균치를 계산해야 한다. 그 결과는 다음과 같다.

표 9-2 | 각 연대별 평균 작업시간

	10대	20대	30대	40대	50대
여성	13.77	14.33	16.37	17.27	21.03
남성	18.67	18.33	17.63	18.57	18.80

 상호작용도 작성

순서 1 **변수의 선택**

(1) 다음의 대화상자에서 작업시간을 [종속변수(D)], 성별과 연대를 [모수요인 (F)]에 이동하고 [모형(M)]을 클릭한다.

(2) 다음의 대화상자에서 [모형(M)]의 난에 다음과 같은 상호작용이 있는 모 형을 작성한다. 그리고 [계속]을 클릭한다.

⏱순서 2 **도표의 선택**

(1) 앞의 화면으로 되돌아오면 [도표(T)]를 클릭한다. [프로파일 도표] 대화상
자에서 다음과 같이 변수를 선택하고 [추가(A)]를 클릭한다.

(2) 다음 화면에서 [계속]을 클릭한다.

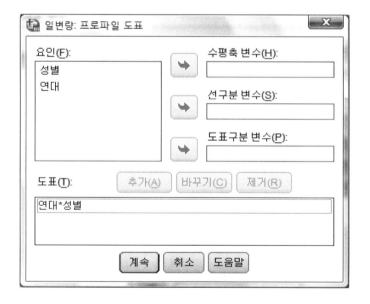

[일변량 분석] 대화상자로 되돌아오면 [확인]을 클릭한다.

◖순서 3 도표의 완성

다음과 같은 프로파일 도표가 완성된다. 이것이 연대와 성별 사이의 상호작용도이다.

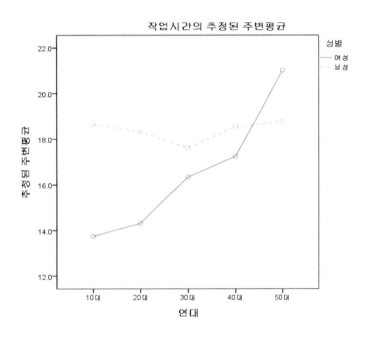

이 상호작용도에서 두 선이 교차하고 있기 때문에 연대와 성별 사이에 상호작용이 있음을 알 수 있다.

 분산분석의 결과(2)

한편 앞의 일변량 분산분석의 결과 모수 추정값은 다음과 같다.

모수 추정값

종속 변수: 작업시간

모수	B	표준오차	t	유의확률	95% 신뢰구간 하한값	95% 신뢰구간 상한값
절편	17.823	2.062	8.642	.000	13.584	22.062
[성별=1]	-7.568	2.935	-2.579	.016	-13.601	-1.536
[성별=2]	0[a]	.	.	.	.	.
연령	.016	.053	.300	.767	-.093	.125
[성별=1] * 연령	.163	.077	2.122	.044	.005	.321
[성별=2] * 연령	0[a]	.	.	.	.	.

a. 이 모수는 중복되었으므로 0으로 설정됩니다.

분석결과로부터 남성의 회귀직선은 다음과 같다.

$$작업시간 = \underset{절편}{(17.823 + 0)} + \underset{기울기}{(0.016 + 0)} \times 연령$$

$$작업시간 = 17.823 + 0.016 \times 연령$$

여성의 회귀직선은 다음과 같이 된다.

$$작업시간 = \underset{절편}{(17.823 - 7.568)} + \underset{기울기}{(0.016 + 0.163)} \times 연령$$

$$작업시간 = 10.255 + 0.179 \times 연령$$

따라서 전술한 개체-간 효과 검정은 두 개 회귀직선의 기울기에 대한 차(差)의 검정이기도 한 셈이다.

Chapter 10 일반선형모형과 실험계획법

 ## 10.1 난괴법

다음과 같은 실험을 하지 않으면 안 된다고 하자.

표 10-1 **일원배치 분산분석의 데이터**

수준 A₁	x_{11}	x_{12}	x_{13}	x_{14}
수준 A₂	x_{21}	x_{22}	x_{23}	x_{24}
수준 A₃	x_{31}	x_{32}	x_{33}	x_{34}
수준 A₄	x_{41}	x_{42}	x_{43}	x_{44}

(주) 전부해서 4×4회의 실험을 반복한다.

그런데 1일에 4회밖에 실험을 실시할 수 없다고 하면 어떻게 할까?
이와 같을 때, 각 1일을 하나의 블록으로 해서,

> (주) 블록이란 원래 농장실험의 용어이다. 넓은 농장 전체에 걸쳐서 지력(地力)이 균일하다고 하는 경우는 있을 수 없다. 그래서 농장을 몇 개로 분할하여 같은 구획 안에서는 지력이 거의 같게 되도록 한 것을 블록이라고 했다.

다음과 같이 네 개의 블록으로 실험을 배치했다.

|표 10-2| **난괴법의 예**

블록 B1 (1일째)	블록 B2 (2일째)	블록 B3 (3일째)	블록 B4 (4일째)
A_1	A_3	A_3	A_2
↓	↓	↓	↓
A_3	A_2	A_4	A_4
↓	↓	↓	↓
A_4	A_1	A_2	A_3
↓	↓	↓	↓
A_2	A_4	A_1	A_1
↑	↑	↑	↑

A1이 각 블록에 1회씩 나타나고 있다.

즉, 각 블록 안에 각 수준 A1이 랜덤하게 1회씩 포함된다.

이와 같이 실험하는 것을 난괴법(亂塊法, randomized blocks method)이라고 한다.

🏛 예제 **10-1**

이 실험의 결과 〈표 10-3〉과 같은 측정치를 얻었다. 다음의 데이터를 사용해서 SPSS에 의한 난괴법을 실시해 보자.

|표 10-3| **난괴법에 의한 측정치**

블록 B1 (1일째)	블록 B2 (2일째)	블록 B3 (3일째)	블록 B4 (4일째)
$A_1 = 8.3$	$A_3 = 8.1$	$A_3 = 7.2$	$A_2 = 8.2$
$A_3 = 7.3$	$A_2 = 8.3$	$A_4 = 7.8$	$A_4 = 6.0$
$A_4 = 5.1$	$A_1 = 8.8$	$A_2 = 9.2$	$A_3 = 7.0$
$A_2 = 7.1$	$A_4 = 5.9$	$A_1 = 8.8$	$A_1 = 8.3$

이 데이터에 대해서 SPSS에 의한 난괴법을 실시하는 순서는 다음과 같다.

 SPSS에 의한 해법

순서 1 **데이터의 입력**

〈표 10-3〉의 데이터를 다음과 같이 입력한다.

	블록	수준	측정치	변수	변수	변수	변수	변수	변수	변수	변수	변수
1	1	1	8.3									
2	1	3	7.3									
3	1	4	5.1									
4	1	2	7.1									
5	2	3	8.1									
6	2	2	8.3									
7	2	1	8.8									
8	2	4	5.9									
9	3	3	7.2									
10	3	4	7.8									
11	3	2	9.2									
12	3	1	8.8									
13	4	2	8.2									
14	4	4	6.0									
15	4	3	7.0									
16	4	1	8.3									

[변수값 설명]

	블록	수준	측정치	변수	변수	변수	변수	변수	변수	변수	변수	변수
1	1일째	A1	8.3									
2	1일째	A3	7.3									
3	1일째	A4	5.1									
4	1일째	A2	7.1									
5	2일째	A3	8.1									
6	2일째	A2	8.3									
7	2일째	A1	8.8									
8	2일째	A4	5.9									
9	3일째	A3	7.2									
10	3일째	A4	7.8									
11	3일째	A2	9.2									
12	3일째	A1	8.8									
13	4일째	A2	8.2									
14	4일째	A4	6.0									
15	4일째	A3	7.0									
16	4일째	A1	8.3									

순서 2 **일변량 분산분석의 선택**

> 메뉴에서 [분석(A)] – [일반선형모형(G)] – [일변량(U)]을 선택한다.

 순서 3 **변수의 선택**

> [종속변수(D)]로서 측정치, [모수요인(F)]으로서 블록과 수준을 선택한다.

순서 4 **모형의 설정**

(1) [모형(M)] 버튼을 클릭하면 다음과 같은 대화상자가 나타난다.

(2) [사용자 정의(C)]를 지정하면 화면의 문자가 검게 반전된다. 그러면 수준
과 블록을 지정하여 [모형(M)]의 난에 입력한다.

[계속] 버튼을 클릭하면 앞의 화면으로 복귀한다. 여기에서 [확인]을 클릭하면
분석결과를 얻을 수 있다.

분석결과 및 결과의 해석방법

일변량 분산분석

개체-간 요인

		변수값 설명	N
블득	1	1일째	4
	2	2일째	4
	3	3일째	4
	4	4일째	4
수준	1	A1	4
	2	A2	4
	3	A3	4
	4	A4	4

개체-간 효과 검정

종속 변수: 측정치

소스	제 III 유형 제곱합	자유도	평균 제곱	F	유의확를
수정 모형	16.750[a]	6	2.792	7.461	.004
절편	921.123	1	921.123	2461.797	.000
블득	3.703	3	1.234	3.298	.072
수준	13.048	3	4.349	11.624	.002
오차	3.368	9	.374		
합계	941.240	16			
수정 합계	20.118	15			

a. R 제곱 = .833 (수정된 R 제곱 = .721)

개체-간 효과 검정에서 블록에 관한 차이의 검정을 보자.

난괴법의 경우에 이 블록의 차이 검정은 무시하기로 한다.

수준 간의 차이 검정, 즉

"귀무가설 H_0 : 네 개의 수준 A₁, A₂, A₃, A₄의 사이에 차이는 없다"

를 검정하고 있다.

유의확률 = 0.002 < 유의확률 α = 0.05

이므로 귀무가설 H_0는 기각된다.

따라서 네 개의 수준 간에 차이가 있다는 것을 알 수 있다.

10.2 라틴 방격

라틴 방격(Latin square)이란 다음과 같은 표를 말한다.

[표 10-4] **4×4 라틴 방격의 예**

	블록 B1에서의 순위	블록 B2에서의 순위	블록 B3에서의 순위	블록 B4에서의 순위
수준 A1	1	2	3	4
수준 A2	2	1	4	3
수준 A3	3	4	2	2
수준 A4	4	3	1	1

(주) 어느 수준에 있어서도 같은 순위는 나타나지 않는다.

즉, 세로로 보나 가로로 보나 {1, 2, 3, 4}의 숫자가 규칙적으로 들어가 있다. 따라서 라틴 방격은 난괴법을 더욱 정밀하게 한 것이라고 생각된다.

세 개의 요인 A, 요인 B, 요인 C에 대해서 각각 수준이

- 요인 A ⋯ 수준 A1, 수준 A2, 수준 A3, 수준 A4
- 요인 B ⋯ 수준 B1, 수준 B2, 수준 B3, 수준 B4
- 요인 C ⋯ 수준 C1, 수준 C2, 수준 C3, 수준 C4

로 되어 있다고 하자. 이때에 모든 편성에 대해서 실험을 하면

$$4 \times 4 \times 4 = 64$$

와 같이 64회나 실험계획을 필요로 하는데, 다음의 표와 같이 생각하면 불과 16회의 실험으로 끝나게 된다.

(주) 라틴 방격이란 p 종류의 기호를 각 p 개씩, p 행 p 열의 정방형으로 배열하고, 어느 행이든 어느 열이든 같은 기호가 1개씩 포함되도록 한 것이다.

표 10-5 4×4 라틴 방격

요인A \ 요인B	B₁	B₂	B₃	B₄
A₁	C₁	C₂	C₃	C₄
A₂	C₂	C₁	C₄	C₃
A₃	C₃	C₄	C₂	C₁
A₄	C₄	C₃	C₁	C₂

(주) 즉, 조건 A_2, B_4, C_3 하에서의 실험

예제 10-2

위의 라틴 방격에 따라서 실험을 했더니 〈표 10-6〉과 같은 측정치를 얻었다. 다음의 데이터에 대해서 SPSS에 의한 해를 구해 보자.

표 10-6 라틴 방격에 의한 측정치

	B₁	B₂	B₃	B₄
A₁	C₁ 10.8	C₂ 9.8	C₃ 21.3	C₄ 13.0
A₂	C₂ 9.4	C₁ 8.4	C₄ 15.0	C₃ 14.0
A₃	C₃ 19.2	C₄ 19.1	C₂ 13.5	C₁ 16.4
A₄	C₄ 14.1	C₃ 19.1	C₁ 15.8	C₂ 15.2

SPSS에 의한 해법

순서 1 데이터의 입력

〈표 10-6〉의 데이터를 다음과 같이 입력한다.

	요인a	요인b	요인c	측정치	변수	변수	변수	변수	변수	변수	변수
1	1	1	1	10.8							
2	1	2	2	9.8							
3	1	3	3	21.3							
4	1	4	4	13.0							
5	2	1	2	9.4							
6	2	2	1	8.4							
7	2	3	4	15.0							
8	2	4	3	14.0							
9	3	1	3	19.2							
10	3	2	4	19.1							
11	3	3	2	13.5							
12	3	4	1	16.4							
13	4	1	4	14.1							
14	4	2	3	19.1							
15	4	3	1	15.8							
16	4	4	2	15.2							

순서 2 일변량 분산분석의 선택

메뉴에서 [분석(A)] – [일반선형모형(G)] – [일변량(U)]을 선택한다.

⏱ 순서 3 **변수의 선택**

[종속변수(D)]로서 측정치, [모수요인(F)]으로서 요인a, 요인b, 요인c를 선택한다.

⏱ 순서 4 **모형의 설정**

(1) [모형(M)] 버튼을 클릭하면 다음과 같은 대화상자가 나타난다. [사용자 정의(C)]를 지정한다.

(2) 화면의 문자가 검게 반전된다. 그러면 요인a, 요인b, 요인c를 차례로 지
정하여 [모형(M)]의 난에 입력한다.

일변량: 모형
모형설정 ○ 완전요인모형(A)　◉ 사용자 정의(C)
요인 및 공변량(F):　　　　　　**모형(M):**
⊞ 요인a　　　　　　요인a
⊞ 요인b　　　　　　요인b
⊞ 요인c　　　　　　요인c
항 설정
유형(Y):
상호작용 ▾
←
제곱합(Q): 제 III 유형 ▾　　☑ 모형에 절편 포함(I)
계속　취소　도움말

[계속] 버튼을 클릭하면 앞의 화면으로 복귀한다. 여기에서 [확인] 버튼을 클
릭하면 분석결과를 얻을 수 있다.

 분석결과 및 결과의 해석방법

일변량 분산분석

개체-간 요인

		변수값 설명	N
요인a	1	A1	4
	2	A2	4
	3	A3	4
	4	A4	4
요인b	1	B1	4
	2	B2	4
	3	B3	4
	4	B4	4
요인c	1	C1	4
	2	C2	4
	3	C3	4
	4	C4	4

개체-간 효과 검정

종속 변수: 측정치

소스	제 III 유형 제곱합	자유도	평균 제곱	F	유의확률
수정 모형	188.581[a]	9	20.953	4.123	.049
절편	3425.176	1	3425.176	673.943	.000
요인a	69.107	3	23.036	4.533	.055
요인b	19.957	3	6.652	1.309	.355
요인c	99.517	3	33.172	6.527	.026
오차	30.494	6	5.082		
합계	3644.250	16			
수정 합계	219.074	15			

a. R 제곱 = .861 (수정된 R 제곱 = .652)

개체-간 효과 검정에서 요인 A에 관한 차이의 검정을 살펴보자.

"귀무가설 H_0 : A_1, A_2, A_3, A_4의 사이에 차이는 없다"

에 대해서

유의확률 = 0.055 > 유의수준 α = 0.05

이므로 귀무가설 H_0는 기각되지 않는다.

따라서 네 개의 수준 간에 차이가 있다고는 할 수 없다.

요인 B에 관한 차이의 검정에서는

"귀무가설 H_0 : B_1, B_2, B_3, B_4의 사이에 차이는 없다"

에 대해서

유의확률 = 0.355 > 유의수준 α = 0.05

이므로 귀무가설 H_0는 기각되지 않는다.

즉, 네 개의 수준 간에 차이가 있다고는 할 수 없다.

요인 C에 관한 차이의 검정에서는

"귀무가설 H_0 : C_1, C_2, C_3, C_4의 사이에 차이는 없다"

에 대해서

유의확률 = 0.026 < 유의수준 α = 0.05

이므로 귀무가설 H_0는 기각된다.

따라서 네 개의 수준 C_1, C_2, C_3, C_4의 사이에 차이가 있다는 것을 알 수 있다.

10.3 직교표

직교표(直交表)란 요컨대 실험의 횟수를 줄이기 위하여 생각해 낸 매우 훌륭한 실험방법의 하나이다.

예를 들면, 네 개의 요인 A, B, C, D가 각각 두 개의 수준

- 요인 A ⋯ 수준 A_1, 수준 A_2
- 요인 B ⋯ 수준 B_1, 수준 B_2
- 요인 C ⋯ 수준 C_1, 수준 C_2
- 요인 D ⋯ 수준 D_1, 수준 D_2

로 나누어져 있는 경우, 모든 편성의 실험횟수는

$$2 \times 2 \times 2 \times 2 = 16$$

과 같이 적어도 16회 필요하게 된다. 그런데 다음 표의 음영 표시가 있는 데만 실험을 하기로 하면, 불과 8회의 실험으로 끝나게 된다.

〖표 10-7〗 **4원배치의 데이터**

요인 C	요인 D 요인B 요인A	D_1		D_2	
		B_1	B_2	B_1	B_2
C_1	A_1	$\boldsymbol{x_{1111}}$	x_{1211}	x_{1112}	$\boldsymbol{x_{1212}}$
	A_2	x_{2111}	$\boldsymbol{x_{2211}}$	$\boldsymbol{x_{2112}}$	x_{2212}
C_2	A_1	x_{1121}	$\boldsymbol{x_{1221}}$	$\boldsymbol{x_{1122}}$	x_{1222}
	A_2	$\boldsymbol{x_{2121}}$	x_{2221}	x_{2122}	$\boldsymbol{x_{2222}}$

(주) 음영 표시는 〈표 10-8〉의 실험의 편성

(주) 음영 표시에 치우침은 없다.

즉, 다음과 같은 표를 직교표라고 부르고 있다.

|표 10-8| **직교표의 1예**

번호	요인 A	요인 B	요인 C	요인 D	측정치 x
1	A_1	B_1	C_1	D_1	x_{1111}
2	A_1	B_1	C_2	D_2	x_{1122}
3	A_1	B_2	C_1	D_2	x_{1212}
4	A_1	B_2	C_2	D_1	x_{1221}
5	A_2	B_1	C_1	D_2	x_{2112}
6	A_2	B_1	C_2	D_1	x_{2121}
7	A_2	B_2	C_1	D_1	x_{2211}
8	A_2	B_2	C_2	D_2	x_{2222}

 힌트

왜 직교라고 하는 이름이 붙어 있을까?

|표 10-9| $L_4(2^3)$ 직교표

번호 ＼ 열	(1)	(2)	(3)
1	1	1	1
2	1	2	2
3	2	1	2
4	2	2	1

↑
2를 −1로 치환하면

$$\begin{bmatrix}1\\1\\2\\2\end{bmatrix}\begin{bmatrix}1\\2\\1\\2\end{bmatrix}\begin{bmatrix}1\\2\\2\\1\end{bmatrix}\text{는}\quad\begin{bmatrix}1\\1\\-1\\-1\end{bmatrix}\begin{bmatrix}1\\-1\\1\\-1\end{bmatrix}\begin{bmatrix}1\\-1\\-1\\1\end{bmatrix}\text{로 바뀐다.}$$

이 세 개의 벡터는 서로 직교하고 있으므로 직교표라고 부르고 있다.

예제 10-3

위의 직교표에 따라서 실험을 했더니 다음과 같은 측정치를 얻었다. 다음의
데이터에 대해서 SPSS에 의한 해를 구해 보자.

§ 표 10-10 § **직교표의 측정치**

번호	요인A	요인 B	요인 C	요인 D	측정치 x
1	A_1	B_1	C_1	D_1	$x_{1111} = 19.5$
2	A_1	B_1	C_2	D_2	$x_{1122} = 4.8$
3	A_1	B_2	C_1	D_2	$x_{1212} = 16.1$
4	A_1	B_2	C_2	D_1	$x_{1221} = 12.5$
5	A_2	B_1	C_1	D_2	$x_{2112} = 1.9$
6	A_2	B_1	C_2	D_1	$x_{2121} = 2.4$
7	A_2	B_2	C_1	D_1	$x_{2211} = 11.2$
8	A_2	B_2	C_2	D_2	$x_{2222} = 4.0$

 SPSS에 의한 해법

순서 1 데이터의 입력

〈표 10-10〉의 데이터를 다음과 같이 입력한다.

	요인a	요인b	요인c	요인d	측정치
1	1	1	1	1	19.5
2	1	1	2	2	4.8
3	1	2	1	2	16.1
4	1	2	2	1	12.5
5	2	1	1	2	1.9
6	2	1	2	1	2.4
7	2	2	1	1	11.2
8	2	2	2	2	4.0

순서 2 일변량 분산분석의 선택

메뉴에서 [분석(A)] – [일반선형모형(G)] – [일변량(U)]을 선택한다.

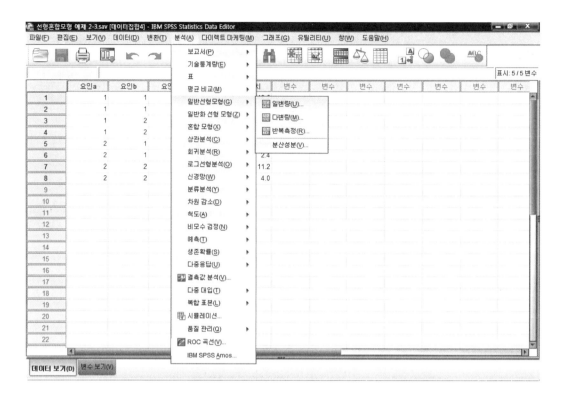

순서 3 변수의 선택

[종속변수(D)]로서는 측정치, [모수요인(F)]으로서는 요인a, 요인b, 요인c, 요인d를 선택한다.

순서 4 모형의 설정

(1) [모형(M)] 버튼을 클릭하면 다음과 같은 대화상자가 나타난다. [사용자 정의(C)]를 지정한다.

(2) 화면의 문자가 검게 반전된다. 그러면 요인a, 요인b, 요인c를 차례로 지정하여 [모형 (M)]의 난에 입력한다. 여기에서 [계속] 버튼을 클릭한다.

상호작용이 없는 모형

(2') 모형을 만드는 방법은 여러 가지이다. 다음의 모형은 요인a와 요인b의 상호작용을 채택하고 있다.

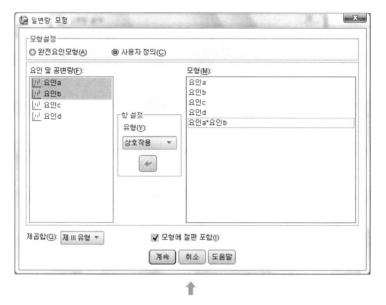

상호작용이 있는 모형(1)

(2") 연구내용에 따라서는 다음과 같이 요인a와 요인c의 상호작용, 요인b와 요인d의 상호 작용을 채택하지 않으면 안 될지도 모른다.

상호작용이 있는 모형(2)

순서 5 **분석결과의 출력**

모형의 설정이 끝나면 [계속] 버튼을 클릭한다. 그러면 다음의 화면으로 복귀

한다. 여기에서 [확인] 버튼을 클릭하면 분석결과를 얻게 된다.

 분석결과 및 결과의 해석방법

일변량 분산분석

개체-간 요인

		변수값 설명	N
요인a	1	A1	4
	2	A2	4
요인b	1	B1	4
	2	B2	4
요인c	1	C1	4
	2	C2	4
요인d	1	D1	4
	2	D2	4

개체-간 효과 검정

종속 변수: 측정치

소스	제 III 유형 제곱합	자유도	평균 제곱	F	유의확률
수정 모형	290.630[a]	4	72.658	9.193	.049
절편	655.220	1	655.220	82.904	.003
요인a	139.445	1	139.445	17.644	.025
요인b	28.880	1	28.880	3.654	.152
요인c	78.125	1	78.125	9.885	.052
요인d	44.180	1	44.180	5.590	.099
오차	23.710	3	7.903		
합계	969.560	8			
수정 합계	314.340	7			

a. R 제곱 = .925 (수정된 R 제곱 = .824)

개체-간 효과 검정에서

요인 A에 대한 검정 :

"귀무가설 H_0 : 수준 A_1, A_2의 사이에 차이는 없다"

를 검정하고 있다.

유의확률 = 0.025 < 유의수준 α = 0.05

이므로 귀무가설 H_0는 기각된다.

수준 A_1, A_2의 사이에 차이가 있으므로 요인 A는 이 실험에 유효하게 작용하고 있다는 것을 알 수 있다.

요인 B에 대한 검정 :

"귀무가설 H_0 : 수준 B_1, B_2의 사이에 차이는 없다"

를 검정하고 있다.

유의확률 = 0.152 > 유의수준 α = 0.05

이므로 귀무가설 H_0는 기각되지 않는다. 즉, 요인 B는 이 실험에 유효하게 작용하고 있지 않다는 것을 알 수 있다.

요인 C에 대한 검정 :

"귀무가설 H_0 : 수준 C_1, C_2의 사이에 차이는 없다"

를 검정하고 있다.

$$유의확률 = 0.052 > 유의수준 \ \alpha = 0.05$$

이므로 귀무가설 H_0는 기각되지 않는다. 즉, 요인 C는 이 실험에 유효하게 작용하고 있지 않다는 것을 알 수 있다.

요인 D에 대한 검정 :

"귀무가설 H_0 : 수준 D_1, D_2의 사이에 차이는 없다"

를 검정하고 있다.

$$유의확률 = 0.099 > 유의수준 \ \alpha = 0.05$$

이므로 귀무가설 H_0는 기각되지 않는다.

이 사실은 요인 D는 이 실험에 유효하게 작용하고 있지 않다는 것을 나타내고 있다.

일반선형모형에 의한 분할법

11.1 분할법의 개요

완전무작위법과 분할법

이제 두 개의 요인 A와 B를 문제 삼는 실험을 생각한다. 상호작용 A×B도 검증하고 싶으므로, 반복을 2회 넣기로 한다. A를 4수준, B를 3수준으로 하면 다음 〈표 11-1〉과 같이 24(=4×3×2)회의 실험을 실시하게 된다.

| 표 11-1 | **반복 있는 이원배치 실험**

	B1	B2	B3
A1	(1)	(9)	(17)
	(2)	(10)	(18)
A2	(3)	(11)	(19)
	(4)	(12)	(20)
A3	(5)	(13)	(21)
	(6)	(14)	(22)
A4	(7)	(15)	(23)
	(8)	(16)	(24)

24회의 실험을 무작위한 순서로 실시하는 방법, 혹은 24명의 피험자에게 실험조건을 할당하는 방법을 완전무작위화법이라고 한다.

한편, 요인 A의 어느 수준에서 실험을 행할 것인지를 최초로 정하고, 다음에 그 수준 중에서 요인 B의 어느 수준에서 실험을 행할 것인지를 무작위하게 정하

도록 하는 방법을 분할법이라고 한다.

분할법에서는 A1에서 A4까지 8회(4수준×반복 2회)의 실험순서를 무작위하게 정하고, A의 수준이 정해진 다음에 B1에서 B3까지를 무작위한 순서로 실험을 실시한다. 이것은 피험자의 수로 설명하면, 8명의 피험자에게 A1에서 A4까지를 무작위하게 할당하고(각 수준 2명씩), 피험자마다 B1에서 B3까지를 할당한다고 하는 방법이다.

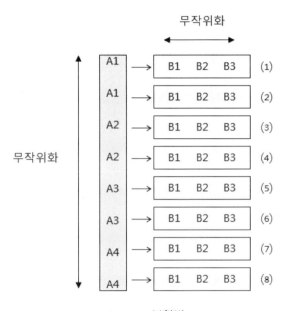

┃ 그림 11-1 ┃ **분할법**

분할법이란 무작위화를 몇 단계로 나누어서 행하는 실험방법이다. 제1단계에서 무작위화되는 요인을 1차 요인, 제2단계에서 무작위화되는 요인을 2차 요인이라고 한다. 제k단계에서 무작위화되는 요인은 k차 요인이다. 이 예에서는 요인 A가 1차 요인, B가 2차 요인이 된다.

제1단계에서의 무작위화로 생기는 오차를 1차 오차, 제2단계에서의 무작위화로 생기는 오차를 2차 오차라 하고, 실험오차가 갈라져 나타나는 것이 분할법의 특징이다.

그리고 1차 요인을 할당한 실험의 블록을 1차 단위, 2차 요인을 할당한 실험의 블록을 2차 단위라고 부른다. 따라서 1차 오차란 1차 단위에서 생기는 오차, 2차 오차란 2차 단위에서 생기는 오차라고 하는 표현도 가능하다.

분할법의 예

예제 **1**

앞의 예에서는 A1에서 A4까지의 8회(4수준×반복 2회)를 무작위화하고 있는데, A1에서 A4까지의 4회를 무작위화하고, 다음에 B를 무작위화한다. 그것을 2회 반복한다고 하는 방법도 생각할 수 있다. 그림으로 나타내면 다음과 같이 된다. 이 경우에는 반복도 1차 요인으로서 분석할 필요가 있다.

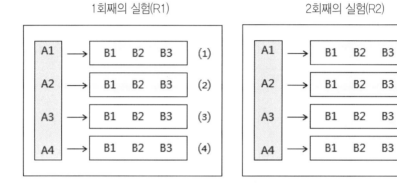

| 그림 11-2 | **2회 반복 실험**

예제 **2**

예1에서 1회째의 실험만으로 그친다고 하는 방법도 생각할 수 있다.

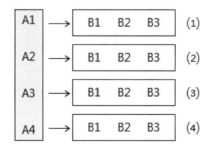

| 그림 11-3 | **1회 실험**

이 예의 경우에 AB의 동일 조건에서의 반복이 없으므로, A×B를 검출하는 것은 불가능하다. 그리고 A의 효과와 1차 오차가 교락(交絡)해 버리므로, A가 유

의하더라도 정말로 A의 효과에 의한 것인지, 1차 오차에 의한 것인지 혹은 그 양쪽인지를 구별할 수 없다.

요인과 검정의 관계

1차 단위의 인자를 1차 인자, 2차 단위의 인자를 2차 인자라고 부르고, 1차 인자의 요인은 1차 오차로, 2차 인자의 요인은 2차 오차로 검정된다.

요인의 차수와 인자의 차수의 관계는 다음과 같이 된다.

① n차 요인의 주효과는 n차 인자 (n차 오차로 검정된다)

② n차 요인과 n차 요인의 상호작용은 n차 인자 (n차 오차로 검정된다)

③ n차 요인과 m차 요인($n < m$)의 상호작용은 m차 인자

    (m차 오차로 검정된다)

한편, 사람(피험자)이 관계하는 실험에서는 피험자 간 요인을 1차 요인, 피험자 내 요인을 2차 요인이라고 생각해도 괜찮다.

분할법의 장점

분할법에서는 실험 전체를 무작위화하는 것이 아니므로, 수준 변경이 곤란한 요인을 저차(低次)의 요인으로 해서 실험을 계획하면, 효율적으로 실험을 실시할 수 있다.

또한 분할법에서는 일반적으로 1차 인자에 대한 검출력(檢出力)보다 2차 인자에 대한 검출력 쪽이 높아지므로, 상호작용에 관심이 있는 요인은, 한쪽의 요인을 (표시 요인이 있을 때는 표시 요인 쪽을) 1차 인자, 다른 쪽의 요인을 2차 인자로 해서 실험을 실시하면, 상호작용에 대한 검출력이 높아진다.

11.2 반복측정에 의한 분할법의 분석

예제 **11-1**

운동 전에 섭취하는 음료수가 운동 후의 회복시간에 미치는 영향을 조사하는 것을 목적으로 한 실험을 실시했다. 음료수는 세 종류(A1, A2, A3), 운동은 네 종

류(B1, B2, B3, B4) 준비했다. 피험자의 수는 6명(C1, C2, C3, C4, C5, C6)이고, 각 피험자가 통상의 맥박수로 되돌아오기까지의 시간을 측정한 결과가 다음 〈표 11-2〉의 데이터표이다.

|표 11-2| **반복측정에 의한 데이터표**

피험자	음료수	운동의 종류			
		B1	B2	B3	B4
C1	A1	29	28	26	33
C2	A1	31	29	28	34
C3	A2	31	31	31	32
C4	A2	32	33	33	35
C5	A3	34	36	33	35
C6	A3	35	38	34	32

실험은 다음과 같이 실시했다.

① 여섯 명을 두 명씩 세 개의 그룹으로 나누어서, A1, A2, A3의 어느 음료수를 섭취할 것인가를 무작위로 할당한다.

② B1, B2, B3, B4의 운동은 각 사람이 무작위한 순서로 실시했다.

분산분석을 실시해서 음료수와 운동의 종류에 따라서 회복시간에 차가 있는지 어떤지를 분석한다.

1차 요인과 2차 요인

본 예제는 1차 요인을 A(음료수), 2차 요인을 B(운동)로 하는 분할법에 의한 실험의 형식이다.

1차 요인이 되는 A를 피험자 간 요인, 2차 요인이 되는 B를 피험자 내 요인이라고 부르기도 한다. SPSS에서 분할법에 의한 실험을 분석하려면 다음의 두 가지 방법이 있다.

① 반복측정

② 일반선형모형(GLM)

먼저 반복측정에 의한 분석을 실시해 보기로 한다.

 SPSS에 의한 해법

순서 1 **데이터의 입력**

데이터를 다음과 같이 입력한다.

순서 2 **반복측정의 실행**

메뉴에서 [분석(A)] – [일반선형모형(G)] – [반복측정(R)]을 선택한다.

순서 3 반복측정 요인 정의

(1) 다음의 대화상자에서 [개체-내 요인 이름]에 적당한 이름을 입력한다. 여기에서는 'B'로 한다. [수준의 수]에 '4'라고 입력한다. [추가]를 클릭한다.

(2) 다음에 [정의]를 클릭한다.

순서 4 **변수의 선택**

(1) 다음의 대화상자에서 [개체-내 변수]에 B1, B2, B3, B4를 순서대로 투입한다.

(2) [개체-간 요인]에 A를 투입한다.

(3) [확인]을 클릭하면 분석결과가 얻어진다.

분산분석의 결과

[구형성의 확인]

Mauchly의 구형성 검정[a]

측도: MEASURE_1

					엡실런[b]		
개체-내 효과	Mauchly의 W	근사 카이제곱	자유도	유의확률	Greenhouse-Geisser	Huynh-Feldt	하한값
B	.030	6.029	5	.371	.402	.974	.333

정규화된 변형 종속변수의 오차 공분산행렬이 단위행렬에 비례하는 영가설을 검정합니다.

a. Design: 절편 + A
   개체-내 계획: B

b. 유의성 평균검정의 자유도를 조정할 때 사용할 수 있습니다. 수정된 검정은 개체내 효과검정 표에 나타납니다.

Mauchly의 구형성(球形性) 검정의 결과는

$$유의확률 = 0.371 > 0.05$$

로 유의하지 않다. 따라서 앞으로의 분석결과는 구형성을 가정한 결과를 보기로 한다.

[분산분석]

개체-내 효과 검정

측도: MEASURE_1

소스		제 III 유형 제곱합	자유도	평균 제곱	F	유의확률
B	구형성 가정	22.125	3	7.375	7.479	.008
	Greenhouse-Geisser	22.125	1.207	18.333	7.479	.056
	Huynh-Feldt	22.125	2.923	7.570	7.479	.009
	하한값	22.125	1.000	22.125	7.479	.072
B * A	구형성 가정	45.250	6	7.542	7.648	.004
	Greenhouse-Geisser	45.250	2.414	18.747	7.648	.049
	Huynh-Feldt	45.250	5.846	7.741	7.648	.004
	하한값	45.250	2.000	22.625	7.648	.066
오차(B)	구형성 가정	8.875	9	.986		
	Greenhouse-Geisser	8.875	3.621	2.451		
	Huynh-Feldt	8.875	8.768	1.012		
	하한값	8.875	3.000	2.958		

2차 오차의 분산은 $V_{E2} = 0.986$이라고 하는 결과로 되어 있다.

2차 요인 B의 유의확률은 0.008, 상호작용 A×B의 유의확률은 0.004로, B 및 A×B는 유의하다는 것을 알 수 있다.

개체-간 효과 검정

측도: MEASURE_1

변환된 변수: 평균

소스	제 III 유형 제곱합	자유도	평균 제곱	F	유의확률
절편	24897.042	1	24897.042	5916.129	.000
A	95.083	2	47.542	11.297	.040
오차	12.625	3	4.208		

1차 오차의 분산은 $V_{E1} = 4.208$이라고 하는 결과로 되어 있다.

1차 요인의 유의확률은 0.040으로 A는 유의하다.

11.3 일반선형모형에 의한 분할법의 분석

일반선형모형으로 분할법의 실험 데이터를 분석하려면, Syntax 명령문이 필요하다.

 SPSS에 의한 해법

▶순서 1 **데이터의 입력**

데이터를 다음과 같이 입력한다.

	C	A	B	Y
1	1	1	1	29
2	1	1	2	28
3	1	1	3	26
4	1	1	4	33
5	2	1	1	31
6	2	1	2	29
7	2	1	3	28
8	2	1	4	34
9	3	2	1	31
10	3	2	2	31
11	3	2	3	31
12	3	2	4	32
13	4	2	1	32
14	4	2	2	33
15	4	2	3	33
16	4	2	4	35
17	5	3	1	34
18	5	3	2	36
19	5	3	3	33
20	5	3	4	35
21	6	3	1	35
22	6	3	2	38

▶순서 2 **일변량의 선택**

메뉴에서 [분석(A)] – [일반선형모형(G)] – [일변량(U)]을 선택한다.

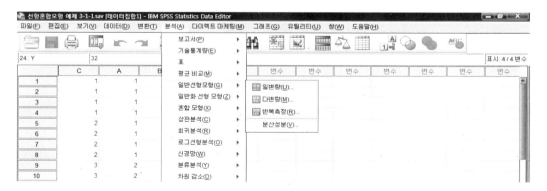

순서 3　변수의 선택

다음과 같이 변수를 선택하고 [붙여넣기]를 클릭한다.

순서 4　Syntax 명령문의 생성

(1) 다음의 Syntax 명령문이 자동적으로 생성된다.

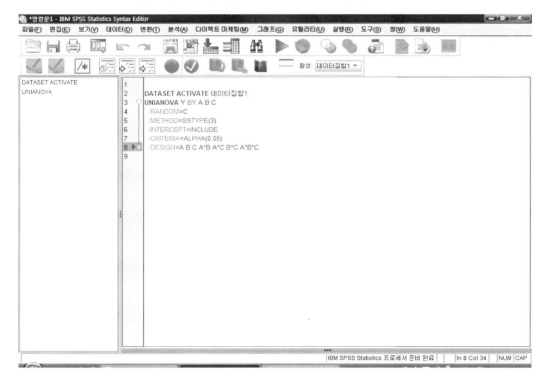

(2) Syntax 명령문을 다음과 같이 편집한다. 이하의 Syntax 명령문을 실행시키면 분산분석의 결과가 얻어진다.

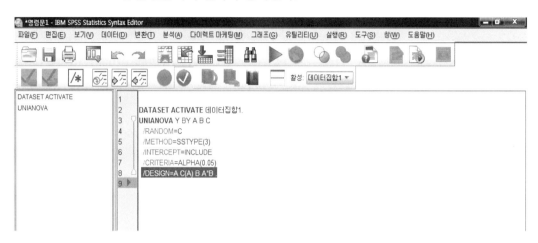

순서 5 **분산분석의 실행**

SPSS Syntax 명령문의 모두를 선택하고, 선택실행 분석도구를 클릭한다. Syntax가 실행되어 분산분석의 결과가 얻어진다.

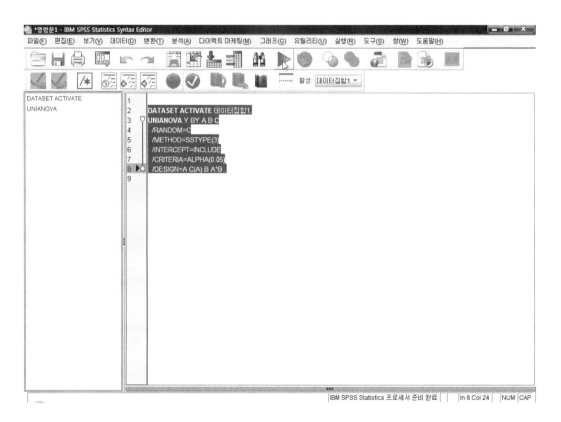

분산분석의 결과

일반선형모형(GLM)을 이용하면 다음과 같은 결과가 얻어진다.

개체-간 효과 검정

종속 변수: Y

소스		제 III 유형 제곱합	자유도	평균 제곱	F	유의확률
절편	가설	24897.042	1	24897.042	5916.129	.000
	오차	12.625	3	4.208[a]		
A	가설	95.083	2	47.542	11.297	.040
	오차	12.625	3	4.208[a]		
C(A)	가설	12.625	3	4.208	4.268	.039
	오차	8.875	9	.986[b]		
B	가설	22.125	3	7.375	7.479	.008
	오차	8.875	9	.986[b]		
A * B	가설	45.250	6	7.542	7.648	.004
	오차	8.875	9	.986[b]		

a. MS(C(A))

b. MS(오차)

C(A)는 1차 오차에 상당한다.

GLM을 이용하면 1차 오차가 유의한지 어떤지의 판정결과가 얻어진다. 이 예에서는 유의확률 0.039로, 1차 오차는 유의하다.

그 밖에는 이하와 같은 결과가 되어 있어, 반복측정에 의한 결과와 일치하고 있다.

$$\text{A에 대해서 분산 } V_A = 47.542, \text{유의확률} = 0.040$$
$$\text{B에 대해서 분산 } V_B = 7.375, \text{유의확률} = 0.008$$
$$\text{A×B에 대해서 분산 } V_{A \times B} = 7.542, \text{유의확률} = 0.004$$
$$\text{2차 오차에 대해서 분산 } V_{E2} = 0.986$$

Chapter

12

다변량 분산분석

12.1 다변량 분산분석의 개요

사고방식과 적용수법

다변량 분산분석(multivariate analysis of variance : MANOVA)은 단일변량 분산분석과 달리 종속변수의 수가 두 개 이상인 경우에 여러 모집단의 평균 벡터를 동시에 비교하는 분석기법이다. 예를 들면, 어떤 동물의 암컷과 수컷에서 몸무게, 길이, 가슴너비를 각각 측정한 후에 두 모집단의 크기에 차이가 있는지를 검토한다거나 세 종류의 산업에 속한 여러 회사들의 경영실태를 분석하기 위하여 유동성비율, 부채비율, 자본수익률 등을 자료로 하여 비교할 때 다변량 분산분석을 이용할 수 있다. 또한 다변량 분산분석에서는 종속변수의 조합에 대한 효과의 동시검정을 중요시한다. 그 이유는 대부분의 경우에 종속변수들은 서로 독립적이 아니고, 또한 이 변수들은 동일한 개체에서 채택되어서 상관관계가 있기 때문이다.

ANOVA와 MANOVA의 차이점은 실험개체를 대상으로 놓고 변수가 단수인가 혹은 복수인가에 달려 있다. MANOVA 설계의 특징은 종속변수가 벡터 변수라는 데에 있다. 이 종속변수는 각 모집단에 대하여 같은 공분산행렬을 가지며 다변량 정규분포를 이루고 있다고 가정한다. 공분산행렬이 같다는 것은 ANOVA에서 분산이 같다는 가정을 MANOVA로 연장시킨 것이다. MANOVA에 대한 연구의 초점은 모집단의 중심, 즉 평균 벡터 사이에 차이가 있는지의 여부에 대한 것이다. 즉, 모집단들의 종속변수(벡터)에 의해 구성된 공간에서 중심(평균)이 같은지의 여부를 조사하고자 한다.

다변량 분산분석은 요인의 수에 따라 단일변량의 경우와 마찬가지로 일원 다변량 분산분석(one-way MANOVA), 이원 다변량 분산분석(two-way MANOVA) 등으로 나누고 있다.

분석절차

다변량 분산분석에서의 귀무가설은 여러 모집단의 평균 벡터가 같다는 것을 기술한다. 이것의 분석절차는 일반적으로 다음과 같다.

(1) 먼저 종속변수 사이에서 상관관계가 있는지의 여부를 조사한다. 만일에 상관관계가 없다면 변수들을 개별적으로 ANOVA검정을 실시한다. 반대로 상관관계가 있으면 MANOVA검정을 하게 된다.

(2) 변수들의 기본 가정인 다변량 정규분포성과 등공분산성 등을 조사한다.

(3) 모든 요인수준의 평균 벡터들이 같은지를 검정한다.

(4) 만일에 모든 평균 벡터들이 같다는 귀무가설이 채택되면 검정은 거기서 끝난다. 그러나 귀무가설이 기각되어 모든 평균 벡터들이 반드시 같지 않다면, 변수들을 개별적으로 조사하여 어떤 변수가 얼마나 다른가를 조사하며 그리고 그 차이가 의미하는 것은 무엇인가를 규명한다.

예제 **12-1**

K기업의 마케팅 담당자는 신제품의 전국적인 판매촉진활동을 계획하고 있다. 그는 가격(price)과 판매점(place)에 따른 신제품 판매량의 차이를 측정하고자 한다. 판매점마다 가격을 서로 다르게 하여 2주일 동안 판매량을 조사한 결과 다음과 같은 〈표 12-1〉의 데이터를 수집했다. 유의수준 5%로 검정하라.

표 12-1 데이터

구분		판매점			
		1	2	3	4
가격	1(상)	(30, 34)	(40, 40)	(27, 26)	(25, 27)
		(34, 31)	(40, 45)	(26, 28)	(23, 25)
	2(중)	(36, 37)	(46, 44)	(27, 26)	(29, 27)
		(34, 34)	(48, 47)	(26, 29)	(26, 26)
	3(하)	(39, 36)	(46, 48)	(32, 34)	(30, 31)
		(39, 40)	(47, 53)	(32, 31)	(33, 31)

(주) 괄호 안의 첫 번째 숫자는 판매촉진 1주일 전의 판매량이고, 두 번째 숫자는 판매촉진 1주일 후의 판매량을 가리킨다.

SPSS에 의한 해법

⏱순서 1 데이터의 입력

(주 1) '판매점'이라는 변수에는 1 ═ '판매점 1', 2 ═ '판매점 2', 3 ═ '판매점 3', 4 ═ '판매점 4'라고 하는 변수값 설
명을 해 놓는다.

(주 2) '가격'이라는 변수에는 1 ═ '상', 2 ═ '중', 3 ═ '하'라고 하는 변수값 설명을 해 놓는다.

⏱순서 2 일반선형모형 – 다변량의 선택

메뉴에서 [분석(A)] – [일반선형모형(G)] – [다변량(M)]을 선택한다.

순서 3 변수의 선택

[다변량 분석] 대화상자가 나타나면, [종속변수(D)]로서 '판매량 1'과 '판매량 2'를 선택한다. [모수요인(F)]으로서 '판매점'과 '가격'을 선택한다.

[다변량 분석] 대화상자에서 [공변량(C)] 난은 통제변수를 선택하는 곳이다. [WLS 가중값(W)] 난은 가중된 최소제곱분석에 대한 가중값이 있는 숫자변수를 나열한다. 여기에서 가중값이 0, 음수, 결측값이 있을 때는 분석에서 사례가 제외된다.

순서 4 옵션(O)의 선택

[옵션(O)] 버튼을 클릭하면 [다변량 : 옵션] 대화상자가 나타난다.

여기에서 원하는 출력으로서 [기술통계량(D)]과 [관측 검정력(B)]을 선택하고 [계속] 버튼을 클릭한다. 그 전의 화면으로 되돌아가면 [확인] 버튼을 클릭한다.

다음과 같은 분석결과를 얻게 된다.

분석결과

분석결과로서는,

(1) 개체-간 요인

(2) 기술통계량

(3) 다변량 검정

(4) 개체-간 효과검정

등이 출력된다.

개체-간 요인

		변수값 설명	N
판매점	1	판매점1	6
	2	판매점2	6
	3	판매점3	6
	4	판매점4	6
가격	1	상	8
	2	중	8
	3	하	8

기술통계량

	판매점	가격	평균	표준 오차 편차	N
판매량1	판매점1	상	32.00	2.828	2
		중	35.00	1.414	2
		하	39.00	.000	2
		합계	35.33	3.445	6
	판매점2	상	40.00	.000	2
		중	47.00	1.414	2
		하	46.50	.707	2
		합계	44.50	3.564	6
	판매점3	상	26.50	.707	2
		중	26.50	.707	2
		하	32.00	.000	2
		합계	28.33	2.875	6
	판매점4	상	24.00	1.414	2
		중	27.50	2.121	2
		하	31.50	2.121	2
		합계	27.67	3.670	6
	합계	상	30.63	6.675	8
		중	34.00	8.832	8
		하	37.25	6.585	8
		합계	33.96	7.624	24
판매량2	판매점1	상	32.50	2.121	2
		중	35.50	2.121	2
		하	38.00	2.828	2
		합계	35.33	3.077	6
	판매점2	상	42.50	3.536	2
		중	45.50	2.121	2
		하	50.50	3.536	2
		합계	46.17	4.355	6
	판매점3	상	27.00	1.414	2
		중	27.50	2.121	2
		하	32.50	2.121	2
		합계	29.00	3.098	6
	판매점4	상	26.00	1.414	2
		중	26.50	.707	2
		하	31.00	.000	2
		합계	27.83	2.563	6
	합계	상	32.00	7.211	8
		중	33.75	8.276	8
		하	38.00	8.418	8
		합계	34.58	8.054	24

다변량 검정^a

효과		값	F	가설 자유도	오차 자유도	유의확률	비중심 모수	관측 검정력^d
절편	Pillai의 트레이스	.999	8174.133^b	2.000	11.000	.000	16348.265	1.000
	Wilks의 람다	.001	8174.133^b	2.000	11.000	.000	16348.265	1.000
	Hotelling의 트레이스	1486.206	8174.133^b	2.000	11.000	.000	16348.265	1.000
	Roy의 최대근	1486.206	8174.133^b	2.000	11.000	.000	16348.265	1.000
판매점	Pillai의 트레이스	1.040	4.336	6.000	24.000	.004	26.015	.942
	Wilks의 람다	.015	26.076^b	6.000	22.000	.000	156.456	1.000
	Hotelling의 트레이스	61.149	101.914	6.000	20.000	.000	611.486	1.000
	Roy의 최대근	61.089	244.355^c	3.000	12.000	.000	733.066	1.000
가격	Pillai의 트레이스	1.009	6.105	4.000	24.000	.002	24.420	.964
	Wilks의 람다	.090	12.842^b	4.000	22.000	.000	51.370	1.000
	Hotelling의 트레이스	9.026	22.564	4.000	20.000	.000	90.256	1.000
	Roy의 최대근	8.902	53.415^c	2.000	12.000	.000	106.829	1.000
판매점 * 가격	Pillai의 트레이스	.709	1.099	12.000	24.000	.404	13.193	.457
	Wilks의 람다	.373	1.167^b	12.000	22.000	.363	14.001	.471
	Hotelling의 트레이스	1.456	1.213	12.000	20.000	.339	14.560	.473
	Roy의 최대근	1.283	2.566^c	6.000	12.000	.078	15.396	.620

a. Design: 절편 + 판매점 + 가격 + 판매점 * 가격

b. 정확한 통계량

c. 해당 유의수준에서 하한값을 발생하는 통계량은 F에서 상한값입니다.

d. 유의수준 = .05을(를) 사용하여 계산

개체-간 효과 검정

소스	종속 변수	제 III 유형 제곱합	자유도	평균 제곱	F	유의확률	비중심 모수	관측 검정력^c
수정 모형	판매량1	1312.458^a	11	119.314	58.440	.000	642.837	1.000
	판매량2	1431.833^b	11	130.167	26.033	.000	286.367	1.000
절편	판매량1	27676.042	1	27676.042	13555.612	.000	13555.612	1.000
	판매량2	28704.167	1	28704.167	5740.833	.000	5740.833	1.000
판매점	판매량1	1105.458	3	368.486	180.483	.000	541.449	1.000
	판매량2	1268.833	3	422.944	84.589	.000	253.767	1.000
가격	판매량1	175.583	2	87.792	43.000	.000	86.000	1.000
	판매량2	152.333	2	76.167	15.233	.001	30.467	.994
판매점 * 가격	판매량1	31.417	6	5.236	2.565	.078	15.388	.620
	판매량2	10.667	6	1.778	.356	.893	2.133	.112
오차	판매량1	24.500	12	2.042				
	판매량2	60.000	12	5.000				
합계	판매량1	29013.000	24					
	판매량2	30196.000	24					
수정 합계	판매량1	1336.958	23					
	판매량2	1491.833	23					

a. R 제곱 = .982 (수정된 R 제곱 = .965)

b. R 제곱 = .960 (수정된 R 제곱 = .923)

c. 유의수준 = .05을(를) 사용하여 계산

결과의 해석방법

(1) 개체-간 요인

판매점과 가격에서 신제품 판매량의 차이를 측정한 케이스가 나타나 있다.

(2) 기술통계량

판매점 및 가격에 따른 판매촉진 1주일 전의 판매량과 판매촉진 1주일 후의 판매량이 나타나 있다.

(3) 다변량 검정

다변량 분산분석에서는 연구목적에 따라서 Pillai의 트레이스, Wilks의 람다, Hotelling의 트레이스, Roy의 최대근 등을 사용한다. 여기에서 Intercept는 상수를 의미하며, 종속변수를 독립변수에 의한 함수관계로 나타낼 때 필요하다. 여기에서는 Wilks통계량값을 사용한다.

Wilks의 람다는 다음과 같이 계산된다.

$$\Lambda = \frac{\text{그룹 내 분산}}{\text{총분산}}$$

만일, 람다값이 작으면 귀무가설을 기각시킨다. 위의 결과에서 판매점의 람다값은 0.015이며, 이것을 F값으로 환산하면 26.076이 된다. 이때 유의확률은 0.000이므로 평균 벡터가 같다는 귀무가설을 기각시킨다. 그러므로 판매점에 따라 신제품 판매량은 차이가 있으며($p = 0.000 < 0.05$), 또한 가격에 따라서도 차이가 있음을 알 수 있다($p = 0.000 < 0.05$). 교호작용 효과를 검정하기 위하여 Wilks 람다값의 F확률을 살펴보면, Sig. of $F = 0.363 > 0.05$이므로 판매점 및 가격의 교호작용(상호작용) 효과는 없다고 볼 수 있다.

(4) 개체-간 효과검정

개체-간 효과검정에서 수정모형은 판매점, 가격에 답변한 케이스가 적은 경우 이를 수정하게 되는 것을 말한다. 판매촉진 1주일 전의 판매량과 1주일 후의 판매량 각각에 대해서 일원배치 분산분석을 실시하고 있다.

 다변량검정에서의 통계량 계산

다변량검정에서는 다음 네 가지의 통계량이 언제나 등장한다.

Pillai의 트레이스

Wilks의 람다

Hotelling의 트레이스

Roy의 최대근

이 네 가지의 통계량은

$$H = \text{가설평방합적합행렬(假設平方合積合行列)},$$
$$E = \text{오차평방합적합행렬(誤差平方合積合行列)}$$

이라고 했을 때, HE^{-1}의 고유치(eigenvalue)

$$\lambda_1 \geqq \lambda_2 \geqq \cdots \geqq \lambda_s$$

를 다음 식에 대입하면 구해진다.

Pillai의 트레이스 $\cdots$ $V = \sum_{i=1}^{s} \dfrac{\lambda_i}{1 + \lambda_i}$

Wilks의 람다 $\cdots$ $\Lambda = \prod_{i=1}^{s} \dfrac{1}{1 + \lambda_i}$

Hotelling의 트레이스 $\cdots$ $T = \sum_{i=0}^{s} \lambda_i$

Roy의 최대근 $\cdots$ $R = \lambda_{\max} = \lambda_1$

그러나 그러기 위해서는 고유치를 계산하지 않으면 안 되는데, 도저히 전자식 탁상 계산기로는 구해지지 않는다. 그래서 SPSS Syntax 명령문을 이용한다.

 12.2 다변량 분산분석의 실제

1. 다변량 분산분석에 의한 실험의 해석

 다변량 분산분석의 실험

지금 어떤 제품을 네 가지 방법(A1, A2, A3, A4)으로 제조해서, 그 제품의 무게를 측정하는 일원배치 실험을 실시했다고 하자. 반복 수를 5로 하고, 다음 〈표 12-2〉와 같은 실험 데이터가 얻어진 것으로 한다.

|표 12-2| **무게의 실험 데이터**

A1	A2	A3	A4
111	121	130	119
114	117	137	118
109	122	129	117
109	118	128	118
107	120	123	123

이 데이터의 분석에는 일원배치 분산분석이 적용되게 된다. 여기에서 제조방법을 바꾼 것은 무게와 강도에 차이가 있는지 어떤지를 조사하는 것이 목적이었다고 하면, 무게만이 아니라 강도도 측정하게 되어 다음 〈표 12-3〉과 같은 데이터표가 된다. 앞의 예에서는 관심이 있는 측정치(특성치)가 무게뿐이었던 데 비해서 이번에는 무게와 강도의 두 가지가 있게 된다.

|표 12-3| **무게와 강도의 실험 데이터**

A1		A2		A3		A4	
무게	강도	무게	강도	무게	강도	무게	강도
111	2.14	121	2.23	130	2.36	119	2.19
114	2.15	117	2.24	137	2.39	118	2.22
109	2.11	122	2.26	129	2.34	117	2.18
109	2.11	118	2.19	128	2.36	118	2.23
107	2.09	120	2.28	123	2.32	123	2.29

이와 같은 실험 데이터가 얻어졌을 때는 무게에 대해서 분산분석, 강도에 대해서 분산분석이라고 하는 것처럼 특성치마다 이원배치 분산분석을 실시한다고 하는 방법을 생각할 수 있다. 그러나 그 방법은 다음과 같은 두 가지의 문제를 포함하고 있다.

① 검정을 반복해서 실시한다(검정의 다중성).
② 특성치 간의 상관관계를 무시하고 있다.

이 문제를 해결하는 수법이 다변량 분산분석이다. 다변량 분산분석은 실험에서 관심이 있는 측정치(특성치), 즉 종속변수가 두 개 이상 있을 때에 이용되는 분산분석의 방법이다.

📊 예제 **12-2**

세 가지의 된장(A, A2, A3)을 준비하고 냄새와 맛을 평가하는 실험을 실시했다. 냄새와 맛, 각각 10점 만점으로 관능평가한 결과가 다음 〈표 12-4〉와 같다.

[표 12-4] **향과 맛의 관능평가 데이터**

A1		A2		A3	
냄새	맛	냄새	맛	냄새	맛
4	7	6	8	7	8
5	8	5	7	7	7
7	9	6	7	6	6
6	9	4	6	5	5
3	7	3	5	4	5

평가자는 15명 추천했다. 이 15명을 무작위로 5명씩 세 개의 그룹으로 나누어서, 각 그룹에 하나의 된장을 할당했다. 따라서 A1, A2, A3 각각의 된장은 다른 5명씩의 사람에게 평가 받게 된다.

이 데이터에 다변량 분산분석을 적용한다.

 산점도

〈표 12-4〉의 데이터를 아래와 같이 입력해서 산점도를 그리면 층별산점도가 작성된다.

냄새	A1	A2	A3
4	7		
5	8		
7	9		
6	9		
3	7		
6		8	
5		7	
6		7	
4		6	
3		5	
7			8
7			7
6			6
5			5
4			5

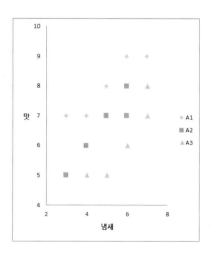

가로축에 냄새, 세로축에 맛을 취해서 그래프화한다. 냄새와 맛의 사이에는 양의 상관이 있는 것을 알 수 있다.

SPSS에 의한 해법

순서 1 데이터의 입력

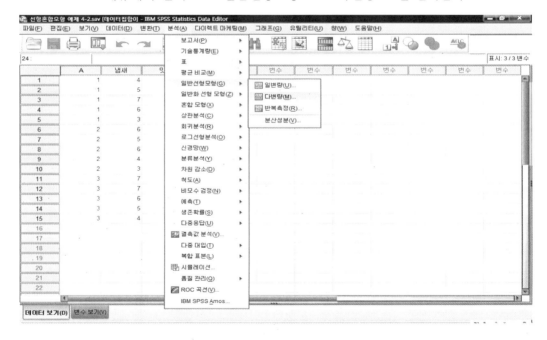

(주) 'A'라는 변수에는 1 **=** 'A1', 2 **=** 'A2', 3 **=** 'A3', 4 **=** 'A4'라고 하는 변수값 설명을 해 놓는다.

순서 2 일반선형모형 - 다변량의 선택

메뉴에서 [분석(A)] - [일반선형모형(G)] - [다변량(M)]을 선택한다.

순서 3 변수의 선택

[다변량 분석] 대화상자가 나타나면, [종속변수(D)]로서 '냄새'와 '맛'을 선택한다. [모수요인(F)]으로서 'A'를 선택한다.

순서 4 옵션(O)의 선택

[옵션(O)] 버튼을 클릭하면 [다변량 : 옵션] 대화상자가 나타난다.

여기에서 원하는 출력으로서 [SSCP 행렬(S)]을 선택하고 [계속] 버튼을 클릭한다. 그 전의 화면으로 되돌아가면 [확인] 버튼을 클릭한다. 다음과 같은 분석결과를 얻게 된다.

다변량 분산분석의 결과

다변량 검정[a]

효과		값	F	가설 자유도	오차 자유도	유의확률
절편	Pillai의 트레이스	.986	385.099[b]	2.000	11.000	.000
	Wilks의 람다	.014	385.099[b]	2.000	11.000	.000
	Hotelling의 트레이스	70.018	385.099[b]	2.000	11.000	.000
	Roy의 최대근	70.018	385.099[b]	2.000	11.000	.000
A	Pillai의 트레이스	.900	4.914	4.000	24.000	.005
	Wilks의 람다	.142	9.084[b]	4.000	22.000	.000
	Hotelling의 트레이스	5.731	14.326	4.000	20.000	.000
	Roy의 최대근	5.678	34.066[c]	2.000	12.000	.000

a. Design: 절편 + A

b. 정확한 통계량

c. 해당 유의수준에서 하한값을 발생하는 통계량은 F에서 상한값입니다.

다변량 분산분석에서는 Pillai의 트레이스, Wilks의 람다, Hotelling의 트레이스, Roy의 최대근이라고 하는 네 개의 검정통계량이 준비되어 있다. 어느 통계량도 검정의 목적은 같고, 각 수준의 평균 벡터(냄새의 평균과 맛의 평균)에 차이가 있는지 어떤지를 검정하는 것이다. 어떤 통계량에 주목하더라도 유의확률은 0.05 이하로 되어 있어 유의하다. 즉, A1, A2, A3에는 차이가 있다고 할 수 있다.

 일변량 분산분석의 결과

개체-간 효과 검정

소스	종속 변수	제 III 유형 제곱합	자유도	평균 제곱	F	유의확률
수정 모형	냄새	2.800[a]	2	1.400	.712	.510
	맛	8.933[b]	2	4.467	3.350	.070
절편	냄새	405.600	1	405.600	206.237	.000
	맛	721.067	1	721.067	540.800	.000
A	냄새	2.800	2	1.400	.712	.510
	맛	8.933	2	4.467	3.350	.070
오차	냄새	23.600	12	1.967		
	맛	16.000	12	1.333		
합계	냄새	432.000	15			
	맛	746.000	15			
수정 합계	냄새	26.400	14			
	맛	24.933	14			

a. R 제곱 = .106 (수정된 R 제곱 = -.043)

b. R 제곱 = .358 (수정된 R 제곱 = .251)

종속변수(냄새와 맛)마다 분산분석을 실시한 결과, 일변량마다 보면 냄새나 맛 모두 유의는 아니다.

냄새의 유의확률 = 0.510 > 0.05

맛의 유의확률　 = 0.070 > 0.05

개체–간 SSCP 행렬

개체-간 SSCP 행렬

			냄새	맛
가설	절편	냄새	405.600	540.800
		맛	540.800	721.067
	A	냄새	2.800	-2.600
		맛	-2.600	8.933
오차		냄새	23.600	17.800
		맛	17.800	16.000

제 Ⅲ 유형 제곱합을 기준으로

다변량 분산분석에서는 종속변수마다의 '편차제곱합'(sum of squares)이 변수의 수만큼 구해진다. 또한 종속변수 간의 관계도 '곱의 합'(cross product)이라고 하는 통계량으로 기술하는 것이 가능해진다. 이 때문에 이들 통계량을 행렬의 형태로 표기하고 있다. 그것이 SSCP 행렬이라고 불리는 것이다.

검정통계량

다변량 분산분석에서는 SSCP 행렬의 수치를 근거로 네 가지 검정통계량이 제안되고 있다. 먼저 SSCP 행렬의 요인(된장)의 부분과 오차 부분의 수치를 두 개의 행렬로 표현한다.

$$H = \begin{bmatrix} 2.800 & -2.600 \\ -2.600 & 8.933 \end{bmatrix} \qquad E = \begin{bmatrix} 23.600 & 17.800 \\ 17.800 & 16.000 \end{bmatrix}$$

이들 행렬로부터

$$HE^{-1} = \begin{bmatrix} 1.499 & -1.830 \\ -3.302 & 4.232 \end{bmatrix}$$

행렬 HE^{-1}의 고유치는 $\lambda_1 = 5.678$, $\lambda_2 = 0.053$이 된다.

이 수치를 사용해서 다음의 네 가지 검정통계량이 구해지고 있다.

① Pillai의 트레이스 $V = \sum_{i=1}^{s} \frac{\lambda_i}{1+\lambda_i}$ (s는 0이 아닌 고유치의 수)

② Wilks의 람다 $\Lambda = \prod_{i=1}^{s} \frac{1}{1+\lambda_i}$

③ Hotelling의 트레이스 $T = \sum_{i=0}^{s} \lambda_i$

④ Roy의 최대근 $R = \lambda_{max} = \lambda_1$

이들 네 가지 검정통계량은 2군(요인의 수준 수가 2)일 때, 혹은 1변량(종속변수의 수가 1)일 때는, 모두 같은 F값이 된다. 네 가지 검정통계량의 어느 것을 이용할 것인지는 일률적으로 말할 수 없지만, 일반론으로서 검출력이 높은 순으로 ①, ②, ③, ④의 순서로 된다. 또한 Pillai의 트레이스 V (①)는 정규성이나 등분산성이라고 하는 검정에 대한 전제조건에 대해서 가장 완건성(頑健性)이 있다고 일컬어지고 있다. Wilks의 람다(②)는 판별분석과 밀접한 관계가 있다.

2. 판별분석과의 병용

 판별분석이란

요인이 계수 요인인 경우의 일원배치 다변량 분산분석은 판별분석과 병용(倂用)하면 새로운 식견이 얻어지는 경우가 있다. 판별분석은 수치 변수에 의거해서 소속 그룹을 판별하기 위한 수법이다. 다변량 분산분석에 있어서의 종속변수나 요인과 역할이 역전(逆轉)한다. 즉, 다변량 분산분석에 있어서의 모수요인이 판별분석에서는 종속변수가 되고, 다변량 분산분석에 있어서의 종속변수가 판별분석에서는 독립변수가 된다.

앞의 예제에 판별분석을 적용해 보자.

SPSS에 의한 해법

순서 1 　데이터의 입력

(주) 'A'라는 변수에는 1 ＝ 'A1', 2 ＝ 'A2', 3 ＝ 'A3', 4 ＝ 'A4'라고 하는 변수값 설명을 해 놓는다.

순서 2 　판별분석의 선택

　　　　메뉴에서 [분석(A)] － [분류분석(Y)] － [판별분석(D)]을 선택한다.

⏰ 순서 3 변수의 선택

(1) [판별분석] 대화상자가 나타나면, [집단변수(G)]로서 된장을 나타내는 'A'
를 투입한다. [범위지정(D)]을 클릭한다.

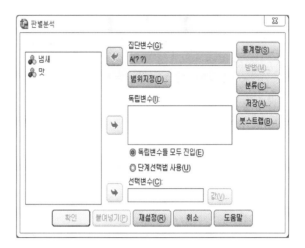

(2) [최소값]을 '1', [최대값]을 '3'으로 한다. [계속]을 클릭한다.

(3) [독립변수(I)]에 냄새와 맛을 투입한다.

여기에서 [통계량(S)]을 클릭한다.

순서 4 **통계량의 선택**

[판별분석 : 통계량] 대화상자에서 다음과 같이 선택하고 [계속]을 클릭한다.

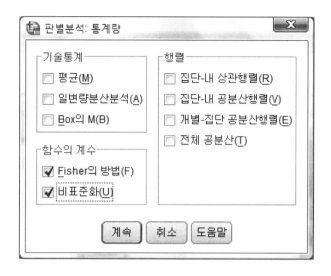

순서 5 **분류의 선택**

[판별분석 : 분류] 대화상자에서 다음과 같이 선택하고 [계속]을 클릭한다.

🕐 순서 6 판별분석의 실행

[판별분석] 대화상자에서 [확인]을 클릭하면 분석결과가 얻어진다.

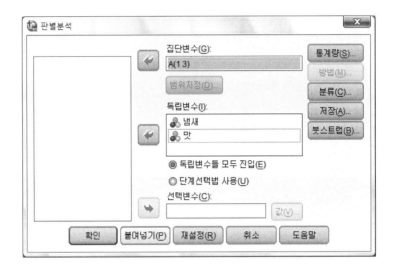

📋 판별분석 결과

먼저 판별할 군이 3군 이상인 경우(이 예제에서는 A1, A2, A3의 세 개의 군이 있게 된다)에는, 판별분석에 의해서 다음과 같은 산점도가 얻어진다.

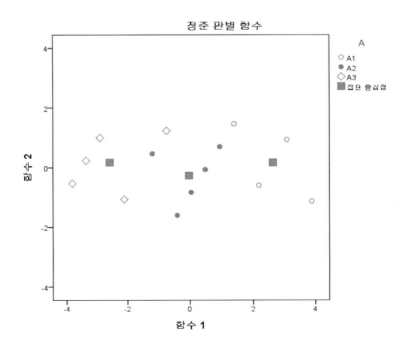

이 산점도를 보면 세로축은 세 개의 군을 나누는 데 도움이 되고 있지 않다. 그러나 가로축은 오른쪽으로부터 A1, A2, A3의 순으로 모여서 분포하고 있는 것을 알 수 있다. 이 가로축은 정준판별함수라고 불리는 함수의 점수를 플롯한 것으로 다음과 같이 구해지고 있다.

정준 판별함수 계수

	함수	
	1	2
냄새	-1.696	.533
맛	2.146	.233
(상수)	-6.062	-4.389

표준화하지 않은 계수

함수2(세로축)는 판별에 도움이 되고 있지 않으므로, 함수1을 보면 다음과 같은 식으로 표현된다.

$$Z1 = -6.062 - 1.696 \times 냄새 + 2.146 \times 맛$$

이 식에서 계산된 값(판별점수라고 부른다)의 큰 순으로 A1, A2, A3로 늘어서 있게 된다. 따라서 냄새의 점수가 낮고 맛의 점수가 높은 된장은 A1, 냄새의 점수가 높고 맛의 점수가 낮은 것이 A3라고 하는 특징을 파악할 수 있다.

한편, 다음의 함수에 냄새와 맛의 값을 대입해서 점수를 계산하고, 그 점수가 최대가 되는 군에 판별한다고 하는 규칙을 사용해서 각 개체를 판별할 수 있다.

보류 함수 계수

	A		
	A1	A2	A3
냄새	-12.324	-8.034	-3.468
맛	19.710	13.888	8.508
(상수)	-49.130	-27.647	-17.417

Fisher의 선형 판별함수

판별분석의 정밀도는 다음과 같은 집계표에 의해 평가할 수 있다.

분류결과[a]

		A	예측 소속집단			전체
			A1	A2	A3	
원래값	빈도	A1	5	0	0	5
		A2	0	5	0	5
		A3	0	1	4	5
	%	A1	100.0	.0	.0	100.0
		A2	.0	100.0	.0	100.0
		A3	.0	20.0	80.0	100.0

a. 원래의 집단 케이스 중 93.3%이(가) 올바로 분류되었습니다.

냄새와 맛의 점수에 의거해서 A1, A2, A3의 어느 된장인지를 93.3%의 정답률로 판별할 수 있다는 것을 의미하고 있다. 사실은 A3인데, A2라고 판별해 버린 개체가 하나 있기 때문에, 100%의 정답률은 되지 못하고 있다.

12.3 다변량 분산분석의 응용

1. 이원배치(난괴법)의 다변량 분산분석

 예제 12-3

두 가지의 김치(A1, A2)를 준비해서 다섯 가지 특성(냄새, 짠맛, 신맛, 맛, 향기)을 평가하는 실험을 실시했다. 각 특성은 5점 만점으로 평가되고 있다. 평가자는 무작위로 지명한 20명으로 모든 평가자가 A1과 A2를 평가하고 있다. A1과 A2를 평가할 때의 순서는 평가자마다 무작위로 정하고 있다.

환경조건이 같은 실험의 장을 여러 개 만들어 그 실험의 장마다 한 벌의 실험을 랜덤하게 실시하는 방법을 난괴법(亂塊法, randomized blocks design)이라고 한다. 난괴법에서는 같은 실험의 장을 블록이라고 부르고 있다. 블록은 복수의 수준을 갖는 요인으로 볼 수 있으므로, 난괴법에 의한 반복과 같은 요인을 블록 요인이라고 부르고 있다.

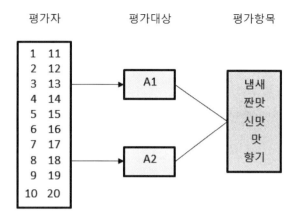

이 실험 결과가 다음 〈표 12-5〉의 데이터표이다.

| 표 12-5 | **실험결과 데이터표**

평가자	A1					A2				
	냄새	짠맛	신맛	맛	향기	냄새	짠맛	신맛	맛	향기
1	2	3	3	1	1	1	1	2	2	1
2	4	2	4	5	4	2	4	4	3	2
3	5	4	5	5	2	5	4	2	2	2
4	4	2	5	3	2	3	4	2	3	2
5	3	3	3	3	2	3	3	3	3	2
6	5	5	3	3	3	3	3	3	3	3
7	2	4	5	3	1	2	2	4	3	1
8	3	4	4	2	2	2	3	3	2	2
9	4	3	5	3	1	3	3	1	3	1
10	3	4	4	3	1	4	3	1	3	1
11	2	4	5	5	1	4	1	2	1	1
12	1	4	1	1	3	2	3	2	4	2
13	3	4	2	4	3	3	5	5	2	3
14	3	2	3	2	3	4	5	1	3	2
15	3	5	5	4	1	3	4	4	2	2
16	3	4	4	2	2	2	3	2	1	1
17	2	3	4	4	1	5	4	2	2	2
18	5	5	5	2	2	4	4	4	3	1
19	4	4	4	3	5	5	4	3	3	1
20	2	4	4	4	1	2	1	2	2	1

이 데이터에 다변량 분산분석을 적용한다.

SPSS에 의한 해법

순서 1 데이터의 입력

〈표 12-5〉의 데이터를 다음과 같이 입력한다.

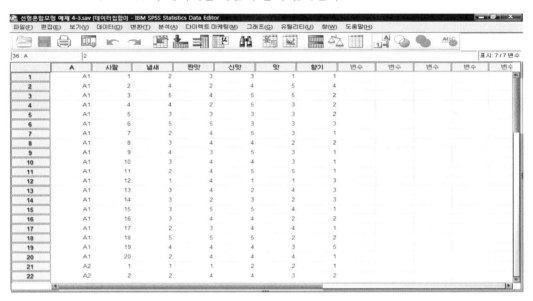

순서 2 일반선형모형 – 다변량의 선택

메뉴에서 [분석(A)] – [일반선형모형(G)] – [다변량(M)]을 선택한다.

⏰순서 3 **변수의 선택**

[다변량 분석] 대화상자가 나타나면, [종속변수(D)]로서 '냄새', '짠맛', '신맛', '맛', '향기'를 선택한다. [모수요인(F)]으로서 'A'와 '사람'을 선택한다.

(주) 사람이라고 하는 요인은 변량요인으로서 다루는 경우가 많다. 이 예제에 서도 사람은 변량요인이라고 생각되지만, 다변량에서는 모수요인의 지정 밖에 할 수 없기 때문에, 여기에서는 모수요인으로 한다.

⏰순서 4 **모형의 선택**

[다변량 : 모형] 대화상자에서 [사용자 정의]를 체크한다. 'A'를 투입하고 '사람'을 투입한다. 이어서 [계속]을 클릭한다.

순서 5 　다변량 분산분석의 실행

[다변량 분석] 대화상자에서 [확인]을 클릭하면 분석결과가 얻어진다.

 다변량 분산분석의 결과

다변량 검정[a]

효과		값	F	가설 자유도	오차 자유도	유의확률
절편	Pillai의 트레이스	.991	323.269[b]	5.000	15.000	.000
	Wilks의 람다	.009	323.269[b]	5.000	15.000	.000
	Hotelling의 트레이스	107.756	323.269[b]	5.000	15.000	.000
	Roy의 최대근	107.756	323.269[b]	5.000	15.000	.000
A	Pillai의 트레이스	.545	3.589[b]	5.000	15.000	.025
	Wilks의 람다	.455	3.589[b]	5.000	15.000	.025
	Hotelling의 트레이스	1.196	3.589[b]	5.000	15.000	.025
	Roy의 최대근	1.196	3.589[b]	5.000	15.000	.025
사람	Pillai의 트레이스	2.379	.907	95.000	95.000	.682
	Wilks의 람다	.022	.971	95.000	77.581	.557
	Hotelling의 트레이스	7.341	1.035	95.000	67.000	.444
	Roy의 최대근	4.060	4.060[c]	19.000	19.000	.002

a. Design: 절편 + A + 사람

b. 정확한 통계량

c. 해당 유의수준에서 하한값을 발생하는 통계량은 F에서 상한값입니다.

개체-간 효과 검정

소스	종속 변수	제 III 유형 제곱합	자유도	평균 제곱	F	유의확률
수정 모형	냄새	34.900[a]	20	1.745	2.142	.051
	짠맛	20.300[b]	20	1.015	.757	.729
	신맛	40.400[c]	20	2.020	1.529	.180
	맛	17.000[d]	20	.850	.636	.839
	향기	23.700[e]	20	1.185	1.975	.072
절편	냄새	390.625	1	390.625	479.604	.000
	짠맛	469.225	1	469.225	349.962	.000
	신맛	422.500	1	422.500	319.821	.000
	맛	313.600	1	313.600	234.583	.000
	향기	136.900	1	136.900	228.167	.000
A	냄새	.025	1	.025	.031	.863
	짠맛	2.025	1	2.025	1.510	.234
	신맛	16.900	1	16.900	12.793	.002
	맛	3.600	1	3.600	2.693	.117
	향기	1.600	1	1.600	2.667	.119
사람	냄새	34.875	19	1.836	2.254	.042
	짠맛	18.275	19	.962	.717	.762
	신맛	23.500	19	1.237	.936	.556
	맛	13.400	19	.705	.528	.914
	향기	22.100	19	1.163	1.939	.079
오차	냄새	15.475	19	.814		
	짠맛	25.475	19	1.341		
	신맛	25.100	19	1.321		
	맛	25.400	19	1.337		
	향기	11.400	19	.600		
합계	냄새	441.000	40			
	짠맛	515.000	40			
	신맛	488.000	40			
	맛	356.000	40			
	향기	172.000	40			
수정 합계	냄새	50.375	39			
	짠맛	45.775	39			
	신맛	65.500	39			
	맛	42.400	39			
	향기	35.100	39			

a. R 제곱 = .693 (수정된 R 제곱 = .369)

b. R 제곱 = .443 (수정된 R 제곱 = -.142)

c. R 제곱 = .617 (수정된 R 제곱 = .213)

d. R 제곱 = .401 (수정된 R 제곱 = -.230)

e. R 제곱 = .675 (수정된 R 제곱 = .333)

이 실험은 평가자가 요인 A의 모든 수준을 평가하고 있으므로, 평가자도 하나의 요인이라고 생각할 수 있다. 평가자의 요인명을 '사람'으로 하면, A와 사람을 요인으로 하는 이원배치라고 볼 수 있다.

A(김치)는 2수준이므로 네 개의 검정통계량에 대한 유의확률은 모두 같은 값이 되어 0.025이다. 따라서 A는 유의하다. 즉, A1과 A2의 두 가지 김치에는 차이가 있다.

사람(평가자)은 20수준이다. Pillai의 트레이스, Wilks의 람다, Hotelling의 트레이스는 유의하지 않고, Roy의 최대근만이 유의한 것으로 되어 있다.

사람이 유의하다고 하는 것은 평가자의 평균치에 차이가 있다고 하는 것으로, 이것은 평가자의 판단기준이 다르다고 하는 것을 의미하고 있다. 채점의 엄격함이라고 해도 좋다.

이와 관련하여 평가자 1번은 A1을 좋아하고, 2번은 A2를 좋아한다고 하는 식으로 사람의 기호는 A와 사람의 상호작용이라고 생각할 수 있다. 단, 본 예제에서는 반복이 없으므로(A1과 A2를 2회 이상 평가하고 있지 않다), 상호작용을 구할 수는 없다.

1변량마다의 검정결과는 두 번째 표 '개체-간 효과 검정'과 같이 되어 있다. A는 신맛만이 유의한 것으로 되어 있다.

행렬 산점도

변수(특성)의 수가 세 개 이상일 때에는, 행렬 산점도가 데이터를 시각화하는 방법의 하나로서 유효하다. 작성 절차는 다음과 같다.

순서 1 데이터의 입력

〈표 12-5〉의 데이터를 입력한다.

순서 2 산점도 그래프의 선택

메뉴에서 [그래프(G)] – [레거시 대화상자(L)] – [산점도/점도표(S)]를 선택한다.

[산점도/점도표] 대화상자에서 [행렬 산점도]를 선택하고 [정의]를 클릭한다.

순서 3 변수의 선택

[산점도 행렬] 대화상자에서 다음과 같이 변수를 선택하고 [확인]을 클릭한다.

순서 4 행렬 산점도의 출력

(1) 행렬 산점도가 출력된다.

(2) [도표 편집기]에서 적당히 수정하여 완성한다.

행렬 산점도는 변수의 수가 다수일 때, 데이터를 시각화하는 유효한 수단이지만, 5단계 평가만의 경우에 산점도는 상당히 강한 상관이 없으면, 상관관계의 유무를 시각적으로 파악하는 것은 어렵다고 하는 결점이 있다.

2. 반복측정에 의한 분석방법

반복측정의 이용

[예제 12-3]의 데이터를 다변량의 반복측정이라고 하는 방법을 이용하면 같은 결과를 얻을 수 있다. 분석 절차는 다음과 같다.

▶ 순서 1 **데이터의 입력**

다음과 같이 데이터를 입력한다.

	냄새1	냄새2	짠맛1	짠맛2	신맛1	신맛2	맛1	맛2	향기1	향기2	변수
1	2	1	3	1	3	2	1	2	1	1	
2	4	2	2	4	4	4	5	3	4	2	
3	5	5	4	4	5	2	5	2	2	2	
4	4	3	2	4	5	2	3	3	2	2	
5	3	3	3	3	3	3	3	3	2	2	
6	5	3	5	3	3	3	3	3	3	3	
7	2	2	4	2	5	4	3	3	1	1	
8	3	2	4	3	4	3	2	2	2	2	
9	4	3	3	3	5	1	3	3	1	1	
10	3	4	4	3	4	1	3	3	1	1	
11	2	4	4	1	5	2	5	1	1	1	
12	1	2	4	3	1	2	1	4	3	2	
13	3	3	4	5	2	5	4	2	3	3	
14	3	4	2	5	3	1	2	3	3	2	
15	3	3	5	4	5	4	4	2	1	1	
16	3	2	4	3	4	2	2	1	2	1	
17	2	5	3	4	4	2	4	2	1	1	
18	5	4	5	4	5	4	2	3	2	1	
19	4	5	3	4	3	3	3	3	5	1	
20	2	2	4	1	4	2	4	2	1	1	
21											
22											

🕐 순서 2 **일반선형모형 – 다변량의 선택**

메뉴에서 [분석(A)] – [일반선형모형(G)] – [반복측정(R)]을 선택한다.

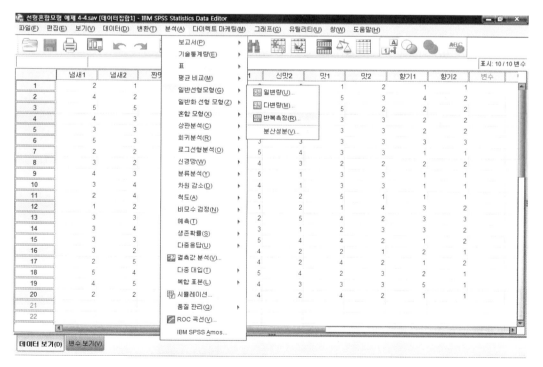

순서 3 **변수의 선택**

(1) [반복측정 요인 정의] 대화상자에서 다음과 같이 변수를 선택하고 [추가]를
클릭한다.

(2) [측정 이름] 난에 '냄새'라고 입력한다. [추가]를 클릭한다.

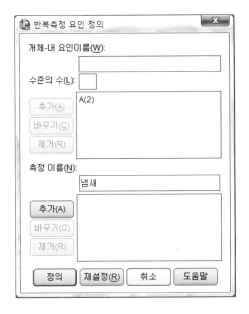

(3) 이어서 '짠맛', '신맛', '맛', '향기'라고 반복한다.

(4) [정의]를 클릭한다.

(5) 모든 변수(냄새1, 냄새2, …)를 [개체-내 변수]에 투입한다.

순서 4 반복측정의 실행

[반복측정] 대화상자에서 [확인]을 클릭하면 분석결과가 얻어진다.

반복측정의 분석결과

다음과 같은 분석결과가 출력된다. 앞에서의 [다변량 검정] 분석결과와 동일한 결과를 얻고 있다.

다변량 검정[a]

효과			값	F	가설 자유도	오차 자유도	유의확률
개체-간	절편	Pillai의 트레이스	.979	142.107[b]	5.000	15.000	.000
		Wilks의 람다	.021	142.107[b]	5.000	15.000	.000
		Hotelling의 트레이스	47.369	142.107[b]	5.000	15.000	.000
		Roy의 최대근	47.369	142.107[b]	5.000	15.000	.000
개체-내	A	Pillai의 트레이스	.545	3.589[b]	5.000	15.000	.025
		Wilks의 람다	.455	3.589[b]	5.000	15.000	.025
		Hotelling의 트레이스	1.196	3.589[b]	5.000	15.000	.025
		Roy의 최대근	1.196	3.589[b]	5.000	15.000	.025

a. Design: 절편
　개체-내 계획: A

b. 정확한 통계량

다변량^{a,b}

개체-내 효과		값	F	가설 자유도	오차 자유도	유의확률
A	Pillai의 트레이스	.545	3.589^c	5.000	15.000	.025
	Wilks의 람다	.455	3.589^c	5.000	15.000	.025
	Hotelling의 트레이스	1.196	3.589^c	5.000	15.000	.025
	Roy의 최대근	1.196	3.589^c	5.000	15.000	.025

a. Design: 절편
 개체-내 계획: A

b. 검정은 평균변수를 기준으로 결정됩니다.

c. 정확한 통계량

개체-내 대비 검정

소스	측도	A	제 III 유형 제곱합	자유도	평균 제곱	F	유의확률
A	냄새	선형모형	.025	1	.025	.031	.863
	짠맛	선형모형	2.025	1	2.025	1.510	.234
	신맛	선형모형	16.900	1	16.900	12.793	.002
	맛	선형모형	3.600	1	3.600	2.693	.117
	향기	선형모형	1.600	1	1.600	2.667	.119
오차(A)	냄새	선형모형	15.475	19	.814		
	짠맛	선형모형	25.475	19	1.341		
	신맛	선형모형	25.100	19	1.321		
	맛	선형모형	25.400	19	1.337		
	향기	선형모형	11.400	19	.600		

개체-간 효과 검정

변환된 변수: 평균

소스	측도	제 III 유형 제곱합	자유도	평균 제곱	F	유의확률
절편	냄새	390.625	1	390.625	212.814	.000
	짠맛	469.225	1	469.225	487.840	.000
	신맛	422.500	1	422.500	341.596	.000
	맛	313.600	1	313.600	444.657	.000
	향기	136.900	1	136.900	117.697	.000
오차	냄새	34.875	19	1.836		
	짠맛	18.275	19	.962		
	신맛	23.500	19	1.237		
	맛	13.400	19	.705		
	향기	22.100	19	1.163		

여기에서의 [오차]는 앞의 예제에 있어서의 1변량마다의 '사람'에 관한 편차
제곱의 합과 일치한다.

일변량 검정

소스	측도		제 III 유형 제곱합	자유도	평균 제곱	F	유의확률
A	냄새	구형성 가정	.025	1	.025	.031	.863
		Greenhouse-Geisser	.025	1.000	.025	.031	.863
		Huynh-Feldt	.025	1.000	.025	.031	.863
		하한값	.025	1.000	.025	.031	.863
	짠맛	구형성 가정	2.025	1	2.025	1.510	.234
		Greenhouse-Geisser	2.025	1.000	2.025	1.510	.234
		Huynh-Feldt	2.025	1.000	2.025	1.510	.234
		하한값	2.025	1.000	2.025	1.510	.234
	신맛	구형성 가정	16.900	1	16.900	12.793	.002
		Greenhouse-Geisser	16.900	1.000	16.900	12.793	.002
		Huynh-Feldt	16.900	1.000	16.900	12.793	.002
		하한값	16.900	1.000	16.900	12.793	.002
	맛	구형성 가정	3.600	1	3.600	2.693	.117
		Greenhouse-Geisser	3.600	1.000	3.600	2.693	.117
		Huynh-Feldt	3.600	1.000	3.600	2.693	.117
		하한값	3.600	1.000	3.600	2.693	.117
	향기	구형성 가정	1.600	1	1.600	2.667	.119
		Greenhouse-Geisser	1.600	1.000	1.600	2.667	.119
		Huynh-Feldt	1.600	1.000	1.600	2.667	.119
		하한값	1.600	1.000	1.600	2.667	.119
오차(A)	냄새	구형성 가정	15.475	19	.814		
		Greenhouse-Geisser	15.475	19.000	.814		
		Huynh-Feldt	15.475	19.000	.814		
		하한값	15.475	19.000	.814		
	짠맛	구형성 가정	25.475	19	1.341		
		Greenhouse-Geisser	25.475	19.000	1.341		
		Huynh-Feldt	25.475	19.000	1.341		
		하한값	25.475	19.000	1.341		
	신맛	구형성 가정	25.100	19	1.321		
		Greenhouse-Geisser	25.100	19.000	1.321		
		Huynh-Feldt	25.100	19.000	1.321		
		하한값	25.100	19.000	1.321		
	맛	구형성 가정	25.400	19	1.337		
		Greenhouse-Geisser	25.400	19.000	1.337		
		Huynh-Feldt	25.400	19.000	1.337		
		하한값	25.400	19.000	1.337		
	향기	구형성 가정	11.400	19	.600		
		Greenhouse-Geisser	11.400	19.000	.600		
		Huynh-Feldt	11.400	19.000	.600		
		하한값	11.400	19.000	.600		

[국내 문헌]

1. 노형진, 『SPSS/Execl을 활용한 알기 쉬운 시계열분석』, 학현사, 2011.

2. 노형진, 『SPSS를 활용한 분할표의 분석 및 대응분석』, 학현사, 2011.

3. 노형진·변재영·이지현, 『SPSS를 활용한 일반선형모형 및 일반화선형혼합모형』, 학현사, 2013.

4. 노형진, 『SPSS를 활용한 조사방법 및 통계분석』 제2판, 학현사, 2014.

5. 이지현·노형진, 『SPSS/Amos를 활용한 간호·보건 통계분석』, 수문사, 2013.

6. 전희주·최용석 외 3인 옮김, 『보험 자료를 활용한 일반화 선형모형』, 사이플러스, 2009.

7. 허명회, 『SPSS 일반화선형모형과 생존분석』, 데이타솔루션, 2007.

8. 허명회, 『SPSS Statistics 고급선형모형』, 데이타솔루션, 2010.

[일본 문헌]

1. 奧野·芳賀·久米·吉澤, 『多變量解析法』, 日科技連出版, 1971.

2. 小林龍一, 『相關·回歸分析入門』, 日科技連出版, 1982.

3. 小林龍一, 『數量化入門』, 日科技連出版, 1981. 7.

4. 芳賀·橋本, 『回歸分析と主成分分析』, 日科技連出版, 1980.

5. 林知己夫, 『數量化の方法』, 東洋經濟新報社, 1974.

6. 內田治·牧野泰江·西澤英子, 『SPSSによる分散分析』, 東京圖書, 2007.

7. 內田治, 『SPSSによる回歸分析』, Ohmsha, 2013.

8. 內田治, 『SPSSによるロジスティック回歸分析』, Ohmsha, 2011.

9. 石村貞夫, 『SPSSによる統計處理の手順』, 東京圖書, 1995.

10. 石村貞夫, 『SPSSによる多變量データ解析の手順』, 東京圖書, 1998.

11. 石村貞夫, 『SPSSによる分散分析と多重比較の手順』, 東京圖書, 1997.

12. 石村貞夫, 『SPSSによる時系列分析の手順』, 東京圖書, 1999.

13. 石村貞夫·子島潤·石村友二郎, 『SPSSによる線型混合モデルとその手順』, 第2版, 東京圖書, 2012.

14. 石村貞夫・謝承泰・久保田基夫, 『SPSSによる醫學・齒學・藥學のための統計解析』, 第3版, 東京圖書, 2011.

15. 石村貞夫・加藤千惠子・石村友二郎, 『SPSSによる臨床心理・精神醫學・齒學・藥學のための統計處理』, 東京圖書, 2011.

16. Annette J. Dobson 著, 田中 豊・森川敏彦 他 2人 譯, 『一般化線形モデル入門』, 共立出版, 2008.

[서양 문헌]

1. Belsley, D. A., Kuh, E. and Welsch, R. E. : *Regression Diagnostics ; Identifying Influential Data and Sources of Collinearity*, John Wiley & Sons, 1980.

2. Chatterjee, S. and Price, B. : *Regression Analysis by Examples*, John Wiley & Sons, 1977.

3. Cook, R. D. and Weisberg, S. : *Residuals and Influence in Regression*, Chapman and Hall, 1982.

4. Draper, N. R. and Smith, H. : *Applied Regression Analysis*, John Wiley & Sons, 1981.

5. Everitt, B. S. : *The Analysis of Contingency Tables*, Chapman & Hall, London, 1977.

6. Kendall, M. G. : *Multivariate Analysis*, Charles Griffin, 1975.

7. Lachenbruch, P. A. : *Discriminant Analysis*, Hafner, 1975.

8. Rao, C. R. : *Linear Statistical Influence and Its Applications*, John Wiley & Sons, 1973.

9. Seber, G. A. F. : *Linear Statistical Analysis*, John Wiley & Sons, 1977.

10. Weisberg, S. : *Applied Linear Regression*, John Wiley & Sons, 1980.

찾아보기

저자 소개

노 형 진

- 서울대학교 공과대학 졸업(공학사)
- 고려대학교 대학원 수료(경영학박사)
- 일본 쓰쿠바대학 대학원 수료(경영공학 박사과정)
- 일본 문부성 통계수리연구소 객원연구원
- 일본 동경대학 사회과학연구소 객원교수
- 러시아 극동대학교 한국학대학 교환교수
- 중국 중국해양대학 관리학원 객좌교수
- 국방과학연구소 연구원 역임
- 현재, 경기대학교 경상대학 경영학과 교수 – 전공, 품질경영 · 기술경영 · 다변량분석(조사방법 및 통계분석)
- 중소기업청 Single-PPM 심의위원
- 대한상공회의소 심사위원 · 지도위원
- Single-PPM 품질경영연구회 회장
- 한국제안활동협회 회장

주요저서

- EXCEL을 활용한 유형별 데이터 통계분석(학현사)
- EXCEL을 활용한 앙케트 조사 및 분석(학현사)
- Amos로 배우는 구조방정식모형(학현사)
- SPSS를 활용한 분할표의 분석 및 대응분석(학현사)
- SPSS/Excel을 활용한 알기쉬운 시계열분석(학현사)
- SPSS를 활용한 정성적 데이터의 통계분석(학현사)
- SPSS를 활용한 조사방법 및 통계분석(학현사)
- SPSS를 활용한 일반선형모형 및 일반화선형혼합모형(학현사)
- EXCEL에 의한 경영과학(한올출판사)
- SPSS에 의한 다변량분석 기초에서 응용까지(한올출판사)
- Excel 및 SPSS를 활용한 다변량분석 원리와 실천(한올출판사)

e-mail: hjno@kyonggi.ac.kr

SPSS를 활용한
회귀분석과 일반선형모형

초판1판1쇄 인쇄 2014년 5월 10일
초판1판1쇄 발행 2014년 5월 15일

지은이   노 형 진
펴낸이   임 순 재

펴낸곳   **한올출판사**
등 록   제11-403호
주 소   서울특별시 마포구 성산동 133-3 한올빌딩 3층
전 화   (02)376-4298(대표)
팩 스   (02)302-8073
홈페이지   www.hanol.co.kr
e-메일   hanol@hanol.co.kr

값 25,000원   ISBN 979-11-5685-006-9